国家社会科学基金重大项目（21&ZD129）阶段性研究成果

智能财务

Intelligent Finance

张玉明　陈舒曼　李梦晗　郑萌萌　主编

中国财经出版传媒集团
经济科学出版社
Economic Science Press

图书在版编目（CIP）数据

智能财务/张玉明等主编. --北京：经济科学出版社，2023.8

ISBN 978-7-5218-5085-7

Ⅰ.①智… Ⅱ.①张… Ⅲ.①财务管理系统-高等学校-教材 Ⅳ.①F232

中国国家版本馆 CIP 数据核字（2023）第 167292 号

责任编辑：杨 洋 赵 岩
责任校对：靳玉环
责任印制：范 艳

智 能 财 务

张玉明 陈舒曼 李梦晗 郑萌萌 主编
经济科学出版社出版、发行 新华书店经销
社址：北京市海淀区阜成路甲 28 号 邮编：100142
总编部电话：010-88191217 发行部电话：010-88191522
网址：www.esp.com.cn
电子邮箱：esp@esp.com.cn
天猫网店：经济科学出版社旗舰店
网址：http://jjkxcbs.tmall.com
北京季蜂印刷有限公司印装
787×1092 16 开 15 印张 290000 字
2023 年 8 月第 1 版 2023 年 8 月第 1 次印刷
ISBN 978-7-5218-5085-7 定价：51.00 元
（图书出现印装问题，本社负责调换。电话：010-88191545）

前言
PREFACE

自2017年国务院发布《新一代人工智能发展规划》，以及人工智能技术及其应用被写入党的十九大报告以来，人工智能产业提升到了新的高度。随之而来的以人工智能为代表的大数据、移动互联、云计算、物联网、区块链等新型技术正不断影响着财务工作的岗位、流程、内容和模式，甚至整个财会行业。2021年3月全国两会的《政府工作报告》中多次提到“数字经济”的建设，围绕打造“数字经济”、建设“数字中国”的主题，可以得出数字化已经成为响应时代号召的重要法宝，数字经济成为了社会发展关注的焦点。因此，随着数字经济的发展兴起，其带来的“红利”和新常态下面临的“困局”，共同推动着我国企业开展数字化转型。而业务的革新也对财务在思维转换、实践创新、人才培养等方面提出了更严格的要求。如何把握机遇，直面挑战，推进数字时代财务服务的迭代升级，打造财务的核心竞争力，是企业当下需要迫切思考的一个重要命题，也是财务制胜的关键所在。因此，作为市场的重要参与者，在“数字中国”和“数字经济”的双重背景下，财务数字化发展是企业财务变革的重要内容之一。

中国工程院院士杨善林认为，人工智能将给财务管理带来颠覆性变革，导致财务管理对象、财务管理思维、财务管理方法都产生重要质变。因为人工智能在面向简单、海量、快速、精准的数据分析与决策任务时具有得天独厚的优势，必将成为一款实用化的财务管理技术与管理工具，帮助企业决策者更高效分析与管控企业经营决策。智能财务，作为财务发展的最新前沿，已经逐步深入到财务的日常工作中。智能财务作为推动企业数字化转型的抓手，是引领企业高质量发展的重要支撑，也将成为打造“数字经济”、建设“数字中国”的重要组成部分之一。智能财务作为第三次财务变革浪潮（第一次是财务电算化、第二次是财务信息化与ERP），通过人工智能、大数据、云计算、区块链、机器人、物联网等新技术，将彻底改变财务的工作。未来的财务将不再是传统认知上的后台职能部门和“账房先生”，而是与前台部门紧密协同的业务合作伙伴。通过组织变革，推动业务与财务的深度融合与价值创造；通过新技术应用，提升管理质效和智能化水平，充分发挥财务在决策支持过程的敏锐性、准确性和前瞻性，真正意义上起到战略引领作用，指导企业未来的发展。除此之外，智能财务建设还是企业数字化转型打破盈利壁垒的重要环节，财务作为企业天然的数据中心，智能财务让企业交易数据和经营数据得以发挥更大的作用，通过数据智能分析加强企业与市场环境的数字化连接，借助数字预测给企业管理和决策提供更多的依据、依靠数据价值给予企业业务发展更多维的方向、通过财务数字化提高企业在行业中的竞争力。依靠财务智能化转型，财务从传统的记账发展到企业的数字大脑，以人工智能、大数据、云计算、区块链、知识图谱为代表的新技术已然在财务工作中为财务工作模式带来了巨大的改变，乃至影响着整个财务行业。智能财务基于先进财务理论、使用多种智能工具、采用人机协同工作方式，可以解决财务的核算、分析、预测、管理等多种工作，是一种涉及全流程的智能化管理。企业通过财务智能化转型，财务的作用将从核算转型为管理，得到了价值的快速提升。

智能财务理念一经提出，就饱受会计从业人员和相关专家学者的关注与研究。智能财务概念在20世纪90年代兴起，由于智能财务相关成功案例数量较少，未能形成蓬勃发展的趋势。直到2017年RPA技术在财务会计领域的应用，智能财务才开始进入快速发展阶段。目前智能财务的应用，已经过了萌芽期，正进入快速发展期。具体而言，在智能财务的萌芽期，主要是专家系统B1、决策支持系统在财务会计、会计核算、决策支持、财务预警领域等得到广泛应用。随着2011～2018年大数据处理、数据挖掘、神经网络等AI技术日益应用在会计核算、财务管理等领域，更具智能化的管理会计、财务共享业态逐步兴起，自2018年起，卷积神经网络、计算机视觉、IPA智能流程自动化，以及当前火热的GPT大模型开始应用在预算管理、司库管理、虚拟员工管理等领域，预示着人工智能技术与财务管理场景的融合趋于紧密。目前，我们已看到专家系统、机器学习、自然语言处理、流程自动化、智能流程自动化、大语言模型GPT在会计核算、财务报告、预算管理等领域得到日益广泛的积累，正创造出越来越多的成功应用场景。这预示着智能财务将对传统财务管理的职能进行重构，即智能财务借助机器智能、人工智能与人类智能所组成的人机协同业态将完成日益复杂的会计和财务管理系统，且不断模拟、延伸、扩展与部分替代人类财务专家的职能，最终为企业赋能，实现价值创造。

《智能财务》一书是张玉明教授及其团队立足人工智能时代财务发展新方向的创新性成果，也是其智能会计系列成果的延展。本书由张玉明教授提出创意、思路及提纲，与陈舒曼博士（北京大学会计学博士，山东师范大学会计系教师）、徐亮亮研究员（中国联通山东省分公司互联网数据中心运营总监）、王春燕博士（山东大学会计学博士，山东财经大学智能财务系副教授）、郑萌萌等充分讨论，其中陈晓琪、佘文佳、左涵瑜、王春燕、刘德胜和张薪（分别为齐鲁工业大学经管学部教授、讲师）发挥了副主编的作用。各章执笔撰写人如下：第 1 章为李梦晗（山东省临沂市审计局经济责任审计服务中心）、陈晓琪、张玉明，第 2 章为佘文佳（雅戈尔服装控股有限公司）、张玉明，第 3 章为李梦晗，第 4 章为李梦晗、陈晓琪、张玉明，第 5 章为陈晓琪，第 6 章为李梦晗，第 7 章为李梦晗、左涵瑜、张玉明，第 8 章为佘文佳，第 9 章为陈晓琪，第 10 章为陈晓琪，未列单位均为山东大学会计学系研究生。感谢山东大学管理学院会计与公司财务系师生、山东财经大学会计学院院长葛永波教授/博导、山东管理学院会计学院院长邱兆学教授、山东交通学院经济管理学院院长耿中元教授、齐鲁理工学院商学院赵春燕执行院长、山东大数据研究会、数智会计与财务分会会员、领导和老师的支持！写作过程中还参考了相关学者的研究成果，并从中得到了重要的启示，已尽量将所有贡献在书中注明，在此一并致谢！

特别感谢经济科学出版社的领导、编辑和专家对本书的编辑和出版给予的热情帮助和支持，并提出了很多宝贵的建设性意见。当然，由于本人水平有限，书中难免有不足之处，敬请各位前辈、同仁、读者批评指正。

本教材的配套实训软件、课件及学习参考资料由中企数智教育科技（山东）有限公司提供。网址：http：//zhongqishuzhi. com；或扫描下方二维码关注企业公众号：

山东大学二级教授/会计学博导　张玉明

2023 年 8 月 16 日

目录

CONTENTS

理论篇

实 操 篇

理论篇

学科的发展需要系统性的理论支撑。理论是学科产生、发展和壮大的基础。按理论与应用相结合的原则，本教材分为理论篇和实操篇。理论篇包括智能财务概述、智能财务理论与特点、智能财务报表体系、智能预算管理和智能资金管理五章。其中，前半部分主要讲解智能财务发展历程以及理论支撑，通过该部分学习，读者可以详细了解智能财务的发展历程、驱动因素以及智能财务能够快速发展的背后所依赖的理论基础和技术基础；后半部分讲解智能财务的主要内容，包括智能财务报表体系、智能预算管理和智能资金管理。本篇的主要目的是通过智能财务主要内容的解释帮助读者更好地掌握智能财务相关理论，梳理智能财务各模块之间的逻辑关系，也为后续实操篇夯实基础。

智能财务概述

本章重点

1. 认识智能财务的重要性。
2. 了解智能财务的发展背景。
3. 了解智能财务的技术基础。

案例导入*

南京钢铁集团（以下简称“南钢”）始建于1958年，重点聚焦国防、高铁、海工、新能源、石油石化、工程机械等领域产品研发，近年来，南钢以数字新经济为主线，迈入数字化智能运营阶段，在这一阶段，随着企业战略的持续推进，与之相应的财务管理幅度变大、链条变长，原有的财务管理架构和体系已经无法满足公司发展需求，借助信息技术，围绕“智能财务”的目标，持续推动财务管理的高效化与智能化成为南钢财务转型的新课题。南钢通过先后学习华为、阿里、格力、美的等头部企业，与宝钢等制造业先进企业深度对标，与浪潮、元年等系统实施商深入交流，以及内部多轮次的头脑风暴，经过不断论证和摸索、迭代进化，讨论形成了财务数智化的总体建设体系。南钢以财务共享建设作为财务转型的突破口，并把建立管控服务型的财务共享中心、财务集控中心的定位来开展财务共享中心建设，在此基础上，南钢又先后建立了财务专业服务中心、财务规范监控中心、财务人才培养中心、财务专业知识输出中心、财务智慧中台运营中心和财务数据价值创造中心，财务数智化的全面推进，为公司高质量发展提供了强有力的财务支持。

---

* 详细案例和进一步讨论，请访问链接网址：http：//zhongqishuzhi. com；或扫描章后二维码。

近年来随着人工智能等信息技术的发展，智能化时代已悄然来临。大数据、云计算、互联网、人工智能技术的普及在改造着各行各业的生产经营模式的同时，也对传统财务工作提出了新的要求。管理者、投资者以及利益相关者个性化、多样化的信息需求呼唤着企业财务工作进行升级改造，以提供实时的、相关的财务信息和非财务信息，为其决策提供更多前瞻性的信息支持。在技术发展和管理需求的驱动下，企业财务管理经历了会计电算化、会计信息化等阶段逐步向财务智能化阶段迈进。相对于财务信息化阶段注重财务和业务信息的整合以及信息的快速处理，智能化阶段则更注重企业各类信息处理的效率、效益和智能化的程度，各种新技术的应用，如云计算、RPA 财务机器人、数据挖掘和分析技术等，推动着财务管理流程的信息化、数字化和自动化，实现对财务预测、决策的深度支持。本章从智能财务的发展背景和技术基础的角度介绍了智能财务诞生的内在必然规律和可行性。

1.1 智能财务发展背景

智能财务是指将以人工智能为代表的新技术运用于财务工作，对传统财务工作进行模拟、延伸和拓展，在兼顾传统财务记录、核算、报告等职能的基础上，进一步强化财务工作的预测、规划、评价、协调等管理职能，促使企业财务在管理控制和决策支持方面发挥作用①。智能财务诞生的背后是会计信息化历经的多年发展历程和当下数字化浪潮催生的迫切需要，了解智能财务的发展历程和驱动因素有利于更深入理解智能财务是在何种背景下产生和发展的。

1.1.1 智能财务发展历程

我国从传统财务演进到智能财务大致经历了三个阶段：电算化、信息化和智能化②（见图 1-1）。这三个阶段相互承接，且每个发展阶段的演进都伴随着技术的发展和财务处理工具的升级，以之为主线能够纲举目张，厘清每个阶段财务工作的特点。

---

① 刘梅玲，黄虎，李文生，潘丽春．智能财务建设之业务流程设计［J］．会计之友，2020（14）：142－148.

② 刘勤，杨寅．改革开放 40 年的中国会计信息化：回顾与展望［J］．会计研究，2019，376（2）：26－34.

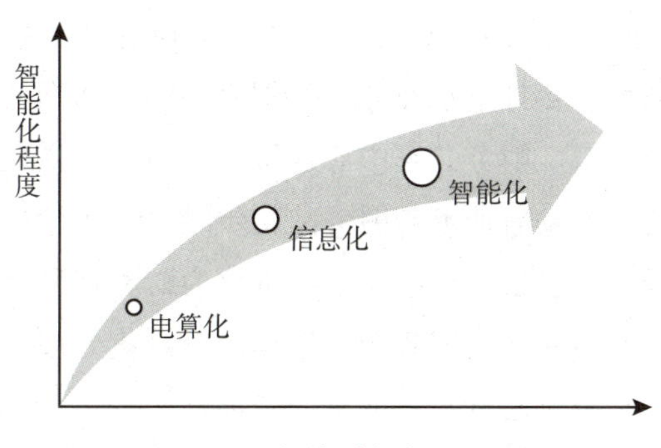

图 1-1　智能财务发展历程

1. 电算化

会计电算化是计算机技术应用于财务领域的产物。我国会计电算化始于 1979 年财政部资助 500 万元给长春一汽以进行会计核算试点。当时正值我国计划经济向市场经济的过渡阶段，当时的财务工作主要是以传统的纸质版手工记账为主，以人工方式汇总会计信息，存在一定的人为失误偏差。随着计算机的普及，许多公司迈入会计电算化阶段。追溯其背后的逻辑，在于通过将电子化记账方式引入财务工作中，用于处理工资计算、存取款、库存材料的收发核算等数据处理量大、计算简单且重复次数多的经济业务，实现对原本分散的、重复的、可标准化的记账、算账工作的集中式处理，在一定程度上摆脱了对人力的过度依赖，手工账务处理工作流程也变得相对简便。在这一过程中，企业财务组织和财务流程得到了一些调整和优化。但这些变革并未触及财务工作的流程，仅是对传统会计记账流程的简单模仿和电子化，未从根本上改变传统财务管理模式。

2. 信息化

20 世纪 90 年代，随着数据库技术和联机事务处理（OLTP）的发展，以企业资源规划（ERP）为代表的企业范围的集成应用信息系统出现并推广，改变了商品会计软件以会计核算功能为主的局面，管理型软件开始受到企业的关注。原本孤立的应用集合起来形成一个协调的企业信息系统，会计信息系统被嵌入到企业的业务流程中，从原来的以会计核算主要任务开始转向为企业的管理决策服务。通过学习借鉴国外的财务分析系统，为企业生产制造、供应链管理、采购优化等业务提供了更为便利高效的服务。进入 21 世纪后，互联网技术的飞速发展使企业 ERP 系统增强了与客户或供应商实现信息共享和直接的数据交换的能力，从而强化了企业间的联系，会计信息在更大范围内实现了共享与使用，财务共享的服务模式推广和普及开来。财务共享中心连接外部商旅、供应商、银行、客户以及内部各种业务系统，推动着业务与财务的初步融合。尽管如此，处于会计信息化阶段的财务共享服务，仅借助标准化和流程化为财务转型提供数据基础、管理基础和组织基础，主要针对的是财务会计流程的信息化处理，并未实现业务活动流程、财务会计流程和管理会计流程的全面智能化。

3. 智能化

随着人工智能等信息技术的出现和成熟，财务管理呈现出智能化的发展趋势。在模式识别、专家系统、神经网络、机器人流程自动化（robotic process automation，RPA）、自然语言理解、云计算、大数据等技术的支持下，智能财务将企业会计信息收集、确认、计量、记录和披露环节整体纳入智能化处理系统中，无论是经济业务和凭证编制，还是登记入账和报告生成等工作，都能实现一体化自动处置。在此基础上，人工智能与人类财务专家共同组成智能管理系统，为企业管理决策提供支持。

财务智能化阶段主要涵盖三个层面：一是基于业务与财务相融合的智能财务共享平台，这是智能财务的基础。在这一层面上，各业务系统与财务系统的信息壁垒被打破，企业内外部的物流、信息流、资金流相互匹配耦合，“业财管”多层次、多维度的数据相互贯通，借助财务机器人、自然语言处理技术实现基于规则的自动化处理，如单据自动采集、自动记账、自动对账等。二是基于商业智能的智能管理会计平台，这是智能财务的核心。在这一层面上，核算型的财务共享平台逐步演变成基于大数据处理、商业智能、神经网络、机器学习等技术的智能管理会计综合平台，即智能财务从以处理交易性活动为主，发展到处理更多高价值管理会计活动。商业智能（BI）凭借着强大的建模能力、多维度的构架体系、专业灵活的数据处理技术特点，能够为企业提供贴合不同用户需求的多维度、立体化的数据信息，为管理者的决策过程提供信息支撑。三是基于人工智能的智能财务平台，这代表智能财务的发展。这一层面的实现需要强人工智能技术的支撑，在智能核算、智能管理的基础上，智能财务的核心功能发展到智能决策领域，建立在具有知识获取、分析和运用能力的计算机辅助系统上的人工智能，能够通过模拟人类智慧自主寻求解决复杂问题的技巧和办法，甚至在自主分析的基础上进行常规决策，取代部分人类财务专家在财务管理中的活动。

1.1.2　智能财务驱动因素

学科的发展有其内部规律发展的必然性和外部环境的完善性。智能财务的发展也是受会计学本身的发展和外部新技术的涌现而逐渐发展起来的，受各种宏观因素或微观因素的影响。驱动智能会计发展的因素主要有以下几方面。

1. 数字经济时代呼唤智能财务

近年来，数字化、智能化逐渐成为全球技术变革核心战略的发展方向，数字经济正在重塑世界经济格局，成为中国经济增长的新动能。根据中国信通院发布的《中国数字经济发展研究报告（2023 年）》显示，2022 年我国数字经济规模达到 50.2 万亿元，同比名义增长 10.3%，连续 11 年显著高于同期 GDP 名义增速，数字经济占 GDP 比重达 41.5%，这一比重相当于第二产业占国民经济的比重①。数字经济在国民经济中的重要支柱地位也通过国家政策得以凸显。党的十八大以来，以习近平同志为核心的党中央高度重视数字经济的发展，并将其上升到国家战略的高度。从 2017 年《政府工作报告》中首次提出“促进数字经济加快发展”，到 2022 年将“促进数字经济发展”单独成段，再到 2023 年“大力发展数字经济”，《政府工作报告》对“数字经济”的表述不断强化，释放出大力发展数字经济的积极政策信号。

促进数字技术和实体经济深度融合是发展数字经济的重要一环。《中华人民共和国国民经济和社会发展第十四个五年规划和 2035 年远景目标》强调，充分发挥海量数据和丰富应用场景优势，促进数字技术与实体经济深度融合，赋能传统产业转型升级，催生新产业新业态新模式，壮大经济发展新引擎。在实体企业数字化转型的进程中，无论是数字化新模式、新业态的涌现，还是适应跨越设计、制造、销售、物流、服务等产品生命周期的网络化供应链协同，建立在数字化基础上的虚拟业务和活动在财务生态中所占比例越来越大。实体与数字的交融既丰富了企业的生命周期活动，更带来了财务环境的深刻变革，都需要财务管理的数字化升级作为配套支撑，以满足复杂化、非标准化、实时化、共享化的业务和管理需要。

---

①　中国信通院．中国数字经济发展研究报告（2023 年）[R/OL]．2023 -04.

2. 新一代信息技术发展

会计的未来已来，最大的变革驱动力量将是技术。“十四五”规划中指出要坚定不移建设制造强国、质量强国、网络强国、数字中国……发展网络强国、数字中国，需要以“大智移云物区”的发展为高度依托，并着手实施科学技术的现代化发展。国家对信息技术的日益重视，推动着信息技术的不断革新，也促进了智能财务及其技术的更新与适用。大数据和云计算技术的运用网罗企业内外部的海量数据，将智能财务分析延伸到前端数据，实现精准高效的会计处理、风险控制和未来预测；移动通信和互联网技术将共享理念、共享模式纳入智能财务体系中，打破时空界限，推动数据交换和信息共享；物联网技术将实物资产数据化，实现人、机、物三者之间智能自动化的“交互与协同”，企业的物流、资金流、信息流在智能财务体系中融合共生；区块链技术利用块链式数据结构和分布式节点共识算法为智能财务信息数据的真实、安全提供保障；人工智能技术的更新演进模拟和扩展了人类学习、判断和决策等行为，使得智能财务可以感知社会、形成知识并得出最佳结果以帮助解决实际问题，是财务智能化的关键技术支撑。顺应时代要求，依托大数据、人工智能、云计算、移动互联、物联网、区块链等信息技术构建起的技术网络和架构，智能财务应运而生，以实时化、智能化、协同化为特征推动会计进入智能时代。

3. 企业发展的现实需要

近年来，科技的快速发展使得企业发展出现了新的趋势。业务线的不断变化、产品的快速迭代、监管的不断变化以及深度、综合性数据分析及预测要求使得财务管理的目标从价值保护转为价值创造，公司管理层迫切需要传统财务实现“智能化”，以前瞻、主动的姿态，成为“积极的业务伙伴”以及“公司战略决策的智囊”。在这种愿景及期望下，企业财务流程面临新的需求及挑战。

一方面，随着互联网技术、工业 4.0、物联网技术、人工智能等新科技主导的多轮产业革命冲击，商业模式的不固定性和随机性增强，交易数据逐渐呈现出内容复杂、规模庞大、时效性强等特点。传统财务行为和活动建立在较为合理稳定的业务、流程上，在规定的工作界面内发生业务互动，忠实地执行核算和监督的基本职能，然而在新的商业模式和运营体系下，传统财务的管理模式在获取有效业务信息的手段及处理的效率方面，已经无法适应新业务的发展趋势，难以满足及时获取商业数据、快速处理并输出高价值信息的需要。财务流程与业务流程的脱节、为流程操作服务而非为管理服务的财务工具、员工普遍工作负荷较大且工作价值难以感知等问题突出，在数字经济时代追求高效、高质量、高收益、快速反应的要求下，财务职能亟须转型，推进财务的数字化、智能化转型，打造数智财务体系尤为重要。

另一方面，当前企业的内部管理相比于过往，更加强调快速洞察与敏捷调整，企业管理者需要更多、更好、更快速的信息支持。作为企业信息汇聚核心的重要部门，财务职能逐渐由核算型职能向管理型职能及价值型职能转变。随着各种跨学科的新技术、新势能共同推进信息创造价值的变革，财务系统的生态环境和组织结构都在被重构，企业财务不仅要像过去一样继续利用技术赋能效率，更需要借助“大智移云物区”等新技术创新财务智能化模式，为企业实现价值赋能。首先，这种价值赋能指财务赋能业务，业务部门直接进行业务初始数据的处理，在进行业务操作时，所有相关业务活动、合同、收入、客户记录实现自动计入，财务则可通过接口内嵌入管理系统，实现自动取数与管理，达成财务和业务的高度融合。其次，财务要赋能给财务人员，使财务工作者从琐碎、重复、低效率的记账核算工作中解脱出来，从事更具价值和复杂度的投融资决策、风险管控、经营预测等工作，提升工作的获得感和成就感。最后，财务更要赋能管理，利用相互耦合的业、财、税数据为企业的生产管理、资金管理、预算管理等提供更多实时智能化决策支持，释放数据资产的价值。

1.2 智能财务技术基础

追溯财务的发展历程，技术进步引发了财务的数次变革。大数据、云计算、人工智能等新一代信息技术，通过日益丰富的数据源和突飞猛进的数据采集、传递、加工、利用和处理能力，不断改变着财务信息的生产、传递、报告、利用和管理方式，推动着财务迈向智能化时代。

1.2.1 大数据（Big Data）

大数据最早是 SGI 科学家约翰 · R. 马西于 1998 年在 USENIX 大会上首次提出，用来描述“数据爆炸”的现象。随着第三次信息化浪潮的涌动，大数据时代全面开启。“大数据为新财富，价值堪比石油”[①]，大数据科学家维克托·迈尔－舍恩伯格认为：世界的本质就是数据，大数据将开启一次重大的时代转型，数据列入企业资产负债表只是时间问题[②]。以下从大数据的概念、特征、关键技术等介绍大数据如何支撑智能财务。

1. 大数据的概念与特征

当下，大数据正成为巨大的经济资产，成为新世纪的“矿产”与“石油”，将带来全新的创业方向、商业模式和投资机会，大数据的概念和特征如下。

（1）大数据的概念。

研究机构高德纳、麦肯锡、维基百科等分别从宏观视角、数据软件、数据本身的量、种类与增长速度角度描述了大数据。实际上，“大数据”的提法具有时代相对性，今天的大数据在未来就不一定是大数据了。故大数据可从狭义的大数据和广义的大数据两个维度进行理解。所谓狭义的大数据，是指利用大数据的相关技术在各个领域的应用，以及从海量的数据中快速获得有价值的信息的能力。所谓广义的大数据，是指为了适应信息经济时代发展需要而产生的大数据技术、大数据工程、大数据科学和大数据应用的全新科技体系[③]。当人们谈到大数据时，往往并非大数据本身，而是指大数据与大数据技术的结合。

（2）大数据的特征。

IBM 公司认为大数据具有 3V 特点，即规模性、多样性、实效性，以 IDC 为代表的业界在此基础上扩展了大数据的价值性。当前，业内普遍认可大数据的四个基本特征：数据规模大、数据种类多、处理速度快、价值密度低。

①规模性（volume）。数据规模大是大数据的基本属性，指大数据处理的是普通计算机和常规软件无法应对的海量信息。随着互联网的崛起，人们处理数据的量级从 GB 上升到 TB，再到 PB 甚至 EB，人类以前所未有的能力使用海量的数据，从中发现新知识、创造新价值。

②多样性（variety）。数据的大爆炸使得大数据呈现出多样化特征，过去人们处理的大多都是结构化数据，目前全世界 75% 的数据都是非结构数据，比如

---

① 引自世界经济论坛报告的观点。

② ［英］维克托·迈尔－舍恩伯格，肯尼思·库克耶著．盛杨燕，周涛，译．大数据时代［M］．浙江：浙江人民出版社，2016.

③ 深圳国泰安教育技术股份有限公司大数据事业部群．大数据导论—关键技术与行业应用实践［M］．北京：清华大学出版社，2015：4－8.

Office 文档、图片、音频、视频文件[①]。数据类型不仅包括传统的关系型数据，还包括未加工的半结构化信息和非结构化信息。

③实效性（velocity）。数据产生和更新的频率是大数据的重要特征。1 秒定律是大数据与传统数据区别的最显著特征。互联网每一秒都产生大量的数据，但实际上往往只有很少一部分数据是我们需要的，这要求能够快速地从海量数据中挖掘出有价值的信息。

④价值性（value）。"价值"是大数据的核心特征，表现为价值密度低、商业价值高。价值密度低指在数据呈指数增长的同时，隐藏在海量数据中的有用信息并未按比例增长，获取有用信息的难度不断加大；商业价值高是指从大量不相关、多类型的数据中找到相关关系，从而预测未来趋势。

2. 大数据的关键技术

大数据是一场生活、工作与思维的大变革，从数据分析全流程的角度看，大数据处理的相关技术一般包括大数据采集、大数据准备、大数据存储、大数据分析与挖掘、大数据展示与可视化[②]（见图 1－2）。

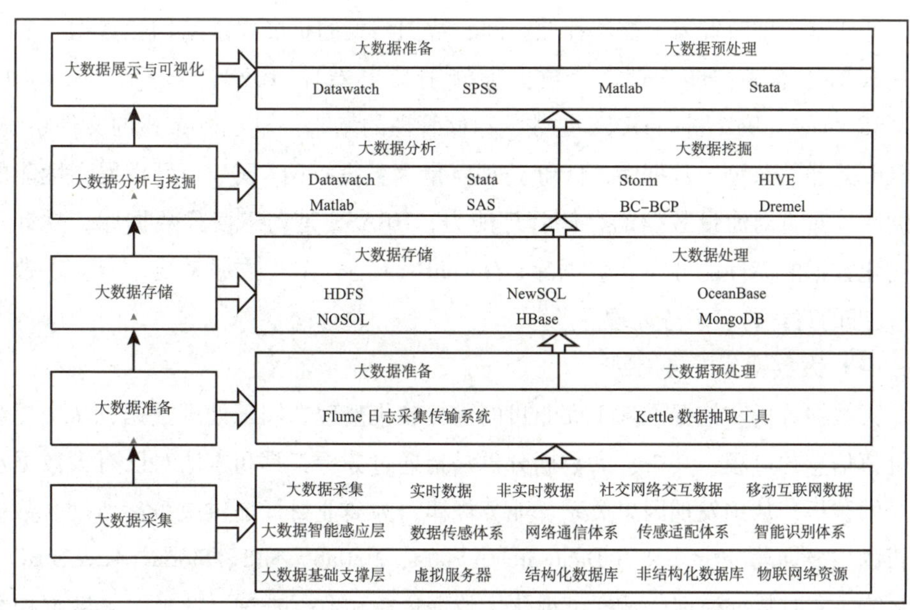

图 1－2　大数据平台架构及关键技术

---

① 涂子沛．大数据时代［J］．生活周刊，2013（1）：12.

② 林子雨．大数据技术原理与技术［M］．北京：人民邮电出版社，2015：34－37；深圳国泰安教育技术股份有限公司大数据事业部群．大数据导论—关键技术与行业应用实践［M］．北京：清华大学出版社，2015：90－96.

（1）大数据采集。

大数据采集是大数据知识服务体系的根本，是指通过实时数据（RFID 射频数据、传感器数据等）、非实时数据（历史视频等）、交互数据（社交网络等）、移动互联网数据（手机 App 等）获得结构化、半结构化、非结构化的海量数据。大数据采集一般包括大数据智能感知层、基础支撑层。大数据采集的方法主要有系统日志采集、网络数据采集、数据库采集和其他数据采集。

（2）大数据准备。

大数据准备是指对数据的抽取、转换、加载等预处理操作。针对结构化与非结构化的数据类型，数据抽取与转换能够辅助用户将复杂的数据转化成为单一的数据，以达到快速分析处理的目标。大数据准备的主要工具是 ETL 工具（extract-transform-load，抽取—转换—加载），其包括 Flume 和 Kettle 子工具，前者是分布式的海量日记采集和传输系统，后者是由 Java 编写并可在 Windows、Linux 和 UNIX 上运行数据抽取的 ETL 工具。

（3）大数据存储。

大数据存储技术目标主要是容量上的扩展与数据格式的扩展。容量上的扩展要求低成本、即时按需地扩展存储空间；数据格式的扩展要求结构化数据、非结构化数据的格式扩展管理。大数据存储工具主要有 HDFS、NoSQL、NewSQL、HBASE、OceanBase 等。HDFS 是数据存储管理的基础，呈现分布式的文件系统；NoSQL 是非关系型的数据库，能够处理巨量大数据；NewSQL 是可扩展高性能的数据库，具有对海量数据的存储管理能力；HBASE 是动态模式数据库，是针对结构化数据的高性能分布式数据库；OceanBase 是分布式数据系统，可实现数百 TB 数据的跨行跨表事务处理。

（4）大数据分析与挖掘。

大数据分析和挖掘是基于商业目的进行收集整理、加工处理数据，从中提炼有价值信息的过程。其中，大数据分析是指通过分析工具和方法对已有大数据进行探索分析，从中发现因果关系、业务规律，为商业目标提供决策参考。大数据分析的主要计算分析软件有 Datawatch、Stata、Matlab、SAS、Storm、Hive、BC-BSP 等，实时数据处理、数据可视化、数据集成和数据查询。此外，大数据挖掘是从大量模糊、随机不完全的实际数据中，提取隐含其中且潜在有用的信息和知识的过程。大数据挖掘的工具有 Mahout、R、Datawatch、Stata 等，在此基础上，用户能够对最新数据进行可视化分析与信息挖掘工作。

（5）大数据展示与可视化。

大数据展示与可视化是指将错综复杂的数据与信息，通过图片表格等图形化、智能化的方式展现给用户，有利于人们获取复杂情景的深刻理解，检验已有预测并探索未来发展。大数据展示与可视化工具主要有 Datawatch、Matlab、SPSS、SAS 等，其中，Datawatch 是数据可视化最流行的工具之一，允许用户访问并抽取任何数据信息进行转换为实时数据图表（地平线图、线性图等），不仅能够连接关系型数据库进行快速有效的多维分析，而且具备性能良好的时间序列分析能力，是公司与用户投资交易的好助手。

3. 大数据技术对智能财务的支撑

数据作为企业的重要资产，数据价值是通过业务赋能来实现的。智能财务平台涵盖业务数据、财务数据、银企数据、税务数据等海量数据与信息，大数据对智能财务的支撑主要包括支持多源数据整合、实现数据集中管控、提供科学决策支撑三个方面。

（1）提供源数据抽取、传输、转换和加载，支持多源数据整合。

随着信息技术和互联网的发展，会计信息的数据来源越来越多，既有传统的会计凭证、报表等数据，也有来自银行、电商、社交媒体等平台的海量数据。这些数据源之间数据格式、数据类型、数据结构等的差异性较大，通过应用数据清洗、转换、融合等大数据技术手段，参照报告主数据标准规范体系指引，可以对多源异构系统进行数据映射，集成接入，实现数据整合，并通过数据交换中心实现数据在各个系统间的灵活调用。

（2）提供大数据统一管理平台，实现数据集中管控。

以往各业务系统数据自行存储管理的传统数据架构已经无法满足数字时代的数据应用需求，通过应用大数据技术可以形成一个全域级、可复用的数据存储中心，实现数据统一采集、统一存储、统一管理以及统一使用，让一切业务数据化，一切数据业务化，实现数字化运营。同时，数据存储中心的建设离不开主数据的标准化，通过大数据模型算法中心和大数据计算中心的支持实现数据的标准化、规范化、体系化管理，保证数据的完整性、准确性，满足后续数据多维分析和深度挖掘的大数据应用。

（3）对数据进行分析、挖掘，为决策层提供科学的决策支撑。

数据算法是一系列有助于解决问题和实现目标的规则，通过对一定规范的输入，按照明确、有限、可行的操作步骤，实现期望结果的输出，是企业得以在海量数据中深入探索数据规律和发掘有效信息的关键。在财务工作过程中，需要根据不同的决策场景选择合适的算法模型，比如，当通过历年销售收入数据预测下一月度及季度的销售收入时，可以利用在时间序列模型中输入影响收入的相关变量以及参数，得出相应的预测数据值，管理层可根据计算出的预测值与目标值的差额及时调整营销策略。通过大数据模型算法和大数据计算等技术，可以为企业成本管控、风险识别等决策和财务共享、业务数据挖掘等数据服务应用提供支持。

大数据对智能财务平台的支撑如图 1－3 所示。

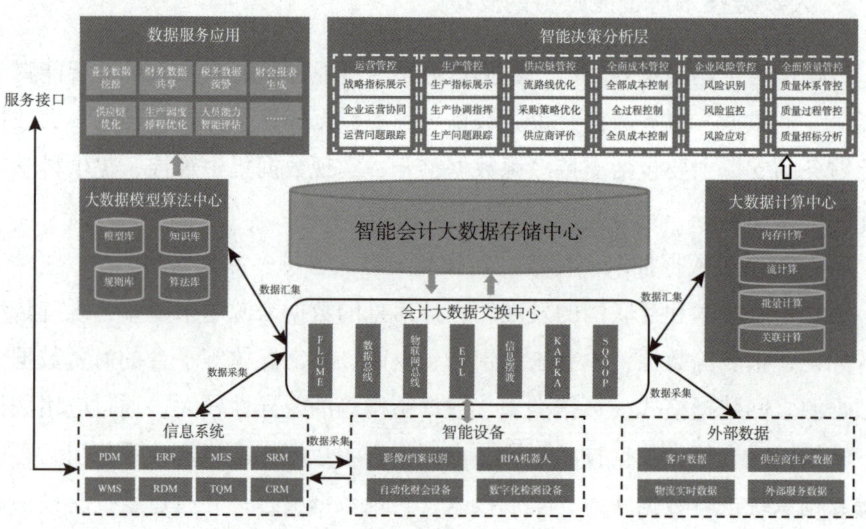

图 1－3 大数据对智能财务平台的支撑

1.2.2 云计算（cloud computing）

当前，在信息技术（information technology，IT）行业非常流行的词是“云”。自从 Google 推出“云计算”以来，IT 行业的各大厂商纷纷卷入了一场“云中战争”，2010 年也被 IT 界称为云计算元年。未来世界都在“云”中：云服务器是“大脑”，互联网是信息传播的“神经网络”，云计算正在改变世界。本章节从云计算的概念、特征、关键技术等方面介绍云计算如何支撑智能财务。

1. 云计算的概念与特征

事实上，云计算比大数据“成名”要早，2006 年谷歌首席执行官埃里克·

施密特在搜索引擎大会上首次提出“云计算”，云计算是处理“大数据”的技术手段。因此，大数据是需求，云计算是手段。云计算的概念与特征如下。

（1）云计算的概念。

根据美国国家标准与技术研究院（NIST）的定义，云计算是一种按使用量付费的模式，该模式提供可用的、便捷的、按需的网络访问，进入可配置的计算资源共享池（网络、服务器、存储、应用软件、服务），这些资源只需要投入很少的管理工作，本质上是通过网络按需提供 IT 资源。

（2）云计算的特征。

由于“云”支持方便、按需地通过网络访问可配置计算资源的共享池，其具有规模化、虚拟化、自助化和低成本化的特征。

①规模化。指“云”的规模大、用户的访问量大。一般企业的私有云拥有数百台服务器，用户可以随时随地使用任何云端设备接入网络并使用云端资源。

②虚拟化。指云计算采取虚拟化技术，支持用户在任意位置、使用任意终端设备获取服务，用户只要选择云服务提供商，注册账号登录云控制台，购买和配置所需要的服务即可。

③自助化。指用户根据实际需要来购买云服务，并且根据使用量进行精准计费，不仅较大地节省了费用，而且提高了网络资源的利用率。

④低成本化。指企业采用云计算部署数据资源，由于“云”的规模可以动态伸缩，满足应用与用户规模的增长，可根据用户数量规模进行弹性管理，在很大程度上节省了“云成本”。

2. 云计算的关键技术①

云计算是传统 IT 技术的集大成者，近年来，我国云计算市场保持着 30% 的平均增长率，其应用已经遍布政府、金融、制造、能源等领域②。云计算运用虚拟化技术实现对数据中心的部署、管理与共享，其关键技术包括虚拟化技术、多租户技术、分布式文件系统、供给与调度技术等。

（1）虚拟化技术。

虚拟化技术是指通过技术手段把数据中心中的各种异构的硬件资源转换为统一的虚拟资源池，从而形成云计算服务资源。虚拟化技术包括计算虚拟化、网络

---

① 方国伟. 企业云计算：原理、架构与实践指南［M］. 北京：清华大学出版社，2020：14－30.
② 国务院发展研究中心. 中国云计算产业发展白皮书［R/OL］. 2019－10－20.

虚拟化、存储虚拟化等。

（2）多租户技术。

多租户技术使得大量用户共享同一堆栈的软硬件资源，每个用户都按需使用资源，对软件服务进行客户化配置而不影响其他用户使用。多租户技术不仅可以实现多个租户之间共享系统实例，而且能满足租户的系统实例的个性化需求。

（3）分布式文件系统。

分布式文件系统的节点分为三类角色：客户端、主服务器、数据块服务器①。分布式存储是云端海量存储的常用存储方式，通过使用廉价 PC 服务器搭建大规模存储集群，分布式存储将云端的数据分布到不同的存储节点，突破了单个计算节点和存储节点的资源瓶颈。

（4）供给与调度技术。

云计算服务根据用户需求提供供给与调度标准，包括一键启动虚拟机、云存储、中间件等。虚拟机迁移、资源的弹性伸缩是云计算的基本特征。虚拟机迁移可以突破单个物理机的限制。另外。还可以根据负载情况动态弹性地调整资源供给。

云计算技术体系结构分为四层：物理资源层、资源池层、管理中间件层和 SOA（service-oriented architecture，面向服务的体系结构）构建层，如图 1－4 所示。物理资源层包括计算机、存储器、网络设施、数据库和软件等。资源池层是将大量相同类型的资源构成同构或接近同构的资源池，如计算资源池、数据资源池等。构建资源池更多的是物理资源的集成和管理工作，例如，研究在一个标准集装箱的空间如何装下 2000 个服务器、解决散热和故障节点替换的问题并降低能耗。管理中间件层负责对云计算的资源进行管理，并对众多应用任务进行调度，使资源能够高效、安全地为应用提供服务。SOA 构建层将云计算能力封装成标准的网络服务（web services），并纳入 SOA 体系进行管理和使用，包括服务接口、服务注册、服务查找、服务访问和服务工作流等。管理中间件层和资源池层是云计算技术的最关键部分，SOA 构建层的功能更多依靠外部设施提供。

云计算的管理中间件层负责资源管理、任务管理、用户管理和安全管理等工作。资源管理负责均衡地使用云资源节点，检测节点的故障并试图恢复或屏蔽它，并对资源的使用情况进行监视统计；任务管理负责执行用户或应用提交的任务，包括完成用户任务映象（image）部署和管理、任务调度、任务执行、生命

① 刘鹏．云计算（第三版）［M］．北京：电子工业出版社，2015：12－32.

期管理等；用户管理是实现云计算商业模式的一个必不可少的环节，包括提供用户交互接口、管理和识别用户身份、创建用户程序的执行环境、对用户的使用进行计费等；安全管理保障云计算设施的整体安全，包括身份认证、访问授权、综合防护和安全审计等。

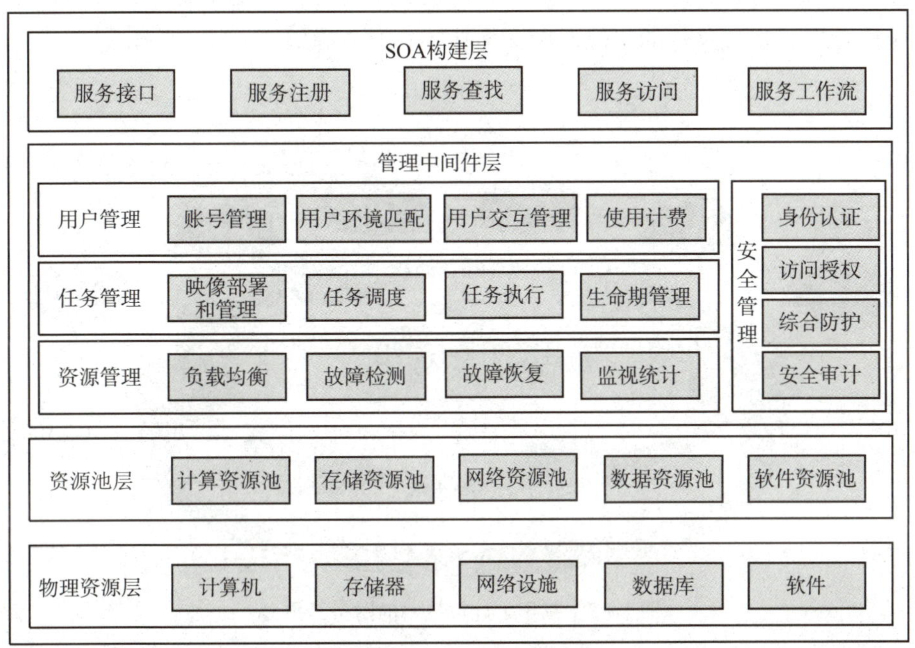

图 1－4　云计算技术体系结构

3. 云计算技术对智能财务的支撑

当前，云计算正为政府、企业、社会带来商业模式的变革与收益，随着数字化的加速，“上云”是大势所趋，云计算技术对智能财务中的支撑主要体现在变革财会工作的运营模式、推进智能财务的管理精细化、提高智能财务的分析决策能力三个方面（见图 1－5）。

（1）云计算技术变革了财会工作的运营模式。

云计算在发展过程中形成了三种服务模式（service models）：软件即服务（SaaS）、平台即服务（PaaS）、基础架构即服务（IaaS），从根源上讲，这三种模式都源自 service-oriented architecture（SOA）的架构设计模式。SaaS 是最全面的服务交付模式，从报账、记账到报税实现一站式服务；IaaS 专注于底层硬件平台与虚拟化，用户通过操作系统接收云主机服务；PaaS 则实现了操作系统、中间件、应用与服务的持续升级、集成融合。可见，云计算不仅能够扩展财务会计工作范围，而且可以扩展公司的业务运营范围。例如，亚马逊云服务 AWS（amazon web service）通过 Netflix 支持全球无缝服务①，能够快速部署数千台服务器，并在数分钟内部署数万亿字节存储。借助云计算，智能财务平台与企业外部的银行、税务机关、客户、供应商的业务、资金与信息对接，企业流程从内部延伸到整个产业链，实现最优的资源调度，推动业务财务的融合。

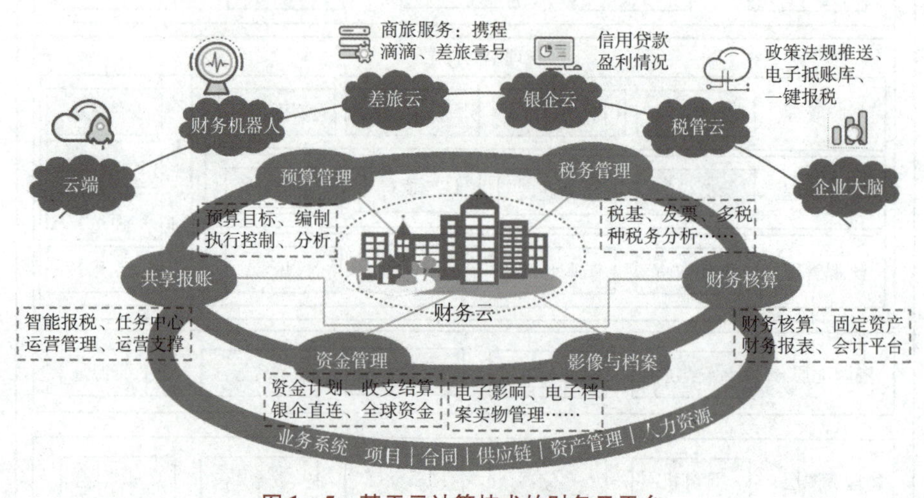

图 1-5 基于云计算技术的财务云平台

（2）云计算技术推进了智能财务的管理精细化。

首先，云计算的先进理念结合先进技术，根据企业业务、财务、税务等实际需求，通过部署云计算智能财务平台，全面集成业务系统、财务系统、税务系统等数据资源，实现远程信息资源共享。其次，虚拟化技术的采用（在 PC 服务器上利用 Xen 虚拟化技术；在存储上利用 SVC），可以进行资源的动态调整，提高了资源的使用效率。再次，云计算技术辅助智能财务平台监控所有资源的利用率，并根据资源的使用情况为平台系统及工作人员分配最合适的资源。最后，云计算有利于企业降低财务会计成本。在硬件方面，云计算通过充分共享网络硬件资源，有效地降低了智能财务系统的 IT 投入；在软件方面，使用云计算应用无须安装软件或支付专用的软件许可证费用，企业只需向云计算服务商购买服务，按照实际使用量交费，大大降低了企业的财务成本支出。

① Netflix 是一家市场领先的电影和电视剧的互联网定制服务提供商。

（3）云计算提高了智能财务的分析决策能力。

强大的云服务是支持智能财务创新发展的新引擎。作为一种技术架构和服务模式，云计算被应用到财务业务的各个方面，包括资金管理、业务流程管理、内容管理、后台管理、客户关系管理、税务管理、预算管理等业务领域。云计算辅助企业从 Web Service、Microsoft 等租借所需的计算能力，快速处理大量业务数据，整合、存储和共享大量分析数据，计算交易投资的风险，分析客户消费习惯，帮助实时制定决策。从技术上讲，财务云就是利用云计算系统模型，将智能财务的业务系统与客户端分散到云里，“云端”整合业务云、差旅云、税管云、银企云，搭建财务云平台，从而达到提高自身系统运算能力、数据处理能力、改善客户体验评价、降低运营成本的目的，为科学、实时的决策提供数据分析支持。

1.2.3　智能模型（intelligent model）

随着互联网的快速发展和数据的爆炸增长，机器学习和深度学习技术逐渐成为了解决实际问题的有力工具。在这些技术中，智能模型的出现成为了一次重要的突破，为各种应用场景提供了更高效、更准确的解决方案。本章节从智能模型的概念、特征、基本原理与应用等介绍智能模型如何支撑智能财务。

1. 智能模型的概念与特征

智能模型是“数据 + 算力 + 算法”结合的产物，基于数据的互联网时代和基于算力的云计算时代之后，我们将进入基于大模型的 AI 时代。智能模型的概念和特征如下。

（1）智能模型的概念。

智能模型也称为基于知识的软件开发模型，它综合了上述若干模型，并把专家系统结合在一起。该模型应用基于规则的系统，采用归纳和推理机制，帮助软件人员完成开发工作。为此，建立了知识库，将模型、软件工程知识与特定领域的知识分别存入数据库。智能模型的生产过程如图 1 – 6 所示，它是上层人工智能应用的基础。

确定目的 → 准备数据 → 模型设计 → 模型训练、评估 → 部署模型 → AI具体产品

图 1 – 6　智能模型的生产过程

生产一个智能模型，首先要确定利用 AI 技术所要达到的目的，在确定目的后，进行收集和预处理数据的数据准备工作，按照确定的分析目的，有目的性地收集、整合相关数据，数据准备是智能模型开发的一个基础，通过对数据进行数据清洗等进一步的处理，可以得到一个标准的数据集。在丰富的可用数据集的基础上选择算法进行模型设计，模型网络结构设计，相当于模型的假设空间，即模型能够表达的关系集合，其过程是假设一种网络结构后，设计其评价函数（loss），然后寻找优化求解方法。通过训练模型可以得到一个或多个机器学习或深度学习模型，模型可以应用到新的数据中，得到预测、评价等结果。训练得到模型之后，还需要对模型进行评估和考察。往往不能一次性获得一个满意的模型，需要反复地调整算法参数、数据，不断评估训练生成的模型。模型经过训练、评估后便可以将已经训练好的模型，部署到实际的应用场景中，模型部署更多是工程化的过程，即解决实际的模型应用问题。

（2）智能模型的特征。

智能模型由于其基于知识软件开发的特性，通常具有实现过程需多次迭代、以知识为处理对象和强调数据的含义等特征。

①模型实现需多次迭代。智能模型所要解决的问题是特定领域的复杂问题，涉及大量的专业知识，而开发人员一般不是该领域的专家，他们对特定领域的熟悉需要一个过程，所以软件需求在初始阶段很难定义得很完整。因此，采用原型实现模型需要通过多次迭代来精化软件需求。

②以知识作为处理对象。智能模型以知识作为处理对象，这些知识既有理论知识，也有特定领域的经验。在开发过程中需要将这些知识从书本中和特定领域的知识库中抽取出来（即知识获取），选择适当的方法进行编码（即知识表示）建立知识库。将模型、软件工程知识与特定领域的知识分别存入数据库，在这个过程中需要系统开发人员与领域专家的密切合作。

③强调数据的含义。智能模型开发的软件系统强调数据的含义，并试图使用现实世界的语言表达数据的含义。该模型可以勘探现有的数据，从中发现新的事实方法指导用户以专业的水平解决复杂的问题。它以瀑布模型为基本框架，在不同开发阶段引入了原型实现方法和面向对象技术以克服瀑布模型的缺点，适应于特定领域软件和专家决策系统的开发。

2. 智能模型的基本原理与发展趋势

智能模型依赖于大量的数据来进行训练和优化。具体来说，智能模型从原始数据中抽取特征，然后使用这些特征来预测或分类新的数据。为了训练模型，需要一个包含已知输入和输出的数据集（即标记好的数据）。模型使用标记好的数据来学习如何处理未标记的数据，并且尽可能准确地预测其输出。

（1）智能模型的基本原理。

智能模型的工作主要基于数据抓取、数据清洗、特征提取/选择、模型训练、模型评估到模型部署的逻辑。

①数据抓取。数据抓取一般通过网络爬虫等手段获取。这些数据可以来自任何来源，例如，社交媒体、电子商务网站、用户反馈等。

②数据清洗。在将数据加载到模型之前，需要对其进行一些处理，例如，去除重复项、缺失值填充、异常值处理等。

③特征提取/选择。在将数据用于模型训练之前，需要将其转换为特定格式的特征向量。特征提取的目标是找到最相关且有区别性的特征。这可以通过多种方法来实现，例如，主成分分析、线性判别分析、深度学习等。

④模型训练。选择正确的模型并进行训练至关重要。对于监督性学习任务（如分类和回归），根据输入数据和输出数据的特征，可以选择使用逻辑回归、决策树、支持向量机、神经网络等作为算法模型进行训练。为了更好的性能，可能需要使用交叉验证和调参技术。

⑤模型评估。将开发的模型应用于测试数据，并对其性能进行评估。常用的指标有准确度、召回率、精度、F1 得分等。如果模型性能不够好，可以通过提高模型的复杂度或增加训练数据来改善模型性能。

⑥模型部署。在完成训练和测试后，使用模型进行预测需要进行部署。这涉及到将模型打包成服务，以便其他应用程序可以调用和使用它。在部署之前，还需要测试用例并执行一些基本质量控制行动，例如，检验代码规范、代码安全等。

（2）智能模型的发展趋势。

一直以来，AI 场景碎片化使得 AI 技术难以大规模复制。传统的定制化、作坊式的模型开发方式是"一个场景一个模型"，无法复用和积累，导致 AI 开发的高门槛、高成本。由于 AI 大模型拥有超大规模参数、巨量训练数据，通过模型的巨量化可以提高人工智能的通用属性，并降低人工智能的应用门槛，所以目前大模型成为很多 AI 企业应对 AI 落地难题的共识。

2017 年谷歌发布的 Transformer 网络结构是大模型发展的源头技术，自此以后大模型技术在自然语言理解、计算机视觉、智能语音等方面都取得了标志性的技术突破，在模型精度、通用性和泛化能力等方面都实现了跨越式发展。ChatGPT又进一步激发了语言大模型爆发式涌现，也吸引了大量研发团队投入到通用视觉、多模态等更多大模型研发方向。目前，大模型技术已形成庞大技术群，衍生出涵盖各种参数规模、各种技术架构、各种模态、各种场景的大模型家族。

从全球大模型发展态势来看，美国谷歌、OpenAI 等机构不断引领大模型技术前沿，欧洲、俄罗斯、以色列等越来越多的研发团队也在投入到大模型的研发中。从全球已发布的大模型分布来看，中国和美国大幅领先，超过全球总数的80%，美国在大模型数量方面始终居全球最高，中国从 2020 年进入大模型快速发展期，目前与美国保持同步增长态势①。

在中国大模型的发展态势中，据不完全统计，到目前为止中国 10 亿参数规模以上的大模型已发布 79 个，14 个省市/地区都在开展大模型研发，主要集中在北京和广东，其中，北京 38 个大模型，广东 20 个大模型②。在模型领域分布上，自然语言处理仍是目前大模型研发最活跃的重点领域，其次是多模态领域，在计算机视觉和智能语音等领域的大模型还较少。在研发主体分布上，大学、科研机构、企业等不同创新主体都在参与大模型研发，学术界和产业界之间的联合研发仍不足。

中国大模型的产业化应用沿着两条路径发展，第一种是通用类大模型持续拓展应用领域，文心一言、通义千问、紫东太初、星火认知等中国一批通用化大模型正在快速发展，打造跨行业通用化人工智能能力平台，这类应用对智能财务工作产生了深刻影响。第二种是垂直领域专业类大模型不断深化落地，一批针对生物医药、遥感气象等垂直领域的专业大模型发挥其领域纵深优势，提供针对特定业务场景的高质量专业化解决方案。

3. 智能模型技术对智能财务的支撑

在智能模型研究中产生了知识库和专家系统等，这些技术都嵌入了许多控制系统、金融系统，通过构建“数据+算法+模型”集成的数字化底座，实现多维分析，为企业风险管理、经营预测、战略决策提供技术支持（见图 1-7）。

（1）智能风险管控。

智能模型结合风险分析体系建立风险预警分析模型，将业务规则转化为数据

① 79 个大模型的分布如何？引自中国人工智能大模型地图［EB/OL］. 中国科学技术信息研究所网，2023.

② 科技部发布中国 AI 大模型地图报告［EB/OL］. 同花经济网，2023-05-30.

规则，实时监控核心经营指标，实现异常数据即时反馈、经营风险敏锐识别。整个智能风控的起点从获取数据开始，主要数据来源为用户注册时提交的数据、使用过程中产生的数据、交易时产生的数据、第三方机构等的数据；第二步是建立模型，其中最重要的是反欺诈和信用评定两项工作；第三步是将模型在实践中不断优化和迭代，即机器学习。

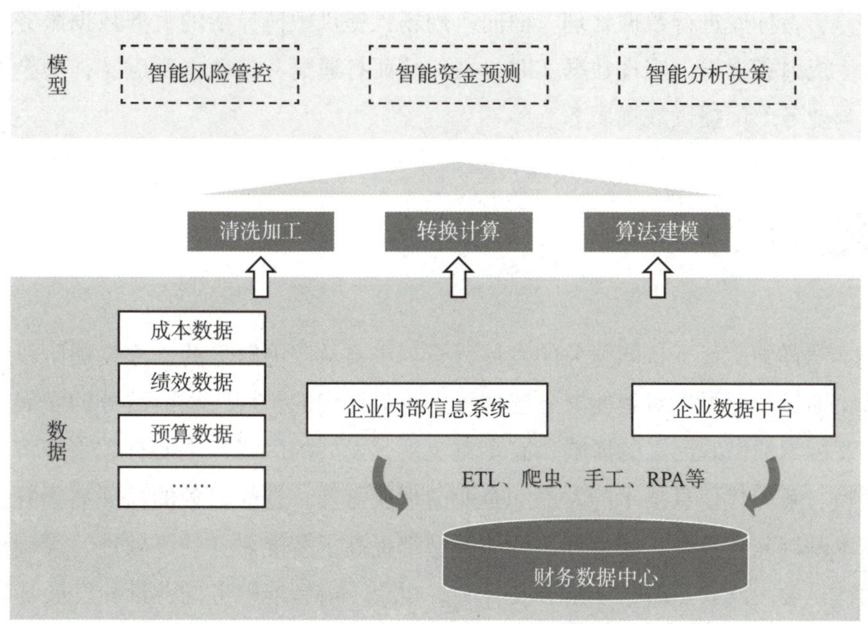

图 1－7　智能模型技术对智能财务的支撑

（2）智能资金预测。

传统的资金分析模型虽然直观、稳定性好，但是对于海量数据的获取、分析、处理能力有限，在面对非线性结构、变参数等开放性复杂决策问题时，已有的定性定量模型无法有效应对和难以扩展。基于机器学习的智能数据决策模型具有处理变量维度多、分类精度高等诸多优点，例如，在资金流动性预测方面，依托大数据、人工智能等信息化技术，可以建立包含数据采集、分析、应用为一体的智能化分析体系，具体步骤为：首先明确预测方式和预测指标，通过大数据进行相应的数据采集；再通过大数据平台以机器学习的方式搭建模型，实现模型可视化；在模型建立后，将预测数据与实际数据进行比较，并在过程中借助机器学习，实现模型自动优化调整，提高企业资金流动性预测的准确性；最后通过图形和数据报表方式展现预测结果，提高企业预测分析决策的能力。

（3）智能分析决策。

财务决策分析模型的建立遵循“由顶至底建立指标，自下而上梳理数据”的原则。自上而下建立与企业价值链紧密结合的财务分析体系，在识别企业价值主张和价值驱动因素的基础上构建核心价值体系，并分析企业业务流程，识别管理关注点与核心决策点，从而构建多维度指标分析模型，为管理决策提供数据支持。自下而上通过数据汇聚放大财务部门的数据感知能力，搭建财务算法模型和财务分析指标库进行数据处理，面向应用场景提供敏捷灵活的财务数据服务，并自动生成财务报告，实现数据实时可视，从而打通财务的数据供应链，为企业管理者与业务部门提供数据服务。

1.3 本章小结

本章详细交代了智能财务的发展背景，主要从智能财务的三大发展阶段进行分析，通过学习可以对智能财务的背景有较为详细的了解。智能财务的发展受各种宏观因素或微观因素的影响，有多重驱动其发展的因素，主要有数字经济时代的呼唤、新一代信息技术的发展和企业的现实需要。智能财务的发展离不开夯实的技术基础，大数据、云计算、智能模型都提高了智能财务的高效性、准确性和全面性。学生既要了解智能财务是什么，也要了解智能财务的背景和发展基础。

思考题

1. 财务演变的三个阶段分别是什么？驱动传统财务演变为智能财务的因素有哪些？是如何影响的？

2. 智能财务的技术基础有哪些？为什么这些因素会成为其技术基础，选取一点加以解释。

思考题要点及讨论请扫描以下二维码：

第2章 智能财务理论与特点

本章重点

1. 学习智能财务的相关理论。
2. 了解各理论如何支撑智能财务。
3. 掌握智能财务的相关特点。

案例导入[*]

中国石油天然气集团有限公司（以下简称“中国石油”）作为国有特大型石油石化企业，面对建设世界一流综合性国际能源公司和创建世界一流示范企业的双重要求，中国石油于2017年5月正式启动财务共享服务平台建设，提出“大、智、移、云”前沿技术应用框架，对大数据、人工智能、移动应用和云计算等新技术应用做出总体规划；2017年12月，中国石油财务共享机器人“小铁人”诞生，正式开启了财务共享智能时代；2018年，共享中心与上海国家会计学院等多家机构联合成立“智能财务研究中心”，共同推进智能财务研究工作；2019年，智能识别、知识图谱等智能化技术在相应业务场景落地；此后，共享中心持续深化智能化应用，大力运用大数据、人工智能、云计算等数字技术，进一步推动组织转型，提高中国石油整体运行效率和管控能力。

智能财务的理论体系既植根于信息不对称理论、数字化转型理论、多边平台市场理论的基础上，又深度融合时代发展过程中不断出现的新内容，着力于应对财务发展过程中面临的痛点，如财务共享理论为业财管融合提供支撑，人工智能理论为财务的智能化升级提供理论依据，智能算法理论拓展了智能财务的应用场

* 详细案例和进一步讨论，请访问链接网址：http：//zhongqishuzhi. com；或扫描章后二维码。

景，智能化时代的财务管理呈现出处理自动化、管理精细化、数据共享化、人机一体化和个性化、决策性、价值创造性等新的特征。第2章构建了智能财务理论模型，围绕财务共享理论、人工智能理论、智能算法理论等对智能财务的理论支撑进行阐述，并归纳出智能财务的一系列特点。

2.1 智能财务理论基础

传统的财务会计和财务管理基本理论是建立在工业基础之上的，要使其适应数智经济时代智能财务的现实需求，需要对其基本理论进行创新和发展。实际上，伴随着数智经济的发展，共享经济理论、多边平台理论、零边际成本理论、有限理性理论、人工智能理论等对智能财务的发展起到重要的理论基石作用。智能财务的基础理论如下所示。

2.1.1 财务共享理论

在经济全球化和并购浪潮下，财务变革势在必行。财务共享服务基于云计算推进全球化与数字化，财务共享服务基于大数据实现流程优化和数据价值挖掘。与传统财务服务相比，财务共享具有成本较低、服务质量与效率高、增强企业规模等优点。

1. 财务共享理论的内涵与发展阶段

财务共享促进业务与财务互联互通，加速企业标准化进程，实现资源整合与流程优化，已经成为智能财务“破坏性创新”财务管理模式的必然途径。基于此，需要厘清财务共享的内涵与四大发展阶段。

(1) 财务共享的内涵。

财务共享概念起源于20世纪80年代初的美国，福特公司率先实施财务共享服务，后来，杜邦公司与通用电气公司也建立了财务共享中心，其他企业如海尔集团、新奥集团纷纷效仿。财务共享又称为财务共享服务（shared services），是通过对人员、技术和流程的有效整合，实现组织内公共流程的标准化和精简化的创新手段[①]。当前，财务共享服务模式已经逐渐成为企业提升财务效率，推动财务职能转型，实现集团管控精细化、服务化、智能化的重要途径。英国注册会计师协会的调查研究表明：80%以上的《财富》500 强企业和 50%以上的欧洲跨国公司已经建立或正筹划建立财务共享服务中心。管理会计协会（Institute of Management Accounting）通过对《财富》500 强企业中的 100 家企业进行了对比研究，结果表明实施共享服务的业务成本平均下降了 83%[②]。

（2）财务共享的发展阶段。

财务共享理论诞生于西方国家，经过不断发展、成熟，应用于企业已近 40 年。财务共享模式在降本增效、加强管控等方面的优势有目共睹，按照时间进程与应用范围，财务共享发展大致有四个阶段（见图 2－1）。

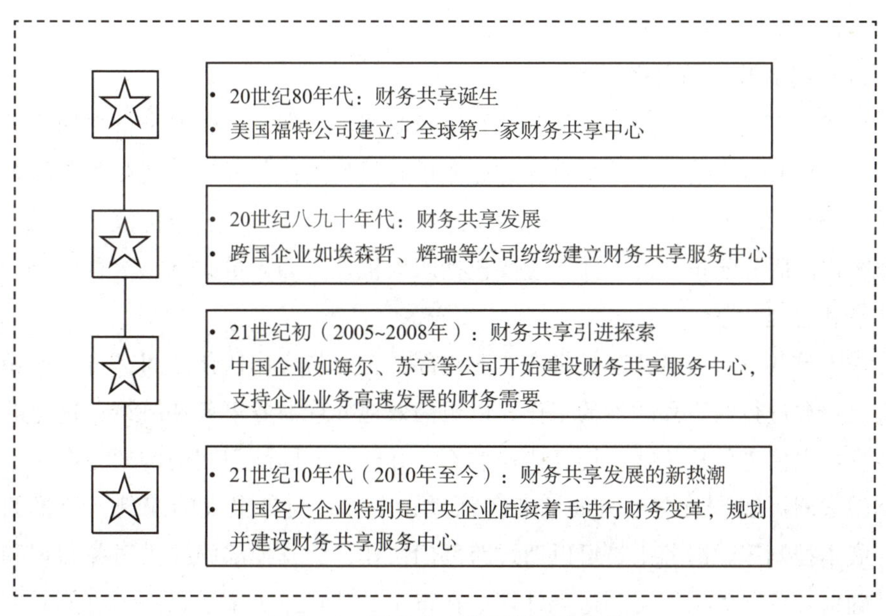

图 2－1　财务共享发展的四个阶段

①初步运用阶段。20 世纪 80 年代初，福特汽车公司建立了全球第一家财务共享服务中心（FSSC），表明共享服务的诞生。

②逐步发展阶段。20 世纪 80 年代前期，共享服务被广泛地应用在 IT、财务等领域，并且从制造业向信息产业、零售、金融、通信等行业拓展。

---

① 柏思萍. 财务共享应用［M］. 北京：中国财政经济出版社，2020：3.
② 杨姝. 关于财务共享服务研究的文献综述［J］. 财会研究，2020（8）：46－49.

③成熟应用阶段。20世纪90年代初，财务共享服务在欧美成熟化，并很快扩展到亚洲、澳洲和其他地区。

④持续发展阶段。21世纪以来，随着新兴经济体的发展与跨国公司的并购，为了降低财务核算成本与费用，财务共享得到更加快速的发展。

2012年以来，许多中国企业开始进行财务变革，规划建设财务共享服务中心，支持企业高速发展。未来，财务共享将不断优化，进一步向云化、自动化、智能化的方向发展。

2. 财务共享的实现机理与相关理论

财务共享通过数字化技术和在线平台将个人、企业和财务机构连接在一起，实现数据资源的高效共享与交换。通过介绍财务共享的实现机理和相关理论，可以更好地了解它的运作方式。

（1）财务共享的实现机理。

财务共享是一种将企业一部分现有经营职能集中到一个新的半自主的业务单元的合作战略，而这个新的半自主的业务单元就如同在公开市场展开竞争的企业一样，设有专门的管理结构，目的是节约成本、提高效率、创造价值以及提高对内部客户的服务质量。财务共享主要包括四大机理，即人员共享、信息共享、运营共享和管理共享。

①人员共享。人员共享是指在企业内部或企业与合作伙伴之间，将财务相关的人员资源进行共享和融洽的工作，以更高效地处理财务事务和决策，这样的人员共享可以促进信息传播、提高协作效率，并加强不同部门间的沟通与合作。不同部门之间可能涉及财务方面的业务活动，例如，财务报表的编制、预算的制定、成本控制等，财务人员可以通过跨部门协作，为其他部门提供财务知识和支持，确保各项财务工作得到适当处理。在特定的项目或决策过程中，可能需要来自不同部门的财务人员共同参与，通过跨部门团队协作，不同专业领域的人员可以共同讨论和决策，确保财务方面的信息被充分考虑，并做出最佳的决策。

②信息共享。信息共享是指在企业内部或企业与合作伙伴之间，将财务相关的信息进行共享，使财务数据、报表、决策等财务意见可以被相关人员访问和利用，这样的信息共享可以促进信息流通、加强协作，帮助各部门更好地了解财务状况和业务动态，从而做出更明智的决策。信息共享中最重要的是财务数据共享，不同部门和团队可以共同访问财务数据，包括收入、支出、利润、财务资产负债表等，以全面了解企业的财务状况。财务报表是对财务状况和业绩的汇总和

呈现，在财务共享中，财务报表可以被相关人员共享，了解企业的财务表现，并根据报表的信息做出决策。通过信息共享，企业可以实现信息的流通和共享，加强团队之间的高效协作和沟通，促进财务数据和决策意见的全面财务传递，从而优化财务管理和业务运营。

③运营共享。运营共享是指将财务和运营相关的资源、信息和数据进行共享，以促进财务和运营之间的紧密协作，优化企业的财务管理和运营效率。财务部门可以与供应链部门进行良好合作，共享供应链的数据和信息，例如，财务部门可以与采购团队共享采购成本和供应商付款信息，从而更好地掌握采购支出和供应链的资金流动情况。财务数据可以与生产部门共享，以优化生产流程和成本管理，通过共享生产成本、库存信息等数据，财务部门可以为生产团队提供支持和决策建议，实现生产流程的优化和成本控制。财务数据可以与营销部门共享，为营销策略和广告投入提供支撑，通过共享销售数据和成本数据，财务部门可以与营销团队共同分析市场反应和回报，制定更精准的营销投资策略。财务部门还可以与研发和技术团队进行良好的合作，共享研发成本和技术创新的数据，财务部门可以更好地了解财务研发投入和技术创新的效果，为技术项目的决策提供支持。

④管理共享。管理共享是指将财务管理方面的资源、知识和最佳实践进行共享，以促进企业内部或企业与合作伙伴之间的财务管理协同和优化。管理共享可以帮助不同部门之间更好地协作，更有效地利用财务资源，提高财务决策的质量和效率。在财务共享中，财务政策与规程可以共享给相关部门和团队，这包括财务审批流程、财务报告要求、费用管理规定等，通过共享财务政策与规程，可以确保各部门在财务处理和报告上遵循相同的标准，提高财务数据的准确性和一致性。财务共享中，财务流程和流通方式可以进行共享，使不同部门的财务流程更加透明和高效，例如，财务共享可以帮助企业优化采购流程、付款流程、报销流程等，实现财务流通的自动化和数字化。通过管理共享，企业可以促进各部门之间的沟通与协作，实现财务资源的优化配置和共同利用，从而提高企业整体的管理效率和绩效水平。同时，管理共享还有助于财务部门更好地支持和服务其他部门，共同推动企业的发展和创新。

（2）财务共享的相关理论。

财务共享的迅速发展有其深厚的理论支撑。财务共享中心是多方参与的共享平台，可为各参与方提供服务，可以有效地缓解或化解信息不对称，并有力地促进企业的数字化转型。相关理论主要有以下几点。

①信息不对称理论。信息不对称是指在市场经济活动中，交易双方对有关信息的掌握存在差异，从而对市场交易行为和运行效率产生一系列的重要影响。掌握信息比较充分的一方，往往处于比较有利的地位；而信息贫乏的一方，则处于相对不利的地位[①]，信息不对称可划分为交易双方信息占有量的不对称、交易双方信息占有时间的不对称[②]。存在信息不对称的情况下，会出现“逆向选择”和“道德风险”，导致资源不能有效匹配。信息不对称理论同时指出：解决逆向选择的方法是建立信号显示机制，使信息能够充分披露。财务共享降低了信息成本，提高了数据价值，企业内部实现信息对称与数据互通，提高了信息效益；企业外部实现信息透明与知识共享，形成溢出效应。提供更符合质量要求的财务信息，对于满足政府、企业、社会、用户等信息需求具有重要意义。

②企业数字化转型理论。数字化转型是企业战略层面的概念，指基于数字化技术的发展，对传统企业原有业务与数字化技术融合并进行创新，实现企业业绩增长与持续发展的变革要求[③]。企业数字化的本质是通过数字技术与数学算法切入企业业务流，并形成智能化数据闭环，使得企业生产经营的全过程可度量、可追溯、可预测，重构基于成本、质量与效率的企业竞争力。企业数字化分为内部运营管理数字化、外部商业模式数字化和行业平台生态数字化。对应到技术层面，即系统的内部垂直集成、外部的横向集成、端与端的链接集成。财务共享形成了财会大数据，移动互联是财务共享的发展趋势，云计算为财务共享提供了技术支撑，数字化转型中的财务共享有利于客户体验升级、企业效率提升、企业业务创新、资源配置优化。

③多边平台市场理论。多边平台市场是对双边市场概念的延伸，指将两个以上的相互依赖但又明显区别的市场参与方（如供给方、需求方、网络平台、第三方支付等）集合在一起的平台结构。多边平台的特征表现为间接的网络效应、交叉网络外部性、价格的非中性、需求的互补性等[④]。金融交易所、操作系统平台、社交网站、搜索引擎、电子商务等都是典型的多边平台，其通过整合多方资源提供优势互补、协同创新的渠道[⑤]。平台经济和平台模式是数字化转型的主要实现方式，对于中小企业而言，需要借助财务共享平台实现数智化、流程化、共享

---

① 李功奎，应瑞瑶．“柠檬市场”制度安排——一个关于农产品质量安全保障的分析框架［J］．农业技术经济，2004（3）：15-20.

② 黄小平，刘叶云．绿色农产品市场中的“柠檬效应”及应对策略［J］．农业现代化研究，2006（6）：467-469.

③ 雷万云．云+AI+5G驱动的数字化转型实践之道［M］．北京：清华大学出版社，2020：30-44.

④ 苏华．多边平台的相关市场界定与反垄断执法发展［J］．价格理论与实践，2013（8）：29-31.

⑤ 张玉明．共享经济学［M］．北京：科学出版社，2017：81-83.

化，最终形成增值价值链与行业生态链。

3. 财务共享理论对智能财务的支撑

智能财务是统筹业务活动、财务会计活动与管理会计活动的全功能、全流程、智能化的管理模式[①]，财务共享是走向智能财务的必由之路，财务共享形成的财务大数据，从管理、组织与数据等方面，为企业业财管一体化奠定了坚实的信息基础。财务共享理论对智能财务的理论支撑，根据发展进程分为业财融合、“业财管”一体化融合两个方面。图 2－2 为财务共享在智能财务中的“业财管”一体化应用。

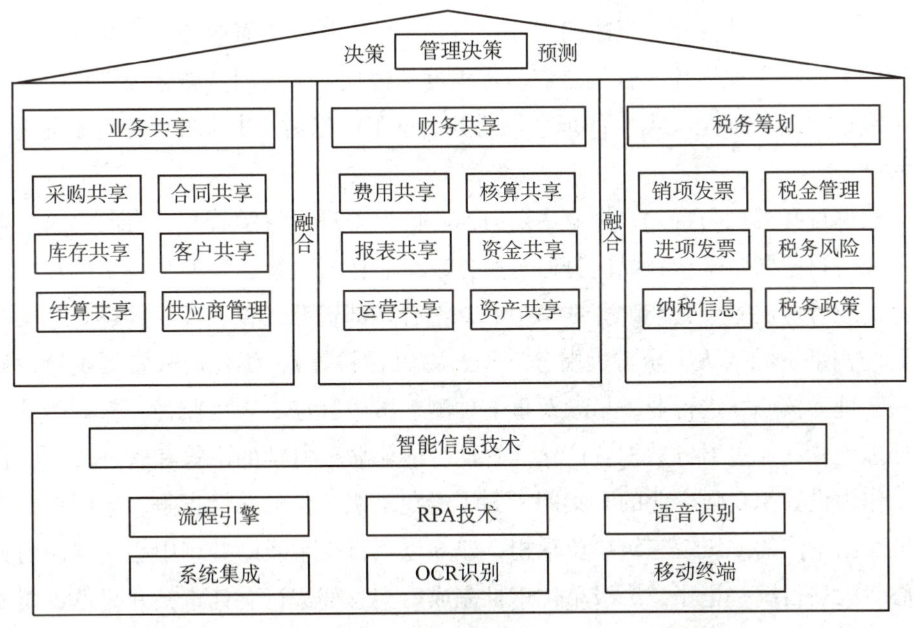

图 2－2　财务共享在智能财务中的“业财管”一体化应用

（1）业财融合。

财务共享的业务、财务融合在标准财务共享（指核算共享、报账共享、前期规划设计）的基础上，将财务管理向前拓展延伸，以报账为起点调整为以业务为起点，将管控链条前移，降低财务风险，实现精细化管理与内部控制。例如，一个企业最重要的业务部分通常是采购部门、生产部门、销售部门，其财务业务分

① 贾小强，郝宇晓，卢闯．财务共享的智能化升级——业财税一体化的深度融合［M］．北京：人民邮电出版社，2020.

别是应付账款、成本支出和应收账款，以金融、服务为主的企业，因费用比重大，建设财务共享中心时，应以费用共享为主；以制造业为主的企业，由于客户、经销商等下游环节众多，财务共享中心需要加强应收账款的管控。实现业财融合经过三个阶段的转型：第一，业务和财务在数据层面上互通有无；第二，财务部门对业务数据进行分析，为战略决策提供数据支持；第三，财务部门能够对接业务部门工作，实现业务、财务深层次共享，达到“一点结算、一点支付、一点核算”。

（2）“业财管”一体化融合。

从业务与财务融合，再到业务、财务与管理决策融合，实现“业财管”一体化高度融合，以实现传统会计向智能会计的转型升级。数智经济时代的会计人才已经不仅仅需要贴发票、报账的“小会计”，而是需要“懂业务、懂会计、懂管理”的复合型专业人才，也就是在一定程度上体现业务与财务融合为管理决策服务，践行“会计就是决策”的理念。财务共享不断创新，未来发展趋势是业财管大共享。

根据自身类型与特点，企业集团对面临的风险进行科学管控，横向上打通业务系统与财务共享平台，纵向打通与税务系统、银行系统、采购平台实现互联互通。企业管理层基于智能财务共享中心，整合外部资源（供应商、客户、经销商等）与内部资源（人力资源、财务数据、物料材料等），优化内外资源配置，以交易管理为核心，进行业务指导及事前预测、事中管控、事后监督，重构传统财务处理流程，通过财务数据资产化、管理智能化做出科学的决策和管理目标。例如，作为世界500强企业的L集团，为了避免二级单位的恶性竞争，集团把工程分段交给不同的二级、三级单位承担，建立以项目为主线的共享中心，集团财务中心对大项目统一记账，二级单位审批完成后交总部进行会计审核并付款，集团总部有效地实现了对项目的监控①。

2.1.2 人工智能理论

自从阿兰·图灵（Alan Turing）破解了恩尼格玛密码机，到1956年达特茅斯研讨会（Dartmouth Conference）上约翰·麦卡锡创造了“人工智能”这一词，人工智能已经经历了60多年的发展历程。2016年人工智能投资已达300亿美元，

① 王兴山．数字化转型中的财务共享［M］．北京：电子工业出版社，2020：86－88.

2017 年上半年在此基础上又增长 45%[①]。借助深度学习算法的“春风”，在大数据、云计算、区块链、移动互联网“四位一体”的协助下，人工智能正在引发链式突破，推动人类社会经济的各个领域从数字化、网络化向智能化全面发展[②]。借助机器学习算法人工智能辅助智能财务实现业务数字化、流程标准化、财务智能化。

1. 人工智能的概念与发展阶段

人工智能的概念与我们对现实本质、自我身份的认同和人类实质的核心信念有关，21 世纪人工智能的发展会更迅速，人工智能的概念和发展阶段如下。

（1）人工智能的概念。

由于人工智能是当前最前沿的交叉学科，目前人工智能的定义并不统一。斯图尔特·拉塞尔（Stuart Russell，2010）将人工智能区分为四类：一是像人一样思考的系统；二是像人一样行动的系统；三是理性思考的系统；四是理性行动的系统[③]。虽然维基百科认为“人工智能就是机器展现出来的智能，只要机器有智能的特征和表现，就应当视为人工智能”比较简单。实际上，拉斐尔（Raphael）对人工智能的评价比较贴切：人工智能是一门科学，这门科学让机器人做人类需要智能才能完成的事情[④]。从计算机应用系统的角度看，人工智能是研究如何制造智能机器或智能系统，来模拟人类智能活动的能力，以延伸人类智能的科学[⑤]。本书采纳中国信通院《人工智能治理白皮书》定义：人工智能是指用机器模拟、实现或延伸人类的感知、思考、行动等智力与行为能力的科学与技术[⑥]。

（2）人工智能的发展阶段。

人工智能的发展大致可以分为以下五个阶段：

①符号推理阶段（1950～1980 年）：该阶段是人工智能领域的起步阶段，主要关注符号推理和逻辑推理。早期的人工智能系统采用规则和符号进行推理，但受限于计算能力和数据量，取得的成果有限。

---

① 人工智能简明知识读本编写组．人工智能简明知识读本［M］．北京：新华出版社，2017.

② 2017 年国务院发布《新一代人工智能发展规划》关于印发新一代人工智能发展规划的通知［R/OL］. 2017－07－24.

③ ［美］拉塞尔，诺文著．姜哲，等译．人工智能——一种现代方法：第 2 版［M］．北京：人民邮电出版社，2010.

④ Raphael B. The Thinking Computer：Mind Inside Matter［M］. Thinking Computer：Mind inside Matter. W. H. Freeman & Co. 1976.

⑤ 王莉，宋兴祖，陈志宝．大数据与人工智能研究［M］．北京：中国纺织出版社，2019：33－35.

⑥ 中国信通院．人工智能治理白皮书［R/OL］. 2020－09－28.

②知识库表示与专家系统阶段（1980～1990年）：在这个阶段，人工智能开始关注知识的表示和推理。专家系统成为主要的研究方向，通过构建知识库和规则库来模拟人类专家的知识和决策过程。然而，专家系统在实际应用中受到知识获取困难和知识推理不足等问题的限制。

③统计学习与机器学习阶段（1990～2010年）：随着计算能力的提升和数据的积累，机器学习成为人工智能的主要技术手段。统计学习、支持机、决策树、神经网络等方法得到广泛应用，取得了一系列突破性成果，如图像识别、语音识别、自然语言处理等。

④深度学习与大数据驱动阶段（2010年至今）：深度学习作为机器学习的一个子领域，尤其是在神经网络方面取得重大突破。深度学习利用多层次的神经网络结构，实现了对大规模数据的学习和特征，推动了人工智能的发展。大数据的兴起和云计算技术的发展也为深度学习提供了更强大的计算和学习存储支持。

⑤学习和自主控制阶段（今后）：强化学习成为人工智能的又一重要研究方向，通过建立智能体与环境的交互模型，实现在复杂环境中的自主决策和行动。自主控制器是强化人工智能技术不断发展的一个新方向，追求AI系统在没有外部指令的情况下自主完成任务。

2. 人工智能的特征与应用层次

人们对思维与智能的概念的探讨引发了对图灵测试的讨论，这些讨论和争论逐渐扩展到人工智能的早期历史与最新发展，以及是否适合在某个特定领域使用人工智能。这些问题的核心逻辑源于人工智能的特征和应用层次。

（1）人工智能的特征①。

根据智能功能与应用范围的不同，人工智能的特征主要包括深度学习、跨界融合、人机协同、群智开放和自主操控五个方面。

①深度学习。人工智能的深度学习是指一种基于人工神经网络的机器学习方法，它模拟人类大脑的神经网络结构和学习方式。深度学习的核心思想是通过多层次的神经网络来提取高层的抽象特征，从而实现对复杂数据的建模和分析。深度学习是人工智能领域的一个重要子领域，在自然语言处理、图像识别、语音识别、推荐系统等任务上取得了显著的成果。

②跨界融合。人工智能的跨界融合是指将人工智能技术纳入不同领域和行

① 中国信通院．人工智能治理白皮书［R/OL］．2020－09－28.

业，以解决各种实际问题并提供更多价值。跨界融合将人工智能与其他学科、行业和领域相结合，形成更加综合和全面的解决方案，这可以促进知识和技术的交流，促进创新和发展。目前，人工智能在医疗健康、金融服务、智能交通、教育和文化、城市管理与智慧城市等领域均发挥了重要的作用。

③人机协同。人工智能的人机协同是指人工智能系统与人类之间的紧密合作和互动，通过共同的协作任务，充分发挥人工智能和人类的优势，从而达到更好的效果和结果。人机协同将人类的创造力、情感和道德判断能力与人工智能的高速计算、大数据处理和智能决策相结合，形成一种智能、全面的工作模式。

④群智开放。人工智能的群智开放是指通过开放性的合作和共享模式，将人工智能技术和资源集中在一个大规模的群体中，以推动人工智能的发展和应用。群智开放强调多方参与、资源共享、共同创新的理念，将智能和创新力量汇聚在全球范围内，加速人工智能技术的进步和应用场景的扩展。群智开放在人工智能领域具有重要的作用，它为技术突破、开发者和企业创造了更加开放、合作和创新的环境。通过群智开放，全球范围内的人工智能专家和参与者可以共同协作，推动人工智能技术的创新和应用，为社会带来更多的价值和福祉。

⑤自主操控。人工智能的自主操控是指人工智能系统在没有外部干扰的情况下，能够根据环境和任务的要求，自主地进行决策和行动。这种自主操控是追求人工智能的一种高级能力，使得 AI 系统更加智能地应对复杂和不确定的情况，从而产生更强大的应用价值。实现人工智能的自主操控是人工智能研究的一个重要方向，它能够使得 AI 系统在更多的应用场景中发挥作用，提高智能化水平和效率。

（2）人工智能的应用层次。

人工智能要想实现大规模的产业化落地应用，需要让机器从“能存会算”到“能听会说、能看会认”，最终到“能理解、会思考”，即由运算智能到感知智能再到认知智能[①]。

①运算智能。运算智能即机器具备超强的存储能力和超快的计算能力，可以基于海量数据进行深度学习，利用历史经验指导当前环境，这是人工智能进行机器学习的基础。随着计算力的不断发展，储存手段的不断升级，目前计算机的运算智能已经十分出色。

---

① 吴睿．知识图谱与认知智能［M］．北京：电子工业出版社，2022：19－20．

②感知智能。感知智能是指使机器具备视觉、听觉、触觉等感知能力，可以将非结构化的数据结构化，并用人类的沟通方式与用户互动。随着各类技术发展，更多非结构化数据的价值被重视和挖掘，语音、图像、视频、触点等与感知相关的感知智能也在快速发展。无人驾驶汽车、著名的波士顿动力机器人等就运用了感知智能，它通过各种传感器，感知周围环境并进行处理，从而有效指导其运行。

③认知智能。相较于计算智能和感知智能，认知智能更为复杂，是指机器像人一样，有理解能力、归纳能力、推理能力，有运用知识的能力。简单来说，认知智能就是“能理解、会思考”，机器的认知智能表现在对知识的不断理解与学习上，这也是人工智能中最难的环节。目前认知智能技术还在研究探索阶段，如在公共安全领域，对犯罪者的微观行为和宏观行为的特征提取和模式分析，开发犯罪预测、资金穿透、城市犯罪演化模拟等人工智能模型和系统；在金融行业，用于识别可疑交易、预测宏观经济波动等。

3. 人工智能的关键技术

人工智能是一门独特的科学，允许我们探索未来生活和工作的诸多可能性，它的方法已经被纳入计算机科学的标准技术中。人工智能引领产业发展的关键技术包括机器人流程自动化、光学字符识别技术、自然语言处理技术、机器学习、认知智能体、智能工作流、人工智能生成内容等。

（1）机器人流程自动化（robotic process automation，RPA）。

RPA 实质上是一款自动化软件（工具），该软件的配置安装在计算机或服务器上，通过模拟键盘、鼠标等人工操作来实现操作自动化，适用于具有规则性、附加值低、重复性高的工作业务流程，面对复杂的界面和文本，需要与业务人员在交互界面（应用系统）相互配合。RPA 相当于人类的“灵巧双手”，高效率地接受并完成指令，AI 则是人类的“智慧大脑”，进行模仿、思考、决策。故 RPA 需要与 AI 相结合，相当于基于规则和流程的自动化基础上，进一步地深度学习与认知推理、判断决策，大幅提升企业运营效率，降低人工操作风险，对接“孤岛式”业务系统，实现智能流程自动化。

（2）光学字符识别技术（optical character recognition，OCR）。

OCR 指利用电子设备（如扫描仪）将任何纸质文档中手写或打印的文字转换为可由计算机识别软件读取编辑的文本格式，可供文字处理软件进一步编辑加工的处理技术。OCR 技术一般可以分为五个流程（阶段）：图像分析与处理—版面分析—图像分割—文字识别—版面还原（见图2－3）。其中，图像分析与处理是指针对图像的成像过程中存在的问题进行修正，例如，几何变换、去除模糊、光线校正等；版面分析是指对文字版面、所在位置、范围与布局的检测，主要处理算法有 RCNN、Mask－RCNN、Unet 等；图像分割就是把图像分成若干个特定的、具有独特性质的区域的技术和过程，它是由图像处理到图像分析的关键步骤；文字识别是指在文本检测的基础上，将图像中的文本信息转换为计算机可识别和处理的文本信息；版面还原是将最终的文字识别或文本抽取的结果输出。

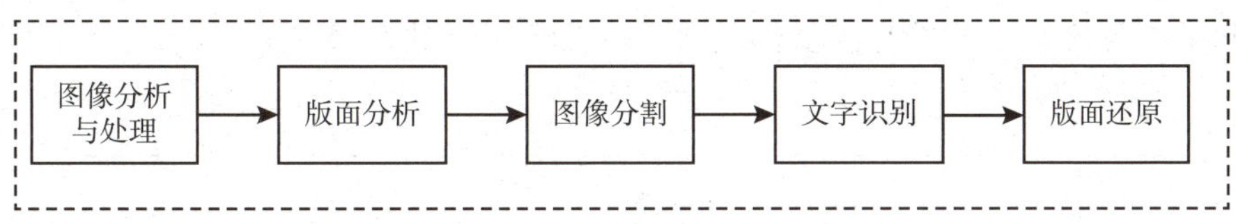

图2－3　OCR 技术流程

（3）自然语言处理技术（natural language generation，NLG）。

NLG 技术是自然语言的计算机处理的技术统称，其目的是有助于计算机理解和接受人类借助自然语言输入的指令，完成一种语言到另一种语言的翻译过程。NLG 技术的核心是语义分析，其基于自然语言进行语义信息分析，不仅能进行词法语法分析，而且能确定单词、词组、句子、段落含义。具体而言，语义分析技术包括词法分析、句法分析、语用分析、语境分析、自然语言生成。NLG 技术应用场景有文本纠错、标签提取、文本相似度比对、文本分类、文本聚类等。自然语言处理技术流程如图2－4所示。

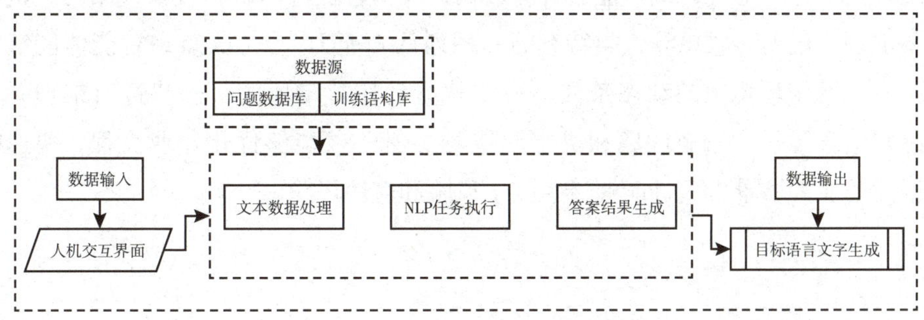

图2－4　自然语言处理技术流程

(4) 机器学习 (machine learning, ML)。

ML 是指让计算机无须进行明确编程就具备学习的能力[①], ML 共有五个发展阶段。第一阶段是机器学习 "推理期", 人们认为只要能赋予机器逻辑推理能力, 机器就具有智能。第二阶段是机器学习 "知识期", 要使机器具有智能, 必须设法使机器拥有知识。第三阶段是机器学习 "学习期", 机器学习开始成为一个独立的学科领域, 各类机器学习技术百花齐放。第四阶段是机器学习 "统计学习期", "统计学习" 取代连接主义技术占据了主导地位, 其代表性技术是支持向量机与核方法。第五阶段是机器学习 "深度学习期"。连接主义学习卷土重来, 掀起了 "深度学习" 的热潮。机器学习技术流程如图 2-5 所示。

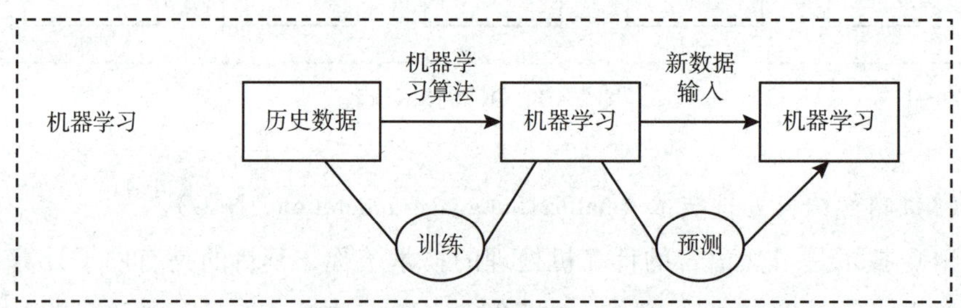

图 2-5 机器学习技术流程

(5) 认知智能体 (cognitive agent, CA)。

认知智能是智能应用三层次的高级阶段, 这与人工智能的划分标准有关 (人工智能和强人工智能)。简言之, 认知智能是指让机器能够像人一样思考的强人工智能[②], 这种思考能力体现为三个方面: 第一, 机器具备理解数据、语言进而理解现实世界; 第二, 机器能够解释数据、解构过程进而解释现象; 第三, 机器具备推理、规划、联想等人类特有的一系列认知能力[③]。(认知) 智能体能够持续执行 "感知环境中的动态条件" — "执行动作影响环境" — "进行推理并解释感知信息" — "求解问题和决定动作"[④], 其不仅能够优化作业流程, 快速响应不同的业务场景, 而且能够避免技术风险和应用风险。

---

① 蒋鲁宁. 机器学习、深度学习与网络安全技术 [J]. 中国信息安全, 2016, 5 (5): 92-94.

② 肖仰华. 从知识图谱到认知智能 [J]. 中国计算机学会通讯, 2021, 17 (3): 60-61.

③ 达观数据. 智能 RPA 实战 [M]. 北京: 机械工业出版社, 2020: 70-97.

④ Hayes-Roth B. Agents on Stage: Advancing the State of the Art of AI Extended Abstract for an Invited Talk [J]. 2012.

（6）智能工作流（smart workflow，SW）。

工作流是能够自动化地处理相关活动和任务，能够精确化每一个处理步骤，减少人机交互处理过程中的错误，最大化提高生成效率的流程。智能工作流随着行业领域自动化、智能化的发展而广泛应用到动态可变的场景中。SW 技术可动态地调整 RPA 的任务设定、业务流程的自动变更与自动升级，可指导 RPA 进行自适应作业模式。实现 SW 的方法有基于遗传算法的工作流调度[①]、基于粒子群优化算法的启发式算法（PSO）、基于自然界和仿生学的智能算法（混合蛙算法、蝙蝠算法、人工蜂群算法）等。当前，SW 主要基于智能规划进行工作流处理，统筹考虑多项事件的共同影响，通过智能规划推导出不同工作流和任务之间的逻辑关系，并从其他渠道与外部信息中挖掘潜在的关系，过滤噪声数据并实现流程的自动修正，进而实现自适应性的作业模式和任务过程。

（7）人工智能生成内容（artificial intelligence generated content，AIGC）。

AIGC 指的是利用人工智能技术，通过已有数据寻找规律，并通过预训练大模型、生成式对抗网络（GAN）等方法，自动生成各种类型的内容，例如，文章、视频、图片、音乐、代码等。目前，AIGC 被认为是继专家生成内容（professionally generated content，PGC）、用户生成内容（user generated content，UGC）之后的新型内容创作方式，也是 Web3.0 时代的核心辅助创作工具[②]。AIGC 以其真实性、多样性、可控性、组合性的特征，有望帮助企业提高内容生产的效率，以及为其提供更加丰富多元、动态且可交互的内容或将率先在传媒、电商、影视、娱乐等数字化程度高、内容需求丰富的行业取得重大创新发展。全球各大科技企业也都积极拥抱 AIGC，不断推出相关技术、平台和应用，如英伟达的 Style GAN、谷歌的 Bard、百度的文心一言等。AIGC 应用视图如图 2-6 所示。

4. 人工智能理论对智能财务的支撑

人工智能理论在智能财务中最突出的应用是 RPA 财务机器人，它基于 RPA 技术，紧密融合核心 ERP 业务流程，满足更广泛的客户需求。由于 RPA 适用于重复性高、规则明确、稳定的任务，它正在快速取代那些高度重复、流程规范化的工作和职位。我们可以将 RPA 形容为我们的得力助手，而结合人工智能的聪明大脑，RPA 的能力进一步扩展。通过人工智能的深度学习网络、图像识别和转

① ［美］约翰·霍兰德著. 张江，译. 自然与人工系统中的适应［M］. 北京：高等教育出版社，2008.

② 蔡子凡，蔚海燕. 人工智能生成内容（AIGC）的演进历程及其图书馆智慧服务应用场景［J］. 图书馆杂志，2023，42（4）：34-43，135-136.

换等技术的智能加持，RPA 的应用范围和敏捷性得到了显著提升。根据 Everest 调研机构的报告，对于那些行业属性不明显的业务流程，RPA 在财务会计领域的应用占比最大，达到了 21%①。

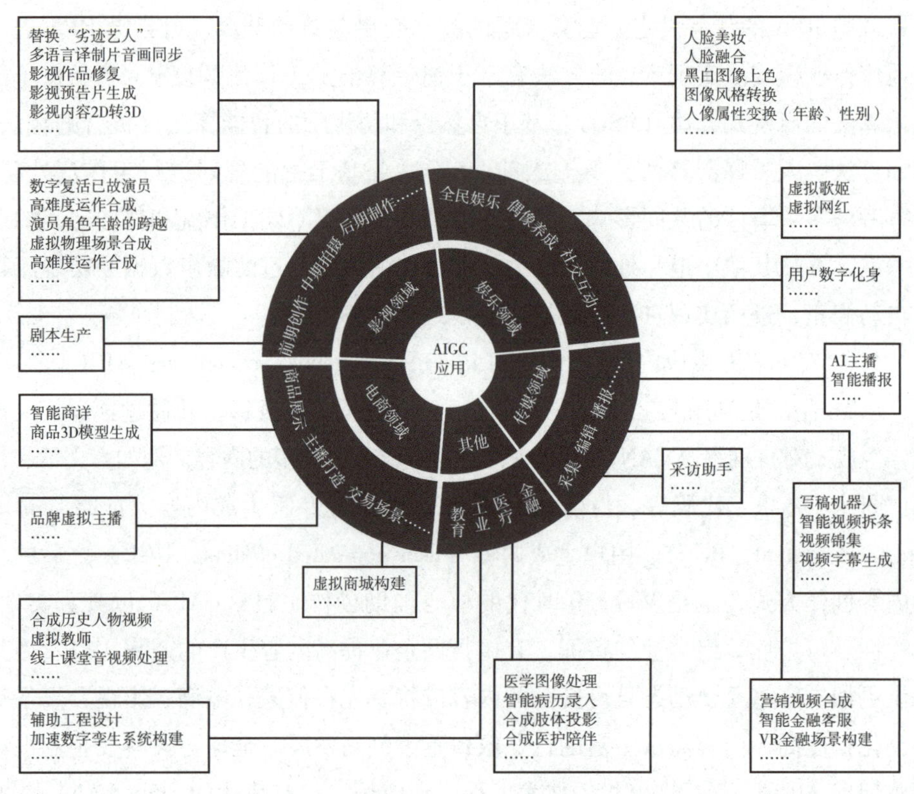

图 2-6 AIGC 应用视图

资料来源：中国信通院．人工智能生成内容（AIGC）白皮书（2022 年）［R/OL］. 2022-09-02.

人工智能（AI）对 RPA 的影响应用于智能财务方面，其应用架构可以分为数据层、服务层和应用层②，如图 2-7 所示。数据层中，数据主要来源于原始凭证、时序账、各总账与分类账、相关会计制度、预算制度、电子邮件、HTML 网页、发票、合同等，可分为结构化数据、半结构化数据和非结构化数据。在数据清洗过程中，机器人通过 OCR、NLP 等技术将合同、发票等非结构化数据转化为结构化数据，最后将其按照财务数据、业务数据等进行分类储存。服务层中，机

① 王言．RPA：流程自动化引领数字劳动力革命［M］. 北京：机械工业出版社，2020：218-221.
② 程平，李宛霖．RPA 财务机器人在企业中的应用与展望［J］. 财务与会计，2022（6）：74-78.

器人基于业务操作平台、资金结算平台等智能化平台服务于业务流程自动化，为费用报销、税务核算、银行对账等业务处理提供服务。应用层是 RPA 财务机器人需达到的最终目的，即实现自动化的具体财务场景，包括采购、供应链管理、税务管理、资产管理等相关的财务活动。

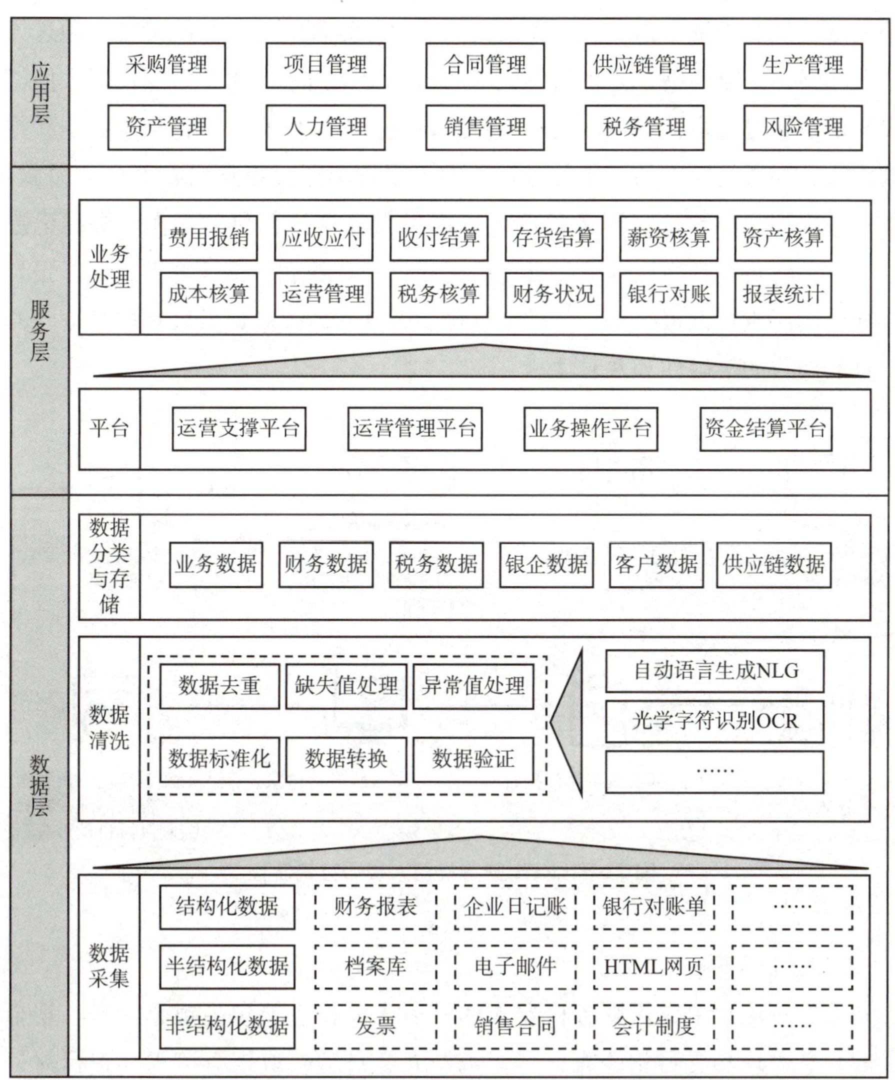

图 2－7　AI、RPA 在智能财务中的应用架构

RPA 财务机器人作为人工智能在财务领域的典型应用，可以满足大多数财务工作的需求，在此简要介绍财务机器人在费用报销、资金管理和税务管理等重要流程上的应用①。

（1）费用报销。

费用报销流程是财务工作中最为普遍的流程，也是财务机器人使用最广泛的流程，具体流程如图2-8所示。财务机器人能够智能地处理多种渠道采集而来的各类发票和单据，实现自动识别、分类汇总和分发传递的功能。它能够自动生成报销单并发起审批申请，从而大大提高了财务处理的效率和准确性。通过人工设定费用报销审核规则，并将这些规则嵌入费用报销系统中，财务机器人能够按照设定的逻辑进行审核操作。它能够对发票进行查重验真，进行预算控制和报销标准审查，同时记录审核结果并进行反馈。报销单通过审核后自动生成付款单；付款单进入待付款中心，财务机器人依据付款计划执行付款操作。根据记账规则，付款单将自动产生凭证，并自动提交和过账。随后，系统将生成财务报告并将其向管理层进行汇报。这一自动化过程能够有效地提高财务处理的效率，并确保凭证和报告的准确性和及时性。

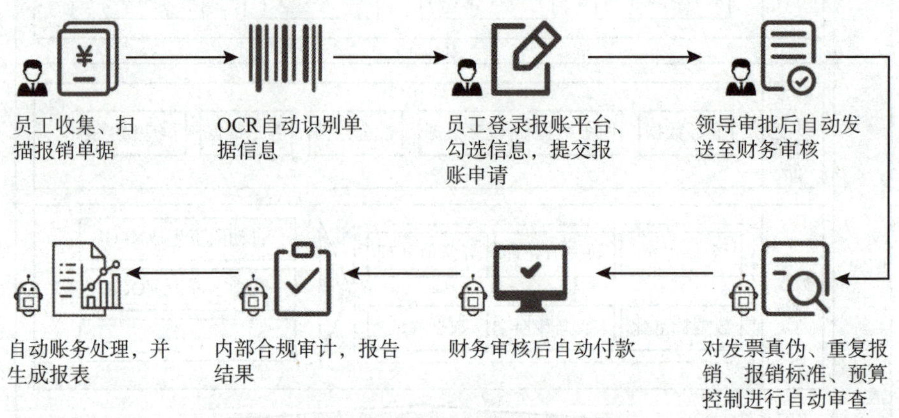

图2-8 RPA财务机器人费用报销流程

（2）资金管理。

资金管理流程中应用财务机器人的具体子流程主要包括银企对账、现金管理、收付款管理和支付指令查询等。机器人会自动获取银行流水和银行财务数据，并进行银行账目和财务账目的对比，它能够智能生成银行余额调节财务表，确保财务数据的准确性和一致性。财务机器人会根据预先设定的现金上限，自动

① 陈虎，孙彦丛，郭奕，等．财务机器人［J］．财务与会计，2019（16）：58.

执行现金归集和现金计划信息的采集与处理等任务。同时，它会引入智能算法，按照预设的规则，根据支付方式、支付策略、支付金额等多种因素，计算最优化的资金组合，以完成资金安排。同时，财务机器人还会动态监控资金收支情况，帮助集团企业实时掌握集团资金状况。财务机器人根据订单信息和供应商信息，自动完成收款与付款。资金支付指令发出后，财务机器人还可以自动查询银行返回的支付结果，并邮件反馈查询结果。

以银企对账为例，传统的银企对账方式需要逐个按银行和账户进行手工对账，而一个单位通常有多个银行账户，这意味着每个账户的对账都需要重复各项操作步骤，导致效率低下，并且存在一定的疏漏风险。通过使用 RPA 财务机器人替代人工工作，在期末，财务机器人会登录网银系统获取银行对账单信息，然后登录财务核算系统获取账务数据，并自动执行对账操作。它会将对账结果记录在银行余额调节表中，并重复这一操作，直至所有账户都完成对账。财务机器人还能根据定制化需求，导出银行对账单，实现对账单的合并与汇总，并按所需格式将最终结果上传至系统中。这种自动化的对账过程大大提高了效率，减少了人工操作的烦琐和错误，确保了对账的准确性和可靠性。RPA 财务机器人使用前后对比如图 2 －9 所示。

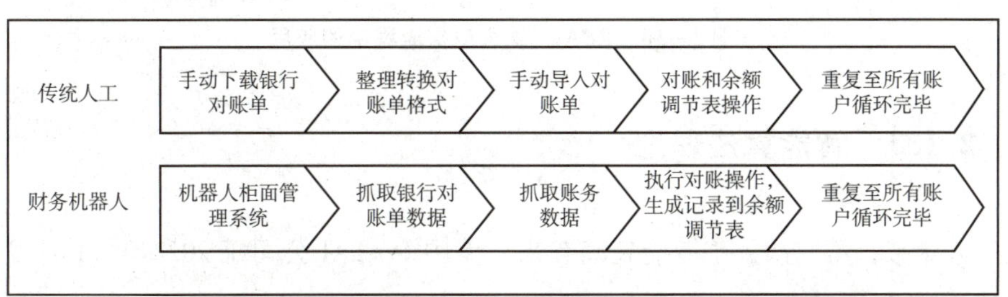

图 2 －9 传统人工模式、RPA 机器人的银企对账业务流程

（3）税务管理。

税务管理是目前财务机器人运用较为成熟的领域，包括自动纳税申报、涉税信息校验、增值税发票验真等子流程，如图 2 －10 所示。在期末，财务机器人会自动登录账务系统，根据税务主体，批量导出财务数据、增值税认证数据等与税务申报相关的业务数据基础。财务机器人获取事先维护好的企业基础信息用以生成纳税申报表底稿，并且会根据设定好的规则，自动调整税务差异项，利用预置的校验公式对报表进行校验，以确保财务数据的准确性和一致性。根据特定逻辑

由工作底稿自动生成申报表并在税务局端系统自动填写纳税申报表。财务机器人会根据纳税和缴税信息，自动完成系统内税务分录的编制，并进行递延所得、资产或负债的计算。它会自动完成系统内的入账，并通过邮件提醒相关责任人。基于现有待开票信息，财务机器人操作专用开票软件开具增值税普通发票和增值税专用发票。财务机器人可以根据发票票面信息自动验证发票的真伪，并能将增值税发票提交到国税总局查验平台进行验证和认证。机器人会反馈和记录验证结果，确保发票信息的准确性和合规性。

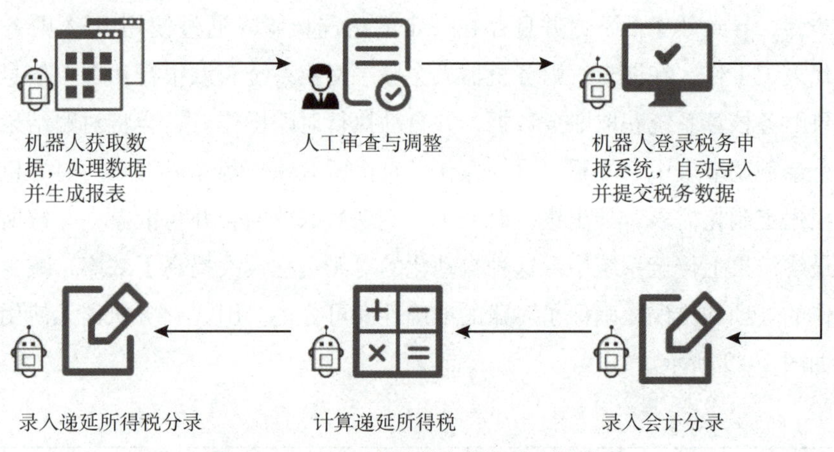

图 2-10 RPA 在纳税申报流程中的应用

2.1.3 智能算法理论

近年来，第三次人工智能狂潮袭来，美国 OpenAI 公司于 2022 年 11 月发布的基于 GPT-3.5 架构的智能文本撰写与聊天工具——ChatGPT 显示出越来越强的主体性特征，将智能算法主体化争论推向了又一崭新高度。

1. 智能算法的内涵与特征

智能算法在当下已经大量地被使用在社会生产、生活活动中，通过特定的算法运算以数据的方式表达出来其运算和控制的过程和结果①。智能算法可以简单理解为是一种新的工具和理论模式，用以替代人类完成部分人力难以快速运算解决的问题。

① 王思．智能化时代新闻媒体特点与生产模式创新［J］．学习与实践，2019（1）．

（1）智能算法的内涵。

智能算法的本身是计算机科学领域中的概念，指“为解决特定问题而输入机器的一系列步骤”。美国学者罗伯特·塞奇威克对其的定义是的“一定的计算方法和运算规则的编程设计”①。这种人为设定的运算的方法和规则其创始之初，便是为在某一领域代替人类解决问题。智能算法可以简单理解为是一种新的工具，用以替代人类完成部分人力难以快速运算解决的问题。在当下这一阶段智能算法主要还是辅助人类决策、运算分析实现目标的所需的海量信息②。智能算法虽然高度智能但是其终归只是一道运算程序，使用智能算法可以帮助我们更好更快地解决社会发展过程中遇到的很多问题，通过计算帮我们得出更合理和更具计算优势的方案。智能算法的计算和分析结果被公共部门、企业在决策过程采纳，同时也会分析判断个人的喜好和取舍对个人选择施加影响③。

智能算法带来的社会风险当下在人类社会已初现端倪，如海量数据保护不到位会带来潜在社会风险。算法应用为一部分人提供理性分析和精准损益判断的创造价值和利益的时候可能也在损害另一部分人的利益。并且智能算法在运行过程中会出现“黑箱”，影响着分析结果，可能也会产生消极影响。本书认为智能算法可以为其研发主体运营主体提供更加高效合理价值最大化的帮助，相对的就会对信息数据主体权益造成损害。

（2）智能算法的特征。

处理数据速度快。数据库中某些数据价值密度低、不宜长时间储存，而智能算法可以从海量晦涩且复杂的数据中快速提取有商业价值或符合运营主体需求的信息。处理数据速度快是智能算法的特征也是优势所在，正是如此，智能算法才能通过快速高效的处理和准确的分析数据，实现信息的有效利用，并为运营主体提供需要的信息。

可信赖度高。大数据时代的智能算法进行运算，是对库内所有相关数据进行全面分析，智能算法在做数据分析时不会偷懒，也不使用传统分析数据的抽取样本的方法。而是对海量的数据存储依托快速高效的处理技术进行全面分析，全面分析不再有样本的存在，避免了特例和个例影响计算结果的情况出现。从科学和

---

① ［美］罗伯特·塞奇威克，凯尔文·韦恩著．谢路云，译．算法（第四版）［M］．北京：人民邮电出版社，2012.

② ［英］凯伦·杨，马丁·洛奇著．林少伟，唐林垚，译．驯服算法：数字歧视与算法规制［M］．上海：上海人民出版社，2020.

③ 韩万渠，韩一，柴琳琳．算法权力及其适应性协同规制：基于信息支配权的分析［J］．中国行政管理，2022（1）.

事实层面看，数据来源更全面，数据量更大，智能算法的运算更全面，数据整理分析所得出的结果也就更接近真实。而这些正是智能算法的基本功能，智能算法可信赖度高是因为它不会“偷懒”。

2. 智能算法理论对智能财务的支撑

智能算法理论对智能财务的各个层面形成有力的支撑，尤其是在最优化决策方面。不同层面的应用在要实现的能力提升和选择的算法上各有不同，需要基于特定的财务工作场景进行算法选择和设计。智能财务机器人要求提升操作和数据识别的准确性，偏向于利用联结学派的神经网络等算法；智能财务助理要求为员工提供针对性的数据服务，偏向于利用类推学派的相关算法；智能管理会计应用要求的是强大的数据处理和预测能力，贝叶斯学派的相关预测模型算法可能是较好的选择；智慧企业大脑需要实现近乎通用的人工智能，当前的算法模型以及算法迭代方式可能并不能满足需要，必须创造“终极算法”或寻找新的算法迭代方式。

（1）智能财务算法化的技术原理。

需要指出的是，推荐算法同样可以运用于智能管理会计应用的数据服务当中，智能财务助理也离不开分析和预测算法模型对数据的处理，而且一个应用场景所体现的复杂功能不是仅靠一类算法就可以实现的。因此，各类应用与这些算法之间并不是完全对应和界限分明的，本书就各类算法的突出表现进行介绍，具体应用中还是以应用场景的需求为标准进行判断和选择。

①与提升操作和识别准确性有关的算法。智能财务应用在处理重复业务和采集数据的过程中也需要像人类一样，通过观察和适应自身的环境来学习，提高其表现。深度学习领域中的卷积神经网络（CNN）算法可以通过监督学习或非监督学习的形式，帮助智能财务实现视觉识别和听力识别能力的提高。以视觉识别为例，卷积神经网络算法可以对字符识别数据库进行自动更新，并通过对大量字符集进行标注和训练，逐步形成所需要的神经网络模型，以达到媲美人类智能识别的准确度。另外，还可以根据所识别内容的不同（如英文、中文、数字等）配备相应的引擎，进一步提高可信度①。在其他的机器人工作中也同理，记账、报表生成等也可以随着用于训练的标签数据量的增大而不断进行动态调整和优化。人脑的学习机制本身就是调整神经元之间连接的强度。智能财务要提高各类自动化

① 王言．RPA：流程自动化引领数字劳动力革命［M］．北京：机械工业出版社，2020：150－200.

工作的“熟练度”，而非定死在某个指标上，本质上就是利用联结学派算法的理念，不断将系统输出的结果与想要的结果进行比较，逐层改变神经元之间的连接，进而形成追求最优解的能力。

②与提供针对性客户服务有关的算法。智能财务的应用不一定要重新研发新的人工智能技术，一个好的技术可以在很多行业成功应用，而我们需要通过深度观察来选择成熟的技术并移植到合适的应用场景中。当前，推荐算法已经广泛应用于电商、网络媒体和教育信息化等领域，带来了巨大的经济效益并引发了用户习惯的深刻改变。

本书认为，智能财务应用可以选择面向客户的各类分析模型，其中较为常见的三种为聚类、预测和推荐①。聚类是一种应用机器学习算法的分析技术，目的是从大量数据中发现可能的关联。简单来说，聚类就是从数据中发现类别②，在智能财务应用中其对数据集进行分析，从中发现具有相似个性特征和社群特征的客户/用户群体，为提供更加有针对性的数据服务做准备，目前相关算法已较为成熟地应用于财务共享中心制证环节，通过随机森林、TextCNN 等算法已经可以将财务共享中心的经济活动较为精准（精确度大于 96%）地生成会计凭证，实现通过聚类算法智能制证。预测分析是通过学习用户过去的行为来预测未来行为的倾向性。智能财务可以借此预测用户想要获取的业务服务类型、最希望看到哪些方面的数据、最有可能需要学习的课程内容等。聚类和预测是实现推荐应用的前提条件，根据推荐技术的基本原理，智能财务可以建立用户的个人信息，基于内外部人员经常处理的业务、获取数据的权限、对共享服务的评价、学习的课程等，了解用户的特征与潜在需求；随后将用户信息与数据库进行比对，过滤出用户相关的内容并加以整合、分类、注解或索引，利用机器学习的方式提取用户偏好，帮助用户选择最有用的信息并进行推荐。

图 2 - 11 为 K - means 聚类算法的具体执行流程。

---

① 史雁军．数字化客户管理：数据智能时代如何洞察、连接、转化和赢得价值客户［M］．北京：清华大学出版社，2018：1 - 254.

② ［美］温克特·斯里尼瓦森著．宫鑫，刘畅，刘婷婷，译．大数据实战：构建智能化企业［M］．北京：人民邮电出版社，2018：46 - 97.

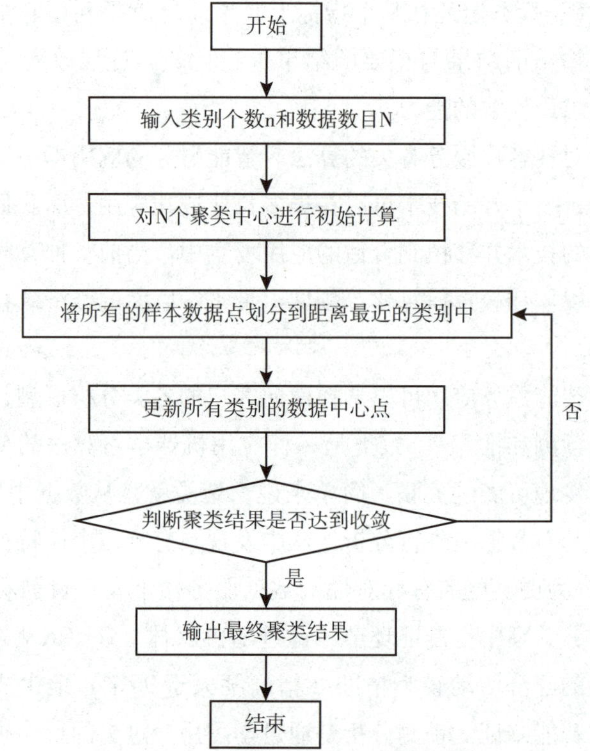

图 2－11 K－means 聚类算法的具体执行流程

③与提升分析和预测能力有关的算法。财务基于数据仓库，进行数据挖掘和应用分析、支持企业管理层经营决策，一直是决策支持系统等管理系统致力于实现的目标，这部分的分析方法和模型往往也最为复杂。伴随着计算机应用的发展，目前主要开发了基于回归分析、指数平滑等方法的预测模型，以及基于线性规划、线性盈亏方法的决策优化分析模型①，种种相关的模型集中在模型库当中，与财务专家的经验、知识与科学方法集于一体，赋予决策者预测和分析问题的能力②。人工智能技术使得智能体技术更多地应用于模型库中，实现预测能力的提升③。但是，受数据量、计算能力和模型分析能力的限制，其作用发挥有限。当前，在充分数据化的前提下，那些影响因素众多、决策过程复杂且无规律可循的半结构化与非结构化决策，也可以采用机器学习的方式实现。在涉及分析、预测

① 杨帆．面向财务管理的预测决策分析系统［J］．计算机应用研究，1994（5）：50－51，55.

② 梁荣华，史济建．人工智能在财务决策支持系统中的应用［J］．计算机工程与应用，2001（8）：118－121.

③ 高长元，罗莉苹．基于多 Agent 技术的财务预测系统研究［J］．科技与管理，2008（2）：61－63.

与决策的场景中，财务可以采用无监督学习算法处理大量非标签化数据，基于数据本身的内在关联而非传统的财务思维得到特定的决策模型与决策规则，为企业中高层管理者结合自身的经验判断和个人偏好进行决策提供有效辅助；在反舞弊与风险控制场景中，可以采用监督学习算法提取历史舞弊案例和相关财务数据中的特征，找到模型的特征与舞弊和财务风险之间的相关性，提高风险预警能力。

财务决策支持系统的基本结构如图 2－12 所示。

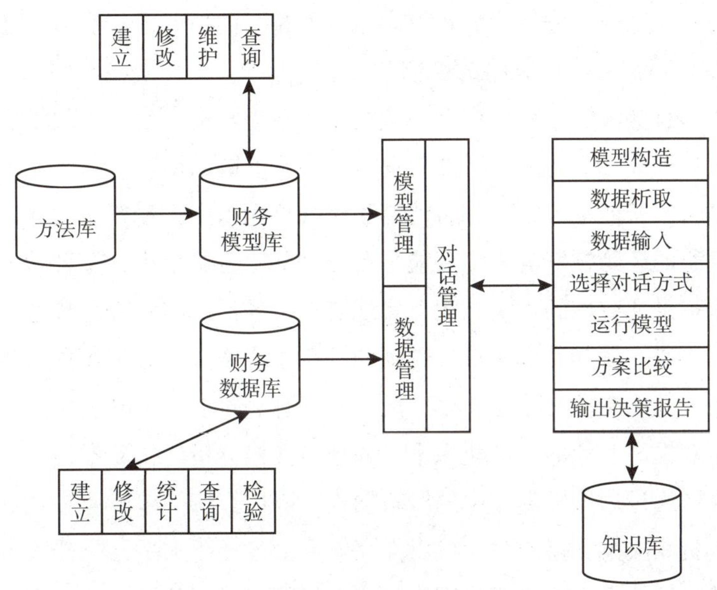

图 2－12　财务决策支持系统的基本结构

④尝试开发“终极算法”或可自动切换的算法。上述算法的选择和应用其实建立在一种基本的合作模式之上，那就是财务和业务专家选择并获取相关数据、提出需求，机器学习专家根据需求进行算法选择和训练。但正如阿米尔·侯赛因①指出的，我们可以找到让该模型变得更精确的附加数据，但生成该模型的算法不会发生变化，而算法的切换则几乎相当于开启一项新的工作。比如，在智能管理会计应用中，开发出来的反舞弊和风险控制监督算法与精益成本管理想要实现的功能是基于不同的业务逻辑，形成完全不同的算法逻辑。在前者应用场景中所形成的能力不具备可迁移应用的特征，也就意味着企业需要根据各个具体的应

① ［美］阿米尔·侯赛因著．赛迪研究院专家组，译．终极智能：感知机器与人工智能的未来［M］．北京：中信出版社，2018：1－300.

用领域分别进行算法选择和训练，开发成本较高。而且，算法迁移应用和自我迭代的问题如果不能得到解决，则很难实现具备通用人工智能能力的智慧企业大脑应用，算法可能只会成为一种更高水平的模型，而不会带来人工智能应用对于企业的颠覆性变化。面对这一问题，主要有两种解决思路：第一，开发“终极算法”①，该算法可以应用于智能财务的各类场景当中，不需要单独调试和训练；第二，开发可以实现在算法之间无缝转换，以满足不同财务工作领域训练要求的算法运用机制，这样算法就可以进行自我调整并迭代优化，根据具体的情况进行改变和学习，在较少业务专家和机器学习专家参与的情况下实现自我建设。

（2）智能算法对投资策略的影响。

随着人工智能在资本市场中深入应用，将会重塑资本市场价值链，打造投资管理新模式。图 2－13 为人工智能对资本市场价值链的影响。从人工智能应用的扩散路径来看，智能基础设施和智能算法将会首先得到大量资本投入，进而产生一系列多模态的、跨领域的人工智能平台。这些平台将会集合多种智能算法技术为资本市场提供适应性的解决方案，实现资本市场价值链中五大核心业务的自动化、智能化再造。尤其是对于投资管理领域，智能算法将会为投资决策提供智能分析和决策支持，如定制化投资组合、交易策略支持、风险控制、机器人顾问等，并且帮助提高业务的自动化水平，如智能文档分析、自动报告生成等。

智能算法通过为投资管理中的股票投资、ESG 投资等核心业务和支持性业务提供智能分析和决策支持能力，可以提高业务的自动化水平，打造投资管理的新模式。目前，智能算法在投资管理中的应用场景有以下几种。

①股票市场预测。由于股票市场受到地缘、经济、突发事件和公司业绩等多种因素的影响，股价一般难以通过单一因素实现有效预测。然而，股票市场上存在大量的结构化和非结构化数据。因此，研究人员一直在努力尝试不同的分析方法来预测股价趋势，并推动了算法交易的发展。其中，越来越多的交易公司使用机器学习（ML）来分析股票市场，利用智能算法来预测股票价格，从而做出更好的投资决策并降低投资风险。

---

① ［美］佩德罗·多明戈斯著．黄芳萍，译．终极算法：机器学习和人工智能如何重塑世界［M］．北京：中信出版社，2016：1－100.

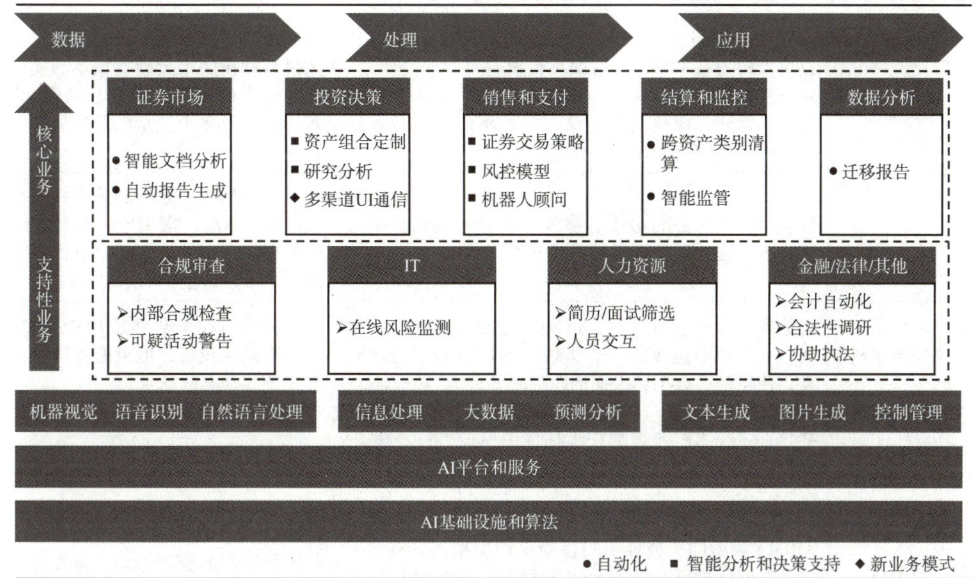

图 2－13　人工智能对资本市场价值链的影响

资料来源：BCG 官网，由国信证券经济研究所整理。

传统的机器学习算法包括随机森林、朴素贝叶斯、支持向量机、K 近邻、ARIMA 等。这些算法在处理股价预测的各个情形中各有优缺点，如部分算法在处理历史数据方面表现更好，部分算法则擅长处理情绪数据。传统机器学习算法举例如图 2－14 所示。

区别于传统的机器学习算法，深度学习（DL）可以被认为是一种高级的机器学习算法，它采用人工神经网络（ANN）的算法，实现更复杂的分析和预测。人工神经网络由许多相互连接的单元组成。这些单元可以交换信息，并分布在不同的层中，第一层和最后一层称为输入层和输出层，而中间的层称为隐藏层。复杂的人工神经网络包含大量的隐藏层，称为深度神经网络，因此这种算法得名深度学习。在股票预测中，研究人员对深度学习的关注度越来越高，尤其是表现最好的长短期记忆（LSTM）算法。与传统的机器学习算法相比，深度学习算法的股价预测能力更强，但需要大量的数据进行训练，并且占据大量的计算资源。

深度学习（DL）、机器学习（ML）和人工智能（AI）之间的关系如图 2－15 所示。

算法	原理简介	优缺点
随机森林	以决策树为基本单位，每棵决策树都是一个分类器，对每棵树都随机有放回地从训练集中抽取 N 个训练样本，得到每棵树的分类结果，再将所有的分类结果进行结合，得到最终的分类结果	随机森林在使用大型数据集、实现高精度的预测方面比较有效，常用于涉及多个变量的股价回归预测
朴素贝叶斯	假设对物品 X 进行分类，将 X 与所有可能的分类进行比较，选择后验概率最大的分类	朴素贝叶斯分类是一种简单而有效的 ML 算法，常用于分析较小的数据集，用以确定某个事件对另一个事件产生影响的可能性
支持向量机	对数据的特征进行提取，以特征为维度构建特征空间，在空间中找到某一个（超）平面将数据分为两类，使得两类数据到平面的距离之和最大	支持向量机在大型数据集的分类方面准确度较高，但可能难以处理复杂和动态的场景
K 近邻	在特征空间中，如果某一个样本附近的 K 个最近的样本中，多数属于某一个类别，则将该样本也分类为该类别	K 近邻算法简单，但计算量大
ARIMA	ARIMA 模型即差分自回归移动平均模型，先将非平稳的时间序列转化为平稳时间序列，再进行回归分析以达到预测的目的	ARIMA 擅长根据季节性等历史趋势预测短期的股价波动，但在处理非线性数据和长期股价预测时可能效果不佳

图 2－14　传统机器学习算法举例

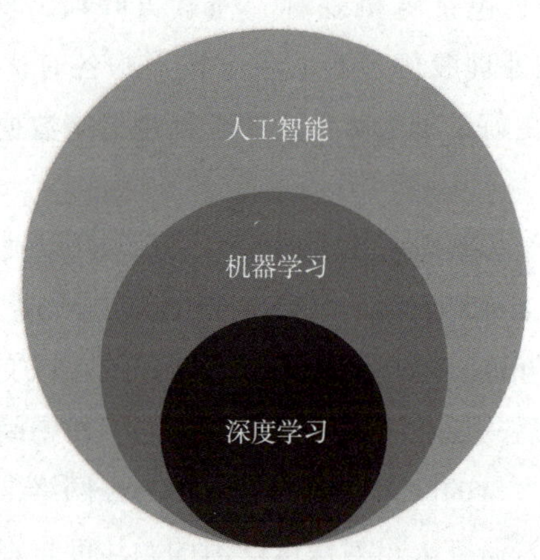

图 2－15　深度学习（DL）、机器学习（ML）和人工智能（AI）之间的关系

②财务风险识别。随着资本市场的发展，尤其是注册制的全面实行，A 股上市公司数量将会迅速增加。上市公司数量上的增加给 A 股市场带来了更多的活力的同时，也给投资者带来更多鉴别上市公司风险的压力。其中，部分上市公司通过财务数据造假攫取利益的行为不仅让投资者蒙受重大损失，还严重破坏了市场秩序。所以，衡量上市公司的财务风险或识别上市公司财务造假行为对于投资者

而言意义重大。

上市公司的财务风险暴露过程可以分为四个阶段，分别为潜伏期、发作期、恶化期和实现期。往往在财务风险潜伏期，企业就存在盲目扩张，如销售额上升利润下降等现象。与此同时，存在财务数据造假行为的公司往往在财务风险的潜伏期就忽视了风险管理，以至于在财务风险的恶化期，企业管理者无心处理财务风险问题，选择粉饰财务报表甚至严重造假等行为来逃避责任。所以，在财务风险产生的早期，就能通过监控企业的经营行为来评估潜在的财务风险。

上市公司财务造假手段主要为通过虚增收入和资产、虚减成本费用和负债的方式虚增利润。大多数财务造假行为都是公司管理层采用专业手法对公司整体财务数据进行系统性的造假，欺骗性强，识别难度大。所以，在识别公司是否存在造假行为的过程中，我们不仅需要分析公司的财务数据，还需要结合分析非财务数据，从企业经营逻辑上判断企业披露的财务数据真实性。

不论是财务风险识别还是财务造假识别，都需要结合分析企业的经营数据和财务数据，挖掘出企业披露数据的不合理之处。传统的风险识别方案依赖于人工的专业知识和理性判断，不仅效率低，而且不能保证预测结果的客观性。但通过智能算法来构造数据模型，可以实现对上市公司数据自动的、全面的分析，不仅大大降低了人工分析的工作量，还更加全面、客观。目前，智能算法已经在财务风险识别方面得到了较广泛的应用，如资金链断裂风险预测、财务造假行为识别、还债风险分析等。例如，DataRobot 使用基于资产负债表和损益表的数据集构建了 100 多个不同的机器学习模型，用以对企业财务数据质量进行评估，从而识别潜在的财务数据造假问题。基于机器学习的财务报表欺诈检测中数据来源及数据类型如图 2－16 所示。

③ESG 评级优化。ESG 评级是指从环境（E）、社会（S）和治理（G）三个视角来衡量企业的可持续经营能力。随着气候变化、人权问题等全球性社会问题日益凸显，ESG 投资受到投资者的广泛重视，已经成为全球的投资趋势。但是，目前 ESG 评价方法没有标准的定义，ESG 评价指标由各评价机构自行确定，不同的机构在数据来源、评价体系、评分模型等方面差异很大，并且 ESG 评价方法受到设计者的主观影响。而智能算法与传统 ESG 评级方法的结合，可以创造 ESG 投研的新模式，推动 ESG 投资体系的完善。

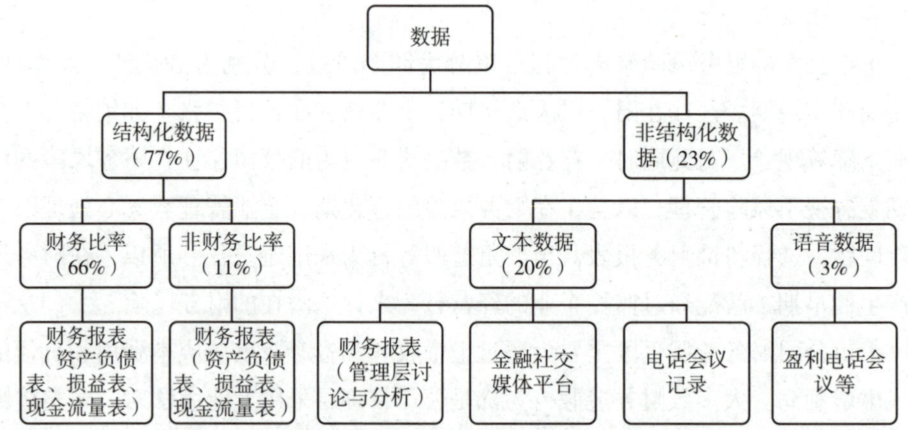

图 2－16 基于机器学习的财务报表欺诈检测（FSFD）中数据来源及数据类型

资料来源：根据 Matin N. Ashtiani，Bijan Raahemi（2021），Intelligent Fraud Detection in Financial Statements Using Machine Learning and Data Mining：A Systematic Literature Review，IEEE Access；国信证券经济研究所整理。

第一，智能算法可以丰富 ESG 评级的数据来源，提高 ESG 数据质量。传统的 ESG 评级方法受限于人工提取数据的成本、效率和数据类型，不同机构采用的数据点规模、质量差异较大。实际上，大部分的 ESG 数据都是非结构化数据，而智能算法在处理和分析非结构化数据上具有很大的优势。通过网络爬虫、深度学习、自然语言处理等技术，可以实现对大量非结构化的另类数据进行信息提取和分析，从而构建更全面的指标体系。比如，可以根据大量的新闻报告、社交媒体信息等舆论数据提取各利益相关者在环境、社会和治理三个维度对公司的评价，并量化数据，形成 ESG 评级指标。此外，智能算法可以实现对数据真实性的检测，提高 ESG 数据质量。例如，针对部分企业的“漂绿”现象（企业以虚假的行为或宣传提升自身 ESG 评级），我们可以利用 AI 对采集到的数据进行交叉验证，如企业周边的环境数据和企业主动披露的 ESG 数据，识别企业的“漂绿”行为。

第二，智能算法可以实现数据采集流程和 ESG 风险事件监控的自动化，提高信息的时效性。大部分的 ESG 数据是事后数据，导致传统的 ESG 评级方法大多属于静态模型，评级结果时效性较差。随着人工智能的发展，许多数据可以实现自动化采集，大大加强信息的时效性。例如，可以利用计算机视觉（CV）技术，对企业的卫星遥感影像进行分析，监控企业的污染排放数据。还可以通过监控新闻报道等舆论信息，提取与公司相关的争议事件，如环境污染、法律诉讼、监管处罚等信息，实现对公司 ESG 风险事件的自动监控。

第三，智能算法可以将权重设置过程标准化，减小权重设置过程中的主观影响。传统的 ESG 评级方法一般根据公司的行业类型，通过选择不同的指标、设置不同的权重来削弱行业对评级结果的影响。这种主动权重设置方法依赖于专家知识，主观性较强。而采用智能算法设置权重，或采用智能分类算法代替传统的线性加权的分类方法，可以消除掉权重设置环节研究人员主观性的影响。例如，我们可以对同一行业的公司，选取相同的 ESG 指标，采用聚类算法，如 K 近邻算法，实现对公司 ESG 绩效水平的分类。

第四，智能算法可以实现 ESG 评级模型从静态到动态的转变，满足投资者的个性化定制需求。传统的 ESG 评价模型一般为静态模型，投资者只能获取评级机构的评级结果和部分底层数据。如果将智能算法应用到 ESG 评级的全流程，我们可以实现评级数据的自动化采集和实时更新，投资者可以根据个性化的需求，选取评价指标、设置评级算法，实现 ESG 评级模型的定制化和评级结果的动态更新，从而满足不同投资者的 ESG 投研需求。AI 对 ESG 评级流程的影响举例如图 2－17 所示。

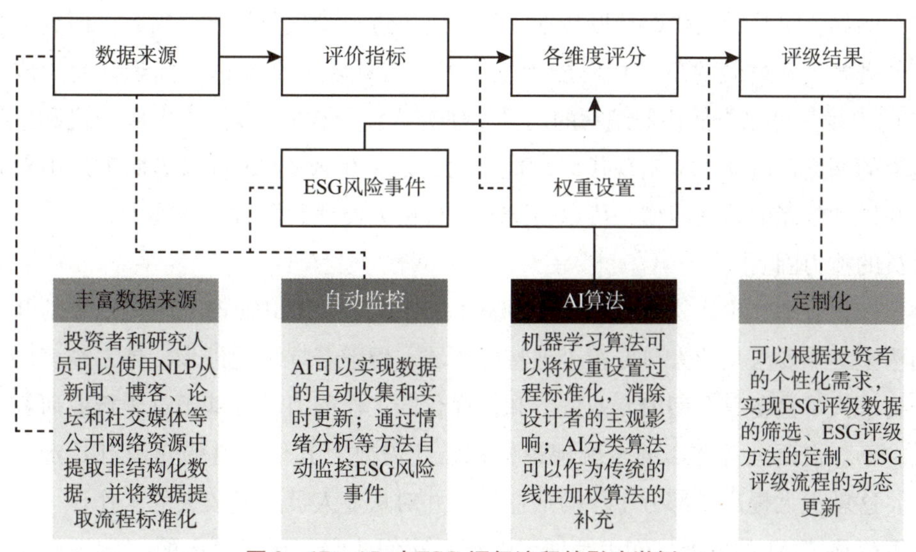

图 2－17　AI 对 ESG 评级流程的影响举例

资料来源：国信证券经济研究所。

④流程自动化。以 ChatGPT 为代表的生成式 AI 的成功打破了人机之间的沟通障碍，开启了人机协同工作的新时代。生成式 AI 使用机器学习算法自动生成

原始内容，减少了创造文本、代码、音频、图像、视频等内容的成本和时间，使企业可以快速大规模地制作更多内容并提高日常工作的自动化水平，从而提高生产力和盈利能力。据经济学家约瑟夫·布里格斯和德维升·科德纳尼（Joseph Briggs & Devesh Kodnani，2023）的预测，生成式 AI 或许能代替目前人类 1/4 的工作，将会在未来十年内促进全球 GDP 增长 7%。在投资管理领域，生成式 AI 的应用将会实现许多基础工作的自动化，让人员从繁杂的日常重复劳动中解放出来，从而将更多的工作精力投入到增值型工作中。

文档管理。在投资研究中，我们需要花费大量的时间对文档进行归纳总结，例如，会议纪要、企业报表、研究报告等。一方面，投研人员需要花费大量的时间用于文档整理和归纳工作，导致研究周期漫长、效率低下；另一方面，文档信息归集，如观点提取等工作容易受到研究人员知识背景、工作状态等主观影响。而生成式 AI 对文档强大的归纳总结能力可以帮助研究人员实现对大量文档的筛选、信息提取、归纳总结等工作，大大提升投研人员常规工作的效率。例如，生成式 AI 可以用于实现会议纪要的自动撰写、行情数据的自动生成、报表数据的格式化整理等功能。

代码生成。在投资研究中，研究人员在很多场景下面临着基础代码编写工作，例如，编写爬虫代码获取数据、编写代码进行量化分析等。因此，研究人员不仅需要具备过硬的编写代码能力，还需要有扎实的金融理论知识。而生成式 AI 的出现，可以降低代码编写的门槛，研究人员仅仅需要对 AI 生成的代码进行适当的调整，就能迅速实现代码功能。简言之，生成式 AI 可以降低工作中对特定知识和技能的访问门槛，可以使研究人员更方便地利用数字化技术，扩大研究人员的能力圈。

知识管理。生成式 AI 最激动人心的一项应用是知识管理。许多传统的知识门槛型工作要求从业人员专精于独特的领域。但随着技术的进步，越来越多的工作要求人员具备复合型的专业背景和多样化的工作能力。尤其是对于行业研究人员，不仅需要具备扎实的金融理论知识，还需要对其他学科的知识有一定的了解。这就大大提高了部分工作的从业门槛并对从业人员造成较大的工作压力。但随着生成式 AI 的发展，知识管理可以帮助我们建立起属于自己的“知识仓库”，相当于在人脑外，通过计算机储存知识，并且训练计算机来模拟人类的思维方式，从而实现对知识的高效调用。例如，外资投行正利用 OpenAI 的 GPT 模型实现对财富管理领域知识的生成。一方面，公司内部人员可以很方便地通过提示性词汇获取到公司内部知识；另一方面，只需要对生成内容进行审查和微调，就能为客户生成定制化的内容。虽然，AI 生成内容的准确性还有待提高，但随着模型的改进、训练数据规模的扩大和算力的提升，生成式 AI 在知识管理方面的应用将会迅速改变人类的学习和工作方式。

图 2－18 为 AI 系统对经理人原始生产力的影响。

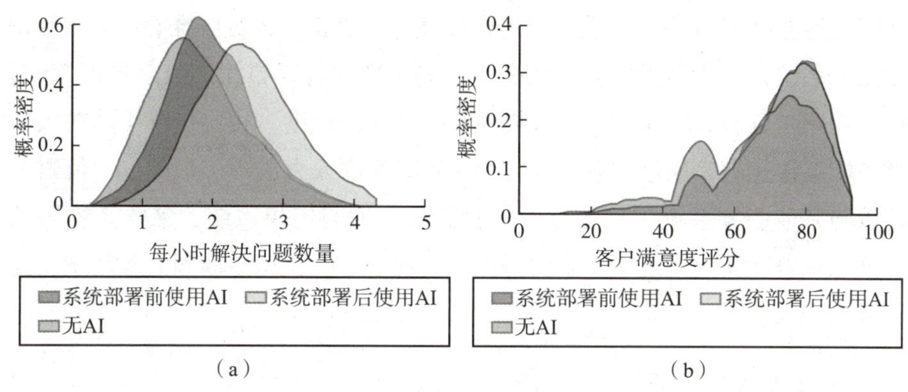

图 2－18　AI 系统对经理人原始生产力的影响

资料来源：NBER 官网，国信证券经济研究所整理；注：数据口径分别为每小时解决问题的数量和客户满意度。

2.2　智能财务特点

智能财务是传统财务与人工智能相结合的产物，智能财务借助云计算、大数据和人工智能等技术从数据的取得、生成、处理到出具报告的整个流程层面进行把控，通过智能财务系统为企业财务全方位赋能。在需求牵引和技术发展的推动下，基于新的信息环境、新技术和新发展目标的新一代人工智能，为人类获取知识和使用知识提供了高效的新动能与新手段，智能财务呈现出处理自动化、管理精细化、数据共享化、人机一体化和个性化的特征。

2.2.1　处理自动化

智能财务系统能够从不同来源（如银行、支付系统等）自动提取财务数据，减少手工录入的错误和工作量，并利用 AI 技术可以自动对财务数据进行分类和整理，将数据按照特定规则进行对应，然后进行后续的分析和报告。此外，智能财务系统还可以根据设定的规则和模板自动生成财务报表和分析报表，减少人工编制报表的时间和工作量。

1. 数据录入自动化

传统财务往往需要手动录入数据，工作量较大，并且可能出现手动输入错误。智能财务利用 OCR、自然文档语言处理等先进技术，可以准确地录入数据并自动录入系统，避免了手动输入数据时可能出现的拼写错误、数字错误等问题；通过自动化工具和 API 集成，可以提高数据录入的速度。相比传统手动输入，智能财务能够快速地完成数据录入任务，节省时间和人力成本。另外，智能财务系统可以与其他业务系统实现数据的实时同步，如与销售系统、采购系统等的连接，这意味着在其他系统中产生的财务相关数据可以自动传输到财务系统，无须手动复制和录入。

2. 分类整理自动化

相对于传统财务人工分类和整理数据，智能财务实现分类和整理自动化的主要优势在于采用了先进的人工智能和自动化技术，从而实现了更加高效、准确、自动化的财务分类和整理流程。利用自然语言处理技术，可以自动解析和理解财务文档中的文本信息，同时，光学字符识别技术使得系统能够自动读取和转换纸质财务文档中的文字和数字为可编辑的电子数据。智能财务系统通过预设规则和智能算法，能够根据不同的财务交易类型和特征，自动将数据进行分类并整理到相应的账目中，无须手动干预。此外，通过运用机器学习和数据模型，以及对历史数据的学习和分析，智能财务系统可以不断优化分类和整理算法，提高准确性和自动化水平。

3. 报表生成自动化

智能财务系统提供预设的报表模板，用户可以根据需要选择合适的模板，并根据业务要求进行个性化定制。数据进入录入系统后，报表会自动按照模板格式生成；具备自动化计算功能，可以根据设定的公式和规则自动进行数据计算。手动输入公式和数据，减少了计算错误的可能性；可以将数据通过图表、图形等可视化方式呈现，使复杂的数据变得更容易理解和分析，提高报表的对比度和可解释性。智能财务系统还支持自动化报送功能，可以根据设定的时间和频率，自动将报表发送给相关人员或部门。同时，也可以通过系统的权限控制，实现报表的共享和洞察。

2.2.2　管理精细化

智能财务通过运用先进的人工智能技术实现精准的数据处理和分析、智能化的风险识别和预警以及提供智能决策支持。这使得企业能够更好地管理财务，优化业务流程，提高决策效率，从而实现更加精细化和智能化的财务管理。

1. 精准的数据处理和分析

智能财务的精准数据处理和分析是指通过自动化技术，对财务数据进行高效、准确和全面的处理和分析，以提供更准确的财务信息和分析。智能财务通过自动化数据录入、自然语言处理、OCR 技术等手段，实现财务数据的高效、准确录入和整理。在数据处理阶段，智能财务系统能够根据事先设定的规则和算法，自动对数据进行分类、汇总和计算，从而提供准确且精细化的财务数据。系统可以应用人工智能和机器学习算法，对大量的财务数据进行标记分析，包括趋势分析、关联性分析、预测模型等，帮助用户更深入地理解数据并发现隐藏的模式和规律。这为企业管理层提供了及时、可靠的数据基础，支持精准的决策和战略规划。

2. 智能化的风险管理

智能财务可以监测和识别潜在的财务风险，如流动性风险、信用风险等，帮助企业及时采取措施。智能财务系统能够对财务数据进行风险评估和模拟分析，帮助企业判断风险的出现概率和影响程度。这样，企业可以更好地理解风险的严重性，有针对性地制定风险管理策略。并且通过模拟分析，智能财务可以预测不同风险事件对企业财务状况的影响，有助于制定风险管理策略。通过设置预警指标，还可以帮助企业及时发现潜在风险，使仓库能够迅速采取措施，降低风险带来的损失，一旦数据超出预期或出现异常，系统会自动发出预警通知给相关负责人。

3. 数据实时监控

智能财务能够实时监控企业的各项成本，包括生产成本、运营成本、人力成本等，并提供成本分析报告，企业可以根据这些数据做出精准的成本控制和优化决策；支持预算编制与执行的精细化管理，企业可以根据历史数据和市场情况制订详细的预算计划，系统实时监测预算执行情况，及时发现偏差并进行调整；全面跟踪和管理企业的现金流动情况，实时了解企业的收入、支出和现金余额，以确保企业的现金稳定；精细化管理企业的库存，通过库存数据的实时监测和分析，仓库可以做出准确的库存控制和采购决策，降低库存成本和风险；对企业的固定资产和无形资产进行精细化管理。仓库可以实时查看资产状况，包括折旧、维护和废弃等，做出合理的资产配置和利用决策；支持对企业利润的精细化分析，通过对销售收入、成本、费用等数据进行详细分析，保险公司可以了解利润的来源和结构，从而做出有效的盈利优化措施。

2.2.3 数据共享化

智能财务的数据共享化是指将财务数据和信息在企业内部和外部进行全面共享和交流。在这种模式下，财务部门与其他部门之间，以及企业与供应链合作伙伴之间实现数据的无缝和共享。这样的共享化不仅包括企业内部的数据共享，也包括与数据源的集成和共享。

1. 跨部门数据共享

智能实现全面共享化的重要体现是在企业内部各个部门之间实现数据共享。跨部门数据共享是指在组织内部，不同部门之间共享数据资源和信息。这种数据共享可以打破部门之间的信息孤岛，促进信息的流动和交流，从而提高整个组织的效率和协作水平。不同部门拥有的数据和信息可能适合各自的业务范围，而缺乏全局的综合视角。通过跨部门数据共享，各部门可以共享多元化的数据，获得更全面、更完整的信息，从而更好地了解整个组织的运营情况和发展趋势。数据是决策的重要依据，而不同部门的数据通常相辅相成。通过跨部门数据共享，决策者可以获得更多、更准确的数据支持，从而做出更明智的决策，避免基于片面或不完整信息做出错误的决策。数据共享促进不同部门之间的协作和沟通的形成。通过共享数据，部门之间可以更好地了解不同的需求和工作，有利于更紧密的协作关系，共同解决问题和实现目标。此外，跨部门数据共享还可以促进知识和经验的交流，有助于激发创新思维和想法。不同部门之间的合作和共享可以带来新的洞察和发现，推动组织的创新和进步。

2. 供应链与合作伙伴共享

供应链与合作伙伴之间的数据共享是指企业与其供应链中的合作伙伴之间共享数据和信息。这种数据共享是供应链管理中的重要实践，旨在促进供应链的协调与合作，优化供应链运作，提高整体效率和业务绩效。企业可以与供应商、制造商和分销商共享库存数据和需求信息，这有助于更准确地预测产品需求，避免库存积压和断货，提高供应链的反应速度。供应链各环节之间的订单和交货数据共享可以实现订单的实时跟踪和协调。这可以确保产品按时交付，并提高供应链的灵活性。共享质量和生产数据可以帮助供应链中的合作伙伴共同解决生产过程中的问题，改进产品质量和生产效率。供应链中的企业和供应商可以共享价格和成本信息，有助于优化成本结构和谈判采购合同。共享风险和安全数据可以帮助供应链管理者更好地识别和应对潜在的风险，确保供应链的稳定性和安全性。

3. 外部数据整合

外部数据整合是指将来自不同外部来源的数据进行收集和整合，形成统一的数据集，以便进行更全面的分析和应用。这些外部数据可以来自多种渠道和来源，如公共数据源、第三方数据集团、社交媒体平台等。外部数据整合的目标是获取更多有关市场、竞争对手、客户等相关方的信息，帮助企业做出更明智的决策和战略规划。

需要收集来自不同外部来源的数据，这包括从公共数据源获取政府数据、社会经济数据、天气数据等，从第三方企业数据购买市场调研数据、行业报告等，以及从社交媒体平台获取用户反馈、舆情信息等。收集的外部数据可能不规范，因此，需要进行数据清理和处理，这包括去除重复数据、处理去除值和异常值，以及进行数据格式转换等。在收集和清理完毕后，将不同来源的数据进行整合和融合，这可以通过数据关联、数据匹配和数据链接等技术来实现，整合后的数据集应具有一致的数据格式和数据标准，便于后续的分析和应用。整合后的外部数据需要进行有效的存储和管理，这可以采用数据库系统、数据仓库或云存储等技术来实现，保证数据的安全性和可访问性。整合后的外部数据可以评估各种业务和分析，例如，市场调研、竞争分析、客户洞察、舆情监测等，这些场景可以帮助企业更好地了解市场动态、把握机会并应对挑战。

2.2.4 人机一体化

人机一体化是一种新型的财务管理模式，它基于先进的财务管理理论、工具和方法，借助于智能机器（包括智能软件和智能硬件）和人类财务专家共同组成的人机一体化混合智能系统，通过人和机器的有机合作，去完成企业复杂的财务管理活动，并在管理中不断扩大、延伸和逐步取代部分人类财务专家的活动。

1. 基于规则的流程自动化系统

基于规则的自动化流程系统是一种智能化系统，其核心思想是利用预先设定的规则和条件来自动化执行特定的任务，该系统利用计算机预先定义好规则和逻辑，无须人工干预即可完成任务的流程。流程自动化系统通过应用 RPA、REA 等为代表的机器人流程自动化技术，在特定环境下，通过计算机操作，按规则自动执行相应的流程任务，代替人类完成重复性强、业务量大、相对较为稳定的财务工作。它主要依托的技术原理是数据搜索、图像和信息识别、数据加工与分析和流程自动化等技术，实现费用报销、采购到付款、订单到收款、总账到报表、资金管理等财务流程的自动化，主要是针对基础财务工作展开的，初步实现会计核算的流程化操作，省去会计人员大量的重复性工作，提高了工作效率。

2. 基于人机对话界面的财务助理和咨询助理

基于人机对话界面的财务助理和咨询助理是指通过自然语言处理技术和智能对话系统，将财务相关的助理功能和咨询服务融合到计算机中，以便用户可以通过与程序进行对话，获取财务方面的信息、帮助和建议。财务或者业务人员可以通过语音、视频、图片或者文字等非结构化数据的形式与机器交互，智能财务系统可以处理多模态数据形式，如结构化数据、半结构化数据和非结构化数据，实现更为广阔的数据记录、转换、搜集、分析和整理能力。

财务助理可以帮助用户进行费用统计和成本分析，帮助企业更好地控制开支和提高效益；提供税务方面的信息和建议，帮助用户理解税收政策，并确保企业合规申报。用户可以使用财务助理设置预算、监控预算执行情况，并生成定制化的财务报告；通过对话界面查询财务数据，例如，公司的财务报表、收入和支出情况等。咨询助理解答用户产品使用和故障排除方面的问题，提供快速的客户支持服务；提供业务咨询服务，帮助用户分析市场趋势、竞争对手、业务机会等，支持决策过程。用户可以向咨询助理咨询公司的产品和服务信息，包括价格、功能、服务条款等；向咨询助理寻求解决方案，如在特定情况下的最佳实践建议和操作指南。

人机对话界面的财务助理和咨询助理的优势在于其快捷的交互方式和即时的响应能力。用户不需要学习复杂的应用程序操作，只需通过自然语言与助理对话即可完成各种任务并获取所需信息。另外，这样的智能助理可以随时支持，无论用户在办公室、家中还是在移动设备上使用，都可以获得及时的财务和咨询服务。这种智能助理还可以根据用户的使用习惯和反馈不断提供学习和优化，提供更加个性化和精准的服务。

3. 基于深度学习的智能财务平台

基于大数据的智能决策平台是一种利用大数据技术和人工智能算法来收集、处理、分析和应用海量数据的系统。该平台旨在帮助企业或组织在复杂的商业环境中做出更明智、更准确的决策，并为决策者提供全面的数据支持和标准化的决策建议。机器通过深度学习，模拟了财务人员应对不确定的信息能力和逻辑思维，从而能够模仿财务人员根据大数据信息进行分析、管理和决策的能力，形成对财务专家脑力的辅助，最终实现运营管理、投资决策、风险预测、预算管理、成本控制及资金管理等决策支持的职能。

智能决策平台能够从多个数据源中收集数据，包括重构数据（如数据库和电子表格）和非重构数据（如文本、图像和音频等）。通过数据整合，平台可以将不同来源的数据进行统一和融合，形成全面的数据视图。基于大数据技术和机器学习算法，平台可以对海量数据进行高效的分析和挖掘，包括数据分析、模式识别、数据关联和趋势预测等。数据分析可以揭示隐藏的规律和趋势，为决策提供有价值的洞察。大数据决策平台通常具备实时处理能力，能够快速响应不断变化的数据流。这使得决策者可以及时获取最新的信息和数据，从而做出实时决策。平台不仅提供数据分析结果，还可以应用智能算法生成定制的决策建议。这些建议基于数据和算法的综合分析，能够帮助决策者更全面地了解当前情况，并做出更明智的决策。

2.2.5　个性定制化

智能财务的个性化是指根据不同企业或个人的需求和特定情况，对智能财务系统进行定制化和个性化的开发和配置，以实现更适合用户的定制化财务服务和解决方案。这种定制化和个性化的智能财务系统可以满足不同用户的独特需求，提供更加精准、个性化的服务，进一步优化财务管理和决策流程。

1. 定制化功能和模块

智能财务系统的定制化功能是为了满足不同用户的特定需求和业务场景，提供定制化的功能和服务。智能财务系统可以让用户根据自己的需求和喜好，自定义报表和指标的内容、布局和样式，用户可以选择展示特定的财务数据和关键绩效指标，满足自己的决策需求。智能财务系统可以根据不同企业的业务流程和工作习惯，定制化工作流程，这有助于提高工作效率和数据协作，使财务管理更加符合企业的实际情况。针对不同行业的企业，智能财务系统可以提供特定的专业行业模块，例如，医疗行业可能需要特定医疗费用计费和报销模块，零售行业可能需要库存管理和销售分析模块。通过专业行业模块，系统可以更好地适应各行业的特定需求。智能财务系统还可以提供个性化的安全设置和权限管理功能。企业可以根据不同用户的角色和职责，设定不同的权限级别，保证数据的安全性和保密性。

2. 个性化决策支持

智能财务的个性化决策支持是根据不同用户的角色、需求和决策场景，提供个性化的定制决策建议和支持。这样的个性化财务决策支持可以帮助用户更好地理解财务数据和业务情况，做出更明智的决策，优化财务管理和业务运营。

智能财务系统可以根据用户的角色和职责，定制化决策支持内容。例如，高层主管可能需要全局地分析财务和指标，以支持战略决策；而分析师可能更根据用户的角色和职责关注具体的数据和趋势分析。系统可以根据用户的角色，提供相应级别和类型的决策支持内容。智能财务系统可以应用人工智能和机器学习技术，对大量财务数据进行定制分析和预测，用户可以获得更深入的分析和预测，从而更准确地做出决策。根据用户的历史决策和偏好，系统还可以提供个性化的建议和推荐。这些建议可以基于数据和算法的综合分析，帮助用户更全面地了解当前情况，并做出更明智的决策。

3. 数据可视化和报告定制

智能财务的数据可视化和报表定制是指将财务以可读、易懂的图表和报表形式呈现，以帮助用户更好地理解和分析财务情况，做出更明智的决策。智能财务系统可以提供定制的图表和可视化方式，如折线图、柱状图、饼图、散点图等。用户可以根据自己的需求和偏好，选择最适合的图表类型，以更直观的方式呈现财务数据和趋势。系统可以实现实时数据更新，确保用户看到的报表和图表是最新的财务数据，实时数据展示有助于用户及时了解企业的财务状况和业务动态，做出更及时的决策。智能财务系统可以提供可交互式报表功能，允许用户进行数据提取和筛选，以深入探索数据细节，用户可以点击图表元素或选择特定的数据维度，实现数据的动态切换和比较分析。另外，系统可以允许用户自定义报表和仪表板，根据自己的需求和关注点，选择显示的指标和数据。用户可以根据重要性和紧急性设置报表的优先级和布局，以方便快速查看关键信息。

2.3 本章小结

智能财务的理论体系植根于信息不对称理论、数字化转型理论、多边平台市场理论，在此基础上与时代发展相结合，着力于应对财务发展过程中面临的痛点。学生需要掌握本章构建的智能财务理论模型，能够依据财务共享理论、人工智能理论、智能算法理论等对智能财务进行系统性学习。

思考题

1. 智能财务的相关理论基础有哪些？它们是如何为智能财务服务的？
2. 请谈谈你对智能财务的认识。

思考题要点及讨论请扫描以下二维码：

第3章 智能财务报表体系

本章重点

1. 认识传统财务报表体系。
2. 了解智能财务报表体系。
3. 掌握特色报告体系。
4. 辨别三种体系的异同。

案例导入*

传统的企业财会管理中，一般都有三张表，即资产负债表、现金流量表和利润表，遵循的是静态平衡的复式记账法。但在数智化时代下，企业的商业逻辑和经营业态时刻都在发生变化，亟须能够反映企业经营动态全貌的“第四张表”的出现。海尔在人单合一模式下，基于创业创新的转型经验，提出了共赢增值表，通过全面评估企业和用户的价值，实现了对企业的动态监测和价值创造的驱动。与传统三张表不同，共赢增值表从价值的定义、创造和分享上实现了三个价值的正向循环，从而清晰地表达了用户这个核心角色对企业价值的影响。海尔共赢增值表所呈现的，是企业从产品到生态的思维转变，过去企业是以自我为中心，追求产品的溢价，如今，用户需求在不断变化，单一产品跟不上用户的变化，因此，只有通过与生态方的联合共创，才能够保障用户体验的持续迭代，进而实现生态各方的价值，这从根本上改变了企业对价值的定义。

智能财务下，企业的业务、财务、税务的处理过程实现信息化、线上化、数字化，实时凭证和动态账簿建立起来，管理者能根据决策需要实时提取信息，生

---

* 详细案例和进一步讨论，请访问链接网址：http：//zhongqishuzhi. com；或扫描章后二维码。

成传统的四表一注，改善事后核算事后报告的现状，提高会计信息的及时性。同时企业生成的信息具有高度的穿透性和可追溯性，能把底层的信息直接反映到财务报表上，以人工智能和数据分析为支持，一键生成个性化的财务报表，如税务报表、共赢增值表等，形成满足多种用途的全面反映历史信息、实时信息及未来预测信息的财务报表体系，实现会计信息披露多元化。

3.1 传统财务报表体系

传统财务报表可以综合反映企业某一特定日期财务状况和某一特定时期经营成果、现金流量状况，按照规定的格式、内容和方法定期编制，为相关决策者做出科学合理的决策提供所需要的财务信息。

3.1.1 传统财务报表的概念与意义

传统的财务报表是工业经济时代的产物，主要是注重反映企业经营活动的历史，注重有形资产和财务资产的确认、计量和报告，注重财务信息的披露，注重反映企业财务状况和经营成果的金额、忽视企业经营面临的风险和不确定性。在数智经济时代，面临着极大的挑战性。

1. 传统财务报表的概念

财务报表是指企业对外提供的、综合反映企业某一特定日期财务状况和某一会计期间经营成果，以及现金流量情况的书面报告。它是提供财务信息的一种重要手段。企业对外提供的财务报表包括资产负债表、利润表、现金流量表、所有者权益变动表以及财务报表附注。

（1）资产负债表是通过列示企业单位在某一特定时点（一般是会计期末，如月末、季末或年末）的资产、负债和所有者权益之间的平衡关系，以反映企业在会计期末财务状况的报表。通过资产负债表，使用者可以了解企业所掌握的经济资源及其分布与结构、了解企业资金的来源构成（即资本结构）、了解企业的偿债能力、预测企业未来财务状况的变化情况。

（2）利润表是反映企业在一定期间（月度、季度、年度）经营成果的财务报表。通过利润表，使用者可以从总体上了解企业的收入、成本、费用以及净利润（或亏损）的实现和构成情况，分析评估企业的获利能力，有利于投资者了解投入资本的保值增值情况、预测企业未来期间的盈利趋势、考核评价管理层的经营绩效。

(3) 现金流量表是反映企业在一定时期内现金及现金等价物的取得和使用情况的财务报表。该表属于年报，每年末编制一次。由于资产负债表和利润表是以权责发生制为基础编制的，而权责发生制最大的缺陷是无法反映企业的现金流量状况，可能隐藏着财务危机。现金流量表的编制通过客观反映企业的现金流量状况恰好弥补了这一不足，对资产负债表和利润表中未能反映的内容进行补充。

(4) 所有者权益变动表是指反映构成所有者权益各组成部分当期增减变动情况的报表，不仅包括所有者权益总量的增减变动，还包括所有者权益增减变动的重要结构性信息，反映直接计入所有者权益的利得和损失，有利于报表使用者准确理解所有者权益增减变动的根源。

(5) 财务报表附注是指对财务报表的编制基础、编制依据、编制原则和方法，以及主要项目等所作的解释，主要是针对在财务报表中不能用数字来说明的一些问题，用文字进行补充说明。

2. 传统财务报表的意义

企业通过日常的会计核算工作，已经将所发生的经济业务分类且有系统地登录到账簿中。在账簿中记录的会计信息，虽然比在会计凭证中反映的信息更加条理化、系统化，但账簿记录独立分散，不能集中、概括地反映企业在整个会计期间的财务状况和经营成果的全貌。所以，有必要根据账簿记录，编制财务报表，并辅以财务报表附注说明，补充揭示主表中无法反映的重要信息，为有关方面进行管理和决策提供所需的会计信息。企业编制财务报表，对于改善企业外部有关方面的经济决策环境和加强企业内部的经营管理，具有重要作用。具体来说，财务报表的作用从不同的阅读者角度分析，主要表现在以下几个方面。

(1) 有助于企业内部经营管理者进行管理。

对于企业的管理者，通过阅读企业的财务报表，可以掌握企业一定时期的筹资和融资情况，分析资金使用是否合理；可以了解企业的收入、成本、费用以及利润等各项计划指标的完成情况；可以通过阅读财务报表分析和评价企业的经济效益，并为编制下期计划和制定经济决策提供依据。

(2) 有助于企业外部的利益关系人做出相应的决策。

通过阅读财务报表，可以帮助投资者了解企业的盈利能力，从而做出投资决策；可以帮助债权人了解企业的偿债能力，从而做出信贷决策；企业的职工或求职者也可以通过财务报表了解企业是否按正确的方向从事经营、企业的福利待遇有何变动、企业的获利情况等，以帮助他们做出求职决策。

（3）有助于社会中介机构及国家经济管理部门更好地履行其监督职能。

对于财政、税收、审计以及上级主管部门等来说，也可以通过阅读企业的财务报表掌握企业的财务状况和经营成果：了解企业是否按照国家的方针政策进行经营，是否按照国家的税收政策足额及时缴纳税金，是否真实、合理、合规地披露其财务报表，是否完成上级主管部门的各项经济指标等。

3.1.2　传统财务报表的编制要求

为了实现财务报表编制的基本目标，最大限度地满足信息使用者的信息需求，保证财务报表信息能够及时、准确、完整地反映企业的财务状况和经营成果，企业在编制财务报表时应做到以下要求。

（1）数字真实。

真实性原则是会计核算工作和会计信息的基本质量要求。只有真实的会计信息才能在国家宏观经济管理、投资者决策和企业内部管理中发挥作用。真实性原则要求财务报表必须根据审核无误的账簿记录来编制，不得弄虚作假；必须如实反映企业的财务状况、经营成果和现金流量情况，即报表各项目的数据必须建立在真实可靠的基础上，以免误导信息使用者。为了保证财务报表的真实性，除了企业应按规定的方法计算和填列各项数字外，还应加强日常会计的核算工作，准确及时地记账、对账、结账；进行必要的财产清查，做到账证相符、账账相符以及账实相符，这样才能编制出准确的、能反映企业实际情况的报表。

（2）内容完整。

由于报表阅读者对于财务信息的需要是多方面的，财务报表只有提供内容完整的财务信息资料，全面反映企业生产经营状况，才能满足各种使用者的不同需要。这就要求企业编制一整套的财务报表，凡是准则要求对外披露的报表，企业都应及时完整地向外披露。在报表编制时，要按照会计制度的统一规定，提供指标、种类、格式、项目、内容及填列方法相同的各种标识，不得漏填项目。

（3）便于理解。

财务报表提供的信息应该清楚明了，便于理解。尤其是需要文字说明的部分，要表达得精炼易懂，如果财务信息晦涩难懂，使用者就无法据以做出合理判断，报表就失去了其使用价值。当然，便于理解是建立在阅读报表人有一定的阅读能力基础上的。

（4）重要性。

重要性是指在合理预期下，财务报表某项目的省略或错报会影响使用者据此做出经济决策，该项目具有重要性。项目是否重要，应当根据企业所处的具体环境，从项目的性质和金额两方面予以判断，且对各项目重要性的判断标准一经确定，不得随意变更。判断项目性质的重要性，应当考虑该项目在性质上是否属于企业日常活动、是否显著影响企业的财务状况、经营成果和现金流量等因素；判断项目金额大小的重要性，应当考虑该项目金额占资产总额、负债总额、所有者权益总额、营业收入总额、营业成本总额、净利润、综合收益总额等直接相关项目金额的比重或所属报表单列项目金额的比重。

（5）报送及时。

会计信息具有很强的时效性。再完整、真实的报表，失去了时效性，也就失去了价值。所以，财务报表必须及时编制，及时对外呈送，以利于信息使用者的使用。

3.1.3 传统财务报表的编制流程

企业的财务会计工作按照一定程序从期初到期末循环往复的推进，这一财务工作循环如图 3－1 所示。

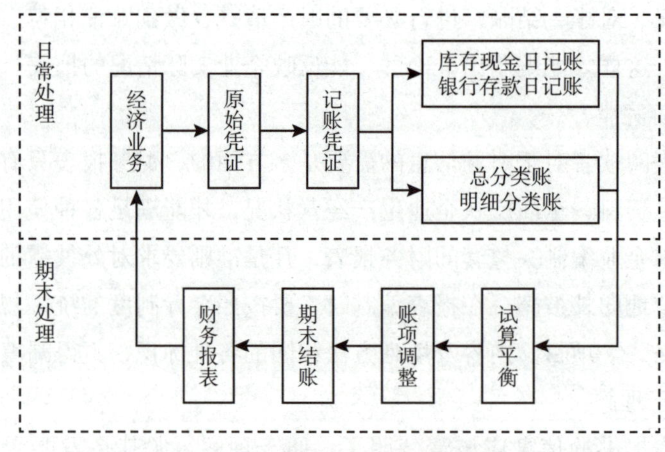

图 3－1 财务会计工作处理循环

企业在日常工作中根据实际发生的业务和事项获取原始凭证，根据获取的原始凭证记账并登记账簿，各个账户就分别记录反映了当期的全部经济业务。于是，财务人员可以根据各个账户的内容，编制财务报表。期末在编制财务报表前需要编制试算平衡表，进行账项调整和结账。当然这一流程并非是简单线性的，而是往往有所反复。比如，在进行账项调整工作中，编制完调整分录后，又回到填制记账凭证这一步，把调整分录也登记到账簿中，然后再编制调整后的试算表。又比如，结账工作也可以在编制完财务报表后再进行。但总体而言，财务报表的编制大致要经历以下几个流程。

（1）试算平衡。

在编制财务报表之前，为了解之前的登记工作是否正确、有无差错，需要采用一定的方法进行检测，即试算或试算平衡，俗称轧账。试算就是在记账工作到了某一阶段，将各总分类账户的借方余额和贷方余额，或借方发生额与贷方发生额分别相加，检查其双方合计数是否平衡，以验证分录与记账工作是否有误的一种方法。

（2）账项调整。

企业的资产负债表和利润表是以权责发生制为基础编制的，但账簿的日常记录不能完整地反映本期的收入，因为在账簿中的日常记录都是有着具体证据的明显交易，而许多没有明显证据的隐含事项也会对企业的财务状况产生影响，如果不予以揭示而仅根据明显交易产生的财务信息势必不能反映企业经济活动的真实情况。所以，需要在会计期末把这些没有明显证据的隐含事项按照权责发生制进行调整。主要包括应计项目调整、递延项目调整、计提累计折旧、摊销无形资产、计提各种准备金等。

（3）期末结账。

企业的经济活动是连续不断的，为了总结某一会计期间经济活动的情况，考核财务成果，必须使各种账簿的记录保持完整和正确，以便编制财务报表。为此，必须定期进行结账。所谓结账是指在会计期末结算、登记每个账户本期发生额和期末余额的账务处理工作，包括虚账户的结清和实账户的结转，为编制财务报表做好准备。

（4）报表编制。

在完成前述工作后，财务人员可以根据各总分类账和明细分类账的数据，按照会计准则规定的格式要求编制财务报表，包括资产负债表、利润表、现金流量表、所有者权益变动表以及财务报表附注。

传统财务报表编制流程下依赖财务人员的手工处理，容易产生人为的疏漏和偏差，比如试算工作中难以检查出借贷同时漏记、重复记账、同数额错误、科目错误等问题。同时报表编制工作较为复杂烦琐，每个会计期末财务人员都要花费大量的时间、精力，难以满足管理上对报表的及时性需求。此外传统财务工作对数据的管理能力较差，无法实现个性化管理，管理人员无法根据自己的需求制定个性化表格，对于数据分析的工作效率影响较大，数据管理的精确性及可靠性受到很大影响，使工作效率无法提高。以上这些问题都有待解决。

3.2 智能财务报表体系

在大数据和人工智能技术的强力赋能下，财务迎来了历史性的重大发展机遇，智能财务报表在继承传统财务报表框架和基本编制程序的同时，可以弥补传统财务报表的缺陷和不足，实现传统财务报表难以企及的信息整合与信息输出能力。

3.2.1 智能财务报表的特点

智能财务报表利用人工智能技术，将财务数据和信息进行标记处理和分析，自动化生成具有数据可视化和分析力的财务报表，并通过智能算法和数据挖掘技术，从庞大的财务数据中提取有用信息，将其以可视化、易懂的图表、图形等形式展示，帮助用户快速了解企业的财务状况和业务运营情况，具有自动化生成、个性化定制、报表可视性、实时生成性和协作共享性五个特点。

1. 自动化生成

智能报表的自动化生成是指采用自动化技术和算法，通过自动化流程从数据源（如财务系统、数据库等）中提取生成数据，并根据预先设定的规则和模板，自动生成报表的流程。这样的自动化生成流程大大减少了人工干预的需求，提高了报表的效率和准确性。

报表自动化生成的基本原理是通过计算机自动收集、处理和分析数据，从而生成报表。它可以帮助企业实现自动化报表处理，从而提高报表处理速度，降低工作量，缩短报表生成时间，并有效提高报表的准确性和可靠性。报表自动化的另一个优势是可以从复杂的数据中提取出有用的信息，从而改善企业的决策制定过程。它可以帮助企业快速分析复杂的数据，根据实时数据构建报表，从而帮助企业快速做出决策。报表自动化生成还可以满足企业的审计要求，帮助企业搜集、存储和管理数据，从而满足审计的要求。此外，报表自动化可以帮助企业实现数据可视化，从而更好地理解数据，并发现其中的趋势和模式。

通过智能报表的自动化生成，财务人员和仓库可以高效地获取和分析财务数据，更加减少手工编制报表的时间和劳动成本，同时保证报表的准确性和一致性。这样的自动化流程也为企业的决策提供了支持。

2. 个性化定制

智能报表的个性化定制是根据用户的特定需求和偏好，对报表进行定制化设计和配置，定制更符合用户的业务和决策需求。个性化定制可以让用户根据不同的角色、权限和关注点，获取定制化的报表内容和展示形式，提供更多的财务分析和决策支持。

企业中不同的用户可能关注不同的指标和数据，实现报表个性化可以根据用户的特定需求，定制报表内容，更符合用户的关注点和业务需求。并且，有些报表可能包含大量信息，实现报表个性化可以根据用户需求，只显示关键数据，减少信息过载，使用户注意力更集中在重要数据上。通过个性化定制报表使用户更容易理解和使用，提高报表的易读性和可用性，从而增加用户对报表的满意度。企业中不同体系的管理人员对报表需求也不同，实现报表个性化可以根据不同体系的需要，提供定制化的报表内容。通过个性化定制，报表能够更及时地提供所需信息，为决策者提供更精准、全面的数据支持，有助于做出更明智的决策。此外，通过设置不同角色用户的权限和报表内容，可以控制用户只能访问其所需的数据，加强数据的安全和保密性。

3. 报表可视性

报表可视性是指报表的快速数据形式和布局，以及其可解读、易读、易理解的程度。一个具有良好可视性的报表应当能够通过直观的图表、图形和展示表格等形式，清晰地呈现数据和信息，帮助用户理解数据和趋势，从而支持有效的决策和分析。

智能报表采用数据可视化技术，通过观察的图表、折线图、柱状图、饼图等形式，将数据转化为图形化的展示，使用户一目了然地看到数据的变化和趋势。

选择适合报表内容和目标受众的图表类型，确保图表的形式最佳地表达数据信息。通过为报表添加交互性元素体验，如筛选器、下钻功能等，可以使用户能够根据需要自定义报表的内容和维度。通过提高报表的可视性，可以使报表增加吸引力和实用性，帮助用户更快速地获取信息和数据，支持更有效的决策和管理。同时，良好的报表可视性也能够提升用户对报表的满意度和使用体验。

4. 实时生成性

报表的实时生成性是指报表能够在需要的时候立即生成并生成最新的数据，实时反映业务的最新状况和数据的实时变化。这意味着财务报表能够动态地从数据源中提取最新数据，并即时生成报表，而不是依赖于预定的时间或周期。

报表的实时生成性可以立即反馈业务和财务数据的最新变化，使用户能够及时了解当前的业务状况和财务表现；保证数据的准确性，因为它们是基于最新的数据生成的，而不会受到过时数据的影响；帮助报表做出更快速的决策，因为它们提供了最新的信息和洞察，使决策更加稳定；能够应对业务和市场的变化，因为它们能够迅速反映新的情况和趋势。实时生成的报表还可以用于监控业务的关键指标和性能，及时发现问题和机会。并且，通过与实时数据分析和决策支持系统支持结合，可以帮助用户做出更实时的决策，从而更好地应对市场变化和业务挑战。

5. 协作共享性

智能报表的协作与共享是指报表系统支持多用户之间的合作和信息共享，让不同的用户可以同时访问、编辑和分享报表数据和分析结果，以促进团队间的合作和决策效率。

智能报表系统可以支持多个用户同时访问报表，不同用户可以根据自身的权限和角色查看相应的数据和报表内容。一旦报表数据发生变化，智能报表会实时更新，确保所有用户都能获取到最新的数据和信息。报表系统可以实现报表数据的版本控制，记录每一次编辑和修改，以便用户查看历史数据和对比分析。多用户可以同时进行报表的编辑和修改，实现实时的协同编辑，提高团队协作效率。用户还可以在报表上添加评论和反馈，进行数据讨论和交流，增强团队沟通和理解。通过智能报表系统用户可以将报表和分析结果分享给其他用户，方便快捷地传递信息和洞察。通过智能报表的协作与共享，团队成员可以更加便捷地合作和交流，及时共享重要的数据和洞察，从而提高决策效率和团队的整体绩效。这样的共享和协作功能有助于实现更高效的数据管理和决策过程，推动企业的发展和创新。

3.2.2　智能财务报表的编制优化

针对传统财务报表编制流程中存在的种种问题，智能财务报表的编制实现了自动化、同步性、可追溯性的优化升级。

1. 基于 RPA 的自动编制

RPA 技术的应用使得原本需要手工处理的业务可以实现自动化处理。智能财务系统可以自动化采集系统内记录的记账数据，根据系统内设科目编码规则汇总形成科目余额表和科目明细表，表内发生额和余额数据会随业务记账而时时变动，避免出现漏记、数据计算错误。期末涉及分摊、调整、计提、结转损益、结账等工作可以通过提前自主设定处理规则实现自动化、一键化处理，支持总账与应收管理、应付管理、存货核算、固定资产、资金核算、现金管理等业务模块的对账，支持根据实际业务设置不同系统间的对账条件，比对业务系统发生数据和总账科目数据（包括数量、原币或本币）是否相符，保证账实相符。在报表生成环节，RPA 机器人根据财务核算账簿和报表项目之间的引用关系，利用引用函数实现自动填列，大大缩减财务人员编报工作量，提高编报工作效率。

2. 基于勾稽关系的同步变化

报表内的一些项目之间关系密切，往往“牵一发而动全身”，如同一科目的本年期初余额与上年期末余额，关联往来的两家公司的其他应收款与其他应付款等对应科目，现金流量表的期初与期末现金余额与资产负债表的期初与期末货币资金余额等。运用智能财务报表系统可以设定其勾稽关系，假如出现应对等不对等的数据，系统将提醒上传者核对检查，极大地节省以往财务人员在编制财务报表工作中核对检验的时间，并且系统核对往往比人工核对更准确，能减少一部分人为错误的出现。

3. 基于数据链条的追溯核查

以往报表使用者对某个财务报表数据有疑问，需要查找某个财务数据的异常波动时，由于业务数量众多，财务人员往往需要花费大量的时间与精力逐层查找数据以探究问题根源，现在基于智能报表系统建立的报表数据与账簿数据、业务数据之间的数据链条，当某个财务报表数据异常波动，只需轻轻一点，就可以把此项数据展开，迅速查找其来源与构成，便捷地找到是由于哪笔业务的数据波动带来的影响，数倍乃至数十倍地节省财务人员在此项工作上耗费的时间。

3.2.3 智能财务报表的发展趋势

财务报告是社会经济发展的产物，并随经济环境的变化不断演化。随着数字经济的发展和智能财务时代的到来，智能财务报表将进一步披露以知识资本为主的资本保全信息、推广全球化战略财务报表。

1. 充分披露以知识资本为主的资本保全信息

在财务报告中增加资本保全信息含量，以全面、客观、公正地反映企业资本保值增值和经营成果，是信息技术环境下财务报告发展的重要方向。从现行会计模式来看，知识资本目前还未完全予以确认，因此，在会计信息系统的起点，将知识经济形态中起主导作用的要素有序地加以确认，是提高会计信息可靠性的必然要求。在财务报告中全面、客观、公正地披露资本保全会计信息，是促进企业资源合理流动，有效维护企业所有者、管理当局、债权人等相关群体利益的必然要求。

在披露方式上采用表外与表内结合的方式进行：表外披露主要是在财务报表附注部分揭示；表内披露主要采用通用格式资本保全状况表单独揭示。为此，应注意以下几点：把知识资本，包括人力资本、风险资本、时间资本等与原先的无形资产分别列示，更好地反映知识资本的价值和获取收益的能力，突出以人力资本为中心的知识资本的重要地位；要从总资本保全角度报告会计信息，对于会计上能予以量化的知识资本尽可能量化；在披露形式上可采取文字叙述法、表格法和图式法并用的形式；以成本效益原则为指导，实行多种信息的有机结合，即实现财务信息和非财务信息、价值信息与风险信息、绝对数信息与相对数信息、精确性信息与模糊性信息、历史性信息与前瞻性信息、总括信息和分部信息等的有机结合；在期限上，采取定期披露和不定期披露相结合的形式。

2. 推广全球化战略财务报告

现如今的知识经济是世界一体化经济，企业管理者必须面向全球，积极参与国际分工与协作，依据不同国家或地区的经济、技术发展水平和优势，不同利税水平和金融风险情况开发与配置资源，实现跨国经营；利用国际信息网络，建立信息交流机制，提高信息共享程度。从产业组织整合演进的最新趋势来看，全球化的分散生产和经营，虚拟的合作关系是国际产业组织的重要特点之一，它在更大层面上标志着信息技术和信息传递在经济发展中的关键作用。网络经济的时代，依据全球化战略财务报告，企业能够轻易地实现内部某些要素与外部相关要素的重新组合，表现为“战略联盟”“虚拟公司”，从而构成新的功能，实现新的生产力。

适应信息技术的特点，企业必须不断完善全球化战略系统的财务报告，其应当在开拓国际市场、抵御风险方面发挥作用，提供决策有效信息；应强化全球战略财务报告，利用信息网络技术，为企业提供各种积极有效的规避市场风险的财务信息，为拓展国际市场创造条件。

战略财务报告应着重披露以下问题：第一，有关正确投资的国际经济环境和国际财务、会计处理方面的信息；第二，有助于保证境外公司的财产安全、防止国有资产流失方面的信息；第三，有关跨国公司内部转移价格的形式及有关保护我国企业利益的其他方式方面的信息；第四，充分利用国际结算、税收、保险及其他条件，搞好业务经营方面的信息；第五，利用外币净资产或净负债的套期保值和金融互换等防范国际价格、汇率变动风险的信息；第六，提供各种商机和先进技术与管理方法等方面的信息，等等。

3.2.4　智能财务报表的可视化

智能财务报表作为企业经营数据的组织和输出方式在企业信息平台中起着重要的作用。高质量的数据报表是数据经过收集、整理、筛选、校核等一系列处理过程而产出的数据产品，是企业领导和决策部门分析经济运行态势、制定宏观决策和长远规划必不可少的重要依据。目前企业对报表需求巨大，加快信息采集、感知、处理和应用，实现报表的高效、自主构建和可视化管理，对支撑各业务部门数据统计和分析需求，向领导和决策部门、外部机构，提供高质量、准确、及时的报表数据，推动数据的共享和价值挖掘等方面具有重要意义。

公司常用数据可视化示例如图 3 - 2 所示。

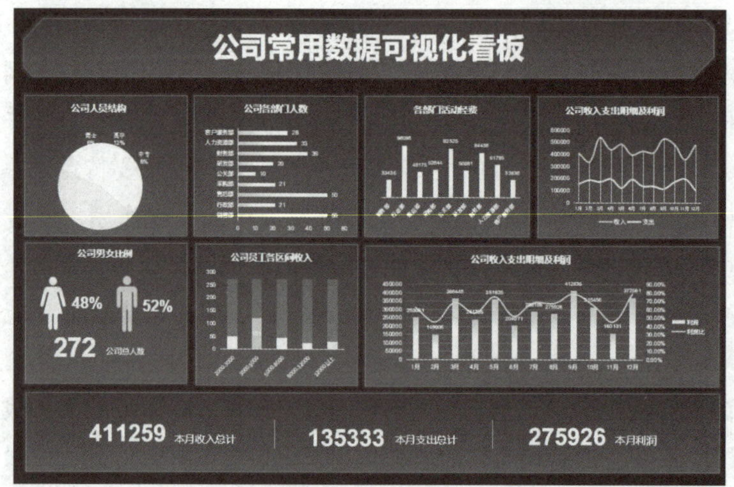

图3-2 公司常用数据可视化示例

可视化分析是综合了图形学、数据挖掘和人机交互的新兴交叉学科，将数据用交互式可视化图形的形式直观呈现在分析者面前，可以更加轻松地洞悉数据背后隐藏的信息并将其转化为知识，实现对数据量大、数据结构复杂的数据集的分析和推理。将数据可视化分析融入报表实现的整个过程，在数据处理、数据组织、报表设计、报表运行和报表监控等各个环节，利用可视化展现技术，提升用户对操作路径和数据结果直观、清晰、快速的理解，以增强报表的数据价值。报表数据可视化展现技术，使数据呈现动态化、图形化展现效果，减少用户记忆，实现用户对操作界面所见即所得的操作体验，并在报表元素间的动态联动分析等方面使用可视化展现，提升业务用户体验效果。

在智能财务系统下，可视化报表通常可以反映以下方面的信息。

(1) 企业基本信息。主要包括企业整体的收入、利润、毛利率以及利润占比，同时还能提供成本投入和利润产出之间的比例分析，确保能够以少的资金投入产生更多经济效益。

(2) 员工信息。包括岗位分配、员工数量、人员流动情况、薪酬福利管理等。

(3) 负债分类信息。包括经营负债结构、金融负债结构、投资负债、债务偿还能力等。

(4) 经营发展情况。包括营运能力、盈利能力、偿债能力、发展能力等指标。财务数据可视化技术的应用，可以将以上所有信息如实反映出来，只要是和企业经营有关的数据，都能够制作成图表，便于企业管理人员更好理解和分析。

财务报表分析可视化示例如图 3－3 所示。

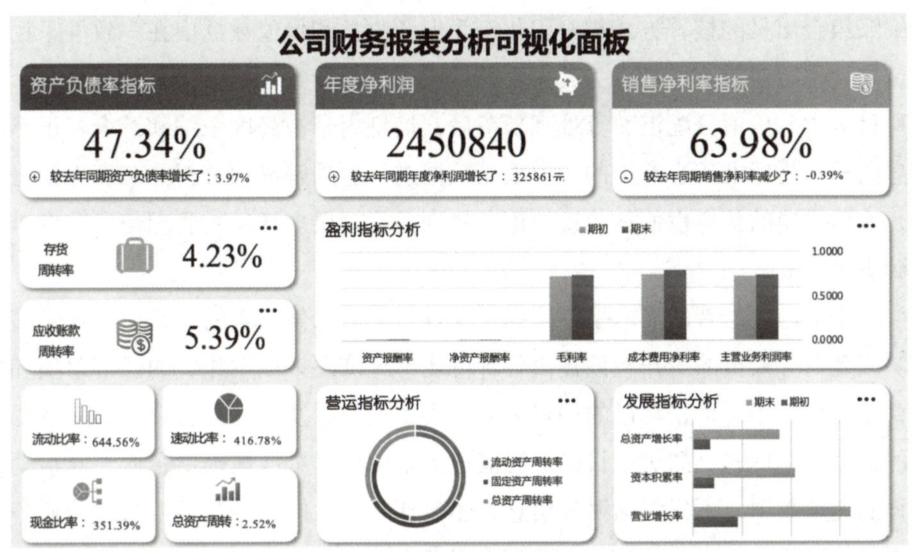

图 3－3　财务报表分析可视化示例

3.3　特色报告体系

由于企业内外了解、分析、考核企业经济效益的要求是多方面的，因此，需要有一整套体系完整的财务报表才能满足要求。企业财务报表分为两大类：一类为向外报送的财务报表，如资产负债表、利润表、现金流量表等；另一类为企业内部管理需要的报表，如税务报表、成本报表等。传统财务报告体系只包含第一类报表，而忽视了向外传递管理方面的信息，这是不合理的，因为随着资本市场信息化水平越来越高，各类利益相关者迫切想要了解企业全方位的信息，以减少信息不对称所带来的风险。而智能财务报告体系则对这一问题做出改进，推出税务报表、成本报表等管理信息模块。

3.3.1　特色报表底层逻辑

财务信息的生产过程主要包括财务信息的采集、处理、报告三个环节。在传统财务的模式下，财务人员按照既定的规则和程序进行会计的确认、计量、汇总、分配、配比，并最终为信息使用者提供相对单一的收益和价值信息，即按照会计准则加工好的会计信息。会计信息在加工过程中，财务数据服务从单据表、明细账组合出具的核算方式相对固化，为保证收益和价值数据内在一致性采用的计量属性也相对单一，货币为其主要的计量单位，导致数据在经过货币计量、会计科目分类、价值分配汇总等处理环节后，信息内容被高度浓缩和综合，虽然其信息的输出是标准的、简洁的，但根据数据进行追溯解读和分析的难度也随之提升，价值导向的信息也使得信息使用者特别是管理层多样化的管理信息需求难以得到满足。

每个信息使用者的需求是不同的，并且每个信息使用者的决策模型也是不同的。因此财务人员的工作应该提供各种可能与经济决策模型相关的经济事项和信息，让信息使用者根据自己的偏好函数、决策模型以及实际的管理需求来选择所需的信息，实现自己的决策目标。智能财务系统会尽可能地提供企业经营活动全过程的完整数据，不仅包括财务信息，还包括非财务信息，全面记录经济业务及与用户决策相关的主要特征，由信息使用者根据自己的客观要求、偏好、决策模式，自行提取和加工各自所需的信息，使得相同的经济事项数据能够满足不同信息使用者的需要。

具体而言，智能财务系统首先在底层实现了多元化的数据接入，包括企业内业务数据、交易数据，企业外生态链数据、产业链数据，而且按不同核算要求让数据越来越丰富；进而全方位多用途描述每一个经济业务的业务属性和价值属性，最大程度提供管理者精细化管理所需的信息，以采购业务为例，不仅用金额反映存货的存量及耗用，还会记录供应商名称、供应商地址、供应商电话、供应商其他资料、采购数量、采购单价、支付方式、支付时间、验收数量等，资源数据有存货规格、存放地点、验收存货名称、验收存货规格、存货实际成本、存货计划成本、运费、应付账款合计等信息，基于这一单独的经济业务，其所记录的信息可同时用于满足存货管理、供应链管理、往来账管理、成本分析等需求；同时系统内的数据中台会将通过多数据源采集的企业内外信息，按照统一的数据规范和标准进行数据存储，各系统可以通过应用程序接口（API）进行数据调用，可以对数据进行基于算法的模型输出，通过数据分析和可视化技术提供决策支持服务；最后基于其灵活配置、动态扩展的能力，为实时、精细、多维的数据分析提供基础，夯实企业经营分析的数据底座，实现企业全面的数字化绩效。

（1）多源数据对接。

智能财务系统底层与各数据源相对接，基于特征提取的方法将多个来源的数据通过特征提取转换成为同一特征空间的数据，然后再进行融合。通常情况下，企业进行报表编制所需要的数据主要包括采购数据、销售数据、薪酬数据、资产数据、税务数据和外部数据，所需要的信息主要包括财务信息和非财务信息两类。系统基于各数据源提取转换后的数据将通过数据资产管理进行进一步的处理。

（2）数据资产管理。

智能财务系统为企业高效管理和利用自身数据资产提供数据资产管理功能，它可以实现数据的有效共享和利用，对原始数据进行清理、校正、格式化和整理等数据清洗工作，预设规则和算法进行数据提取，根据数据详细信息建立数据目录，通过数据校验提高数据处理的准确性和可信度，保护关键数据并确保数据合规。经过进一步处理的数据将会进入数据仓库进行存储。

（3）数据仓库。

智能财务系统通过搭建数据仓库存储结构化数据，以便进行报告和分析。数据仓库通过对数据的重要特征和状态进行抽象描述，划分为不同的事项和维度，使其在结构和窗体中准确、一致且标准化。在数据描述的基础上，数据仓库设置事项类型和数据标签体系，并利用数据引擎提供存储、处理和保护数据的服务。后续，根据用户不同的需求可以调用数据仓库中所存储的相关数据。

（4）数据调用。

在数据调用之前，智能财务系统会设置过滤器用于格式化数据，以便在显示数据之前对其进行处理。API 接口调用是不同系统之间实现数据交互的重要手段，智能财务系统通过设置 API 接口来实现数据在不同系统间的调用，并基于预先设定的算法模型进行数据输出，以便对相关数据进行分析，做出决策。

（5）数据分析。

智能财务系统预设透视追溯、公式引擎、筛选器、权限过滤、条件格式、填报计算、图形控件、输入控件和拓展插件等功能，通过调用相应的数据并对其进行分析计算，处理后生成报表所需数据，系统根据相应条件格式自动进行报表编制，最终生成各类特色报表。特色报表底层逻辑如图 3 – 4 所示。

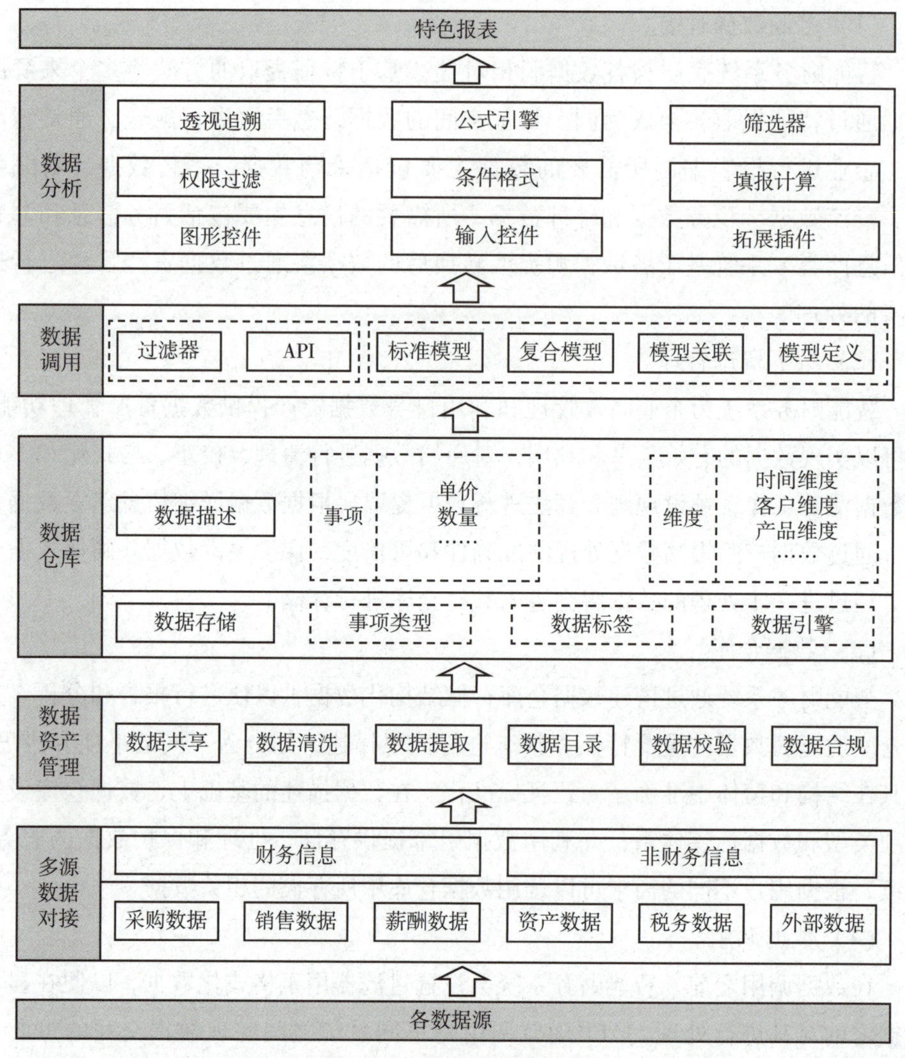

图3-4 特色报表底层逻辑

3.3.2 税务报表

传统财务报表的设置，相较于其他报表使用者，更着重于向投资者提供信息，而忽视了管理者，即传统财务报表的管理功能有所欠缺。智能财务针对上述不足，极具针对性和系统性地提出了在四表一注的基础上增添税务报表的设计。税务报表往往是提供相关纳税底层数据，用于支持纳税筹划决策，从而在管理决策中发挥作用。表3-1为增值税纳税人申报表。

表 3－1　　增值税纳税人申报表（适用于增值税一般纳税人）

税款所属时间：20　年　月　日至20　年　月　日　　填表日期：20　年　月　日　　单位：元至角分

纳税人识别号：　　　　　　　　　　　　　　　所属行业：

纳税人名称：		法定代表人：	注册地址： 营业地址：
开户银行： 银行账号：	登记注册类型：有限责任公司		电话号码：

项目		栏次	一般货物及劳务		即征即退货物及劳务	
			本月数	本年累计	本月数	本年累计
销售额	（一）按适用税率征税货物及劳务销售额	1	0.00	0.00	0.00	0.00
	其中：应税货物销售额	2			0.00	0.00
	应税劳务销售额	3	0.00	0.00	0.00	0.00
	纳税检查调整的销售额	4	0.00	0.00	0.00	0.00
	（二）按简易征收办法征税货物销售额	5	0.00	0.00	0.00	0.00
	其中：纳税检查调整的销售额	6	0.00	0.00	0.00	0.00
	（三）免、抵、退办法出口货物销售额	7	0.00	0.00	—	—
	（四）免税货物及劳务销售额	8	0.00	0.00	—	—
	其中：免税货物销售额	9	0.00	0.00	—	—
	免税劳务销售额	10	0.00	0.00	—	—
税款计算	销项税额	11	0.00	0.00	0	0
	进项税额	12			0	0
	上期留抵税额	13	0.00	—	0	—
	进项税额转出	14	0.00	0.00	0	0
	免抵退货物应退税额	15	0.00	0.00	—	—
	按适用税率计算的纳税检查应补缴税额	16	0.00	0.00	—	—
	应抵扣税额合计（17＝12＋13－14－15＋16）	17	0.00	—	0	—
	实际抵扣税额（如17＜11为17，否则为11）	18	0.00	0.00	0	0
	应纳税额（19＝11－18）	19	0.00	0.00	0	0
	期末留抵税额（20＝17－18）	20	0.00	—	0	—
	简易征收办法计算的应纳税额	21	0.00	0.00	0	0
	按简易征收办法计算的纳税检查应补缴税额	22	0.00	0.00	0	0
	应纳税额减征额	23	0.00	0.00	0	0
	应纳税额合计（24＝19＋21－23）	24	0.00	0.00	0	0

续表

<table>
<tr><td colspan="2" rowspan="2">项目</td><td rowspan="2">栏次</td><td colspan="2">一般货物及劳务</td><td colspan="2">即征即退货物及劳务</td></tr>
<tr><td>本月数</td><td>本年累计</td><td>本月数</td><td>本年累计</td></tr>
<tr><td rowspan="14">税款缴纳</td><td>期初未缴税额（多缴为负数）</td><td>25</td><td>0.00</td><td>0.00</td><td>0</td><td>—</td></tr>
<tr><td>实收出口开具专用缴款书退税额</td><td>26</td><td>0.00</td><td>0.00</td><td>—</td><td>—</td></tr>
<tr><td>本期已缴税额（27 =28 +29 +30 +31）</td><td>27</td><td>0.00</td><td>0.00</td><td>0</td><td>0</td></tr>
<tr><td>①分次预缴税额</td><td>28</td><td>0.00</td><td>—</td><td>0</td><td>—</td></tr>
<tr><td>②出口开具专用缴款书退税额</td><td>29</td><td>0.00</td><td>—</td><td>—</td><td>—</td></tr>
<tr><td>③本期缴纳上期应纳税额</td><td>30</td><td>0.00</td><td>—</td><td>0</td><td>0</td></tr>
<tr><td>④本期缴纳欠缴税额</td><td>31</td><td>0.00</td><td>0.00</td><td>0</td><td>0</td></tr>
<tr><td>期末未缴税额（多缴为负 32 =24 +25 +26 −27）</td><td>32</td><td>0.00</td><td>0.00</td><td>0</td><td>0</td></tr>
<tr><td>其中：欠缴税额（≥0）（33 =25 +26 −27）</td><td>33</td><td>0.00</td><td>—</td><td>0</td><td>—</td></tr>
<tr><td>本期应补（退）税额（34 =24 −28 −29）</td><td>34</td><td>0.00</td><td>—</td><td>0</td><td>—</td></tr>
<tr><td>即征即退实际退税额</td><td>35</td><td>—</td><td>—</td><td>0</td><td>0</td></tr>
<tr><td>期初未缴查补税额</td><td>36</td><td>0.00</td><td>0.00</td><td>—</td><td>—</td></tr>
<tr><td>本期入库查补税额</td><td>37</td><td>0.00</td><td>0.00</td><td>—</td><td>—</td></tr>
<tr><td>期末未缴查补税额（38 =16 +22 +36 −37）</td><td>38</td><td>0.00</td><td>0.00</td><td>—</td><td>—</td></tr>
<tr><td>授权声明</td><td>如果你已委托代理人申报，请填写下列资料：为代理一切税务事宜，现授权（地址）
为本纳税人的代理申报人，任何与本申报表有关的往来文件，都可寄予此人。
授</td><td>申报人声明</td><td colspan="4">此纳税申报表是根据《中华人民共和国增值税暂行条例》的规定填报的，我相信它是真实的、可靠的、完整的。
声明人签字：</td></tr>
</table>

以下由税务机关填写

收到日期：　　　　　　　　　　接受人：　　　　　　　　　　主管税务机关盖章：

在表3－2增值税纳税人申报表附表一（本期销售情况明细）中，税务报表采用直观清晰的方式，向报表使用者展示了销售商品的增值税结构。首先，将销售的商品按照计税方法进行划分，分为一般计税方法计税和简易计税方法计税两类。其次，根据适用的税率对商品进行进一步细分，细致地呈现了税率分类后的情况。在细分完毕后，报表再根据不同商品的开票情况，向报告使用者展示相应的纳税额。这样的报表设计使得纳税人能够直观地了解销售商品的税务情况，便于其核对和申报增值税，提高了申报的准确性和效率。

表3-2　增值税纳税人申报表附表一（本期销售情况明细）

一、按适用税率征收增值税货物及劳务的销售额和销项税额明细													
项目	栏次	应税货物						应税劳务			小计		
		17%税率			13%税率								
		份数	销售额	销项税额	份数	销售额	销项税额	份数	销售额	销项税额	份数	销售额	销项税额
防伪税控系统开具的增值税专用发票	1	—	0.00	0.00	0	0.00	0.00	0	0.00	0.00	0	0.00	0.00
非防伪税控系统开具的增值税专用发票	2	—	—	—	—	—	—	—	—	—	—	—	—
开具普通发票	3	0	0.00	0.00	0	0.00	0.00	0	0.00	0.00	0	0.00	0.00
未开具发票	4	—	0.00	0.00	—	0.00	0.00	—	0.00	0.00	—	0.00	0.00
小计（5=1+2+3+4）	5	—	0.00	0.00	—	0.00	0.00	—	0.00	0.00	—	0.00	0.00
纳税检查调整	6	—	0.00	0.00	—	0.00	0.00	—	0.00	0.00	—	0.00	0.00
合计（7=5+6）	7	—	0.00	0.00	—	0.00	0.00	—	0.00	0.00	—	0.00	0.00

二、简易征收办法征收增值税货物的销售额和应纳税额明细										
项目	栏次	6%征收率			4%征收率			小计		
		份数	销售额	应纳税额	份数	销售额	应纳税额	份数	销售额	应纳税额
防伪税控系统开具的增值税专用发票	8	0	0.00	0.00	0	0.00	0.00	0	0.00	0.00
非防伪税控系统开具的增值税专用发票	9	—	—	—	—	—	—	—	—	—
开具普通发票	10	0	0.00	0.00	0	0.00	0.00	0	0.00	0.00
未开具发票	11	—	0.00	0.00	—	0.00	0.00	—	0.00	0.00
小计（12=8+9+10+11）	12	—	0.00	0.00	—	0.00	0.00	—	0.00	0.00
纳税检查调整	13	—	0.00	0.00	—	0.00	0.00	—	0.00	0.00
合计（14=12+13）	14	—	0.00	0.00	—	0.00	0.00	—	0.00	0.00

续表

三、免征增值税货物及劳务销售额明细										
项目	栏次	免税货物			免税劳务			小计		
		份数	销售额	应纳税额	份数	销售额	应纳税额	份数	销售额	应纳税额
防伪税控系统开具的增值税专用发票	15	0	0.00	0.00	—	—	—	0	0.00	0.00
开具普通发票	16	0	0.00	—	0	0.00	—	0	0.00	—
未开具发票	17	—	0.00	—	—	0.00	—	—	0.00	—
小计（18＝15＋16＋17）	18	—	0.00	0.00	—	0.00	—	—	0.00	0.00

增值税补充申报表内容紧跟国家税务总局要求（见表 3－3），与国家税务总局最新发布的增值税补充申报表内容、格式基本相同，主要介绍了增值税补充申报情况。补缴增值税填写申报表有以下几种情况：

①税务稽查案件处理决定补缴增值税，填写在申报表中的“纳税检查调整的销售额”栏、“纳税检查应补缴税额”和“本期入库查补税额”栏；

②自查补税，即纳税评估，补缴的增值税按“税票”备注栏注明情况不同分别处理，如果注明“自查补税”字样，则不用填写到申报表上，如是“分期预缴”字样，则填写在申报表的“分次预缴税额”栏。

表 3－3　增值税补充申报表

纳税人名称（公章）：		纳税人识别号：	
经营地址：			
法定代表人：		财务负责人：	联系电话：
办税人员：		评估所属期：	
登记行业：		明细行业：	
编号	数据项	本期	填报说明
Q0002	银行结算及刷卡收入（元）	0.00	通过银行结算或刷卡取得的货款或应税劳务含税收入合计
Q0021	现金收款收入（元）	0.00	以现金形式收取的货款或应税劳务含税收入合计
Q0022	未收款收入（元）	0.00	全部货款和应税劳务收入中除上两项之外的含税收入
Q0003	现金支出（元）	0.00	现金日记账贷方发生额合计
Q0004	应收账款借方余额（元）	0.00	应收账款科目期末借方余额
Q0038	制造费用借方发生额（元）	0.00	制造费用科目借方发生额合计
Q0606	购进货物用于集体福利及个人消费转出进项税额（元）	0.00	本期进项转出税额中属于购进货物用于集体福利及个人消费的部分
Q0607	应付福利费借方发生额（元）	0.00	本期应付福利费科目借方发生额合计
Q0608	在建工程项目借方发生额（元）	0.00	本期在建工程科目借方发生额合计
Q0054	其他业务收入（元）	0.00	本期其他业务收入科目贷方发生额合计
Q0052	购进运费抵扣税额（元）	0.00	本期全部运费中用于购进业务的部分抵扣的进项税额合计
Q0053	销售运费抵扣税额（元）	0.00	本期全部运费中用于销售业务的部分抵扣的进项税额合计

3.3.3 成本报表

成本报表是用以反映企业生产费用与产品成本的构成及其升降变动情况，以考核各项费用与生产成本计划执行结果的会计报表，是会计报表体系的重要组成部分。成本报表资金耗费和产品成本及其升降变动情况，用以考核成本计划执行结果。产品成本作为反映企业生产经营活动情况的综合性指标，是企业经营管理水平的重要尺度。

成本报表是为企业内部管理需要而编制，对加强成本管理、提高经济效益有着重要的作用。产品成本是反映企业生产经营各方面工作质量的一项综合性指标，也就是说，企业的供、产、销的各个环节的经营管理水平，最终都直接、间接地反映到产品成本中来，通过成本报表资料，能够及时发现在生产、技术、质量和管理等方面取得的成绩和存在问题。

利用表3-4商品产品成本表上所提供的资料，经过有关指标计算、对比，可以明确各有关部门和人员在执行成本计划、费用预算过程中的成绩和差距，以便评价和考核各成本环节成本管理的业绩。通过成本报表资料的分析，可以揭示成本差异对产品成本升降的影响程度以及发现产生差异的原因和责任，从而可以有针对性地采取措施，把注意力放在解决那些属于不正常的、对成本有重要影响的关键性差异上，这样对于加强日常成本的控制和管理就有了明确的目标。

如表3-5所示，通过主要产品单位成本表可以了解各个产品的经济效益，深入分解某单一主要产品的成本构成，并与历史先进水平、本年计划和上年实际水平进行对比，为进一步降低单位产品成本提供可能。与此同时，对该主要产品的成本利润率、产品销售率等进行分析，有助于企业制订生产计划，有助于实现利润最大化。

企业的上级主管部门把成本报表资料和其他财务报表及统计资料等结合起来运用，可以检查企业计划的完成情况，了解企业对国家有关方针、政策的贯彻执行情况，从而有针对性地对企业进行指导和监督；企业的上级主管部门还可以将所属同类型企业的成本报表资料进行分析对比，组织企业间的交流，促使各企业成本管理工作的改善。

表 3－4

商品产品成本表

编制单位：　　　　××年××月　　　　金额单位：元

产品名称	计量单位	实际产量		单位成本				本月总成本			本年累计总成本		
		本月	本年累计	上年实际平均	本年计划	本月实际	本年累计实际平均	按上年实际平均单位成本	按本年计划单位成本	本月实际	按上年实际平均单位成本计算	按本年计划单位成本计算	本年实际
		(1)	(2)	(3)	(4)	(5)＝(9)÷(1)	(6)＝(12)÷(2)	(7)＝(1)×(3)	(8)＝(1)×(4)	(9)	(10)＝(2)×(3)	(11)＝(2)×(4)	(12)
可比产品合计								98100	47200	93420	862200	827700	838665
1. 甲产品	件	90	765	600	580	555	573	54000	52200	49950	459000	443700	438345
2. 乙产品	件	105	960	420	400	414	417	44100	42000	43470	403200	384000	400320
不可比产品合计									16200	16560		170100	171990
丙产品	件	60	630		270	276	273		16200	16560		170100	171990
全部商品产品成本									63400	109980		997800	1010655

表 3-5

主要产品单位成本表

编制： ××年××月 单位：元

产品名称	甲	本月实际产量	300	本年计划产量	
规格		本年累计实际产量	3150	上年同期实际产量	
计量单位	件	销售单价		上年同期销售单价	

成本项目	行次	历史先进水平	上年实际平均	本年计划	本月实际	本年累计实际平均
		1	2	3	4	5
直接成本	1	313.00	365.00	343.00	318.00	325.00
直接人工	2	45.00	58.00	55.00	45.00	46.00
制造费用	3	60.00	110.00	96.00	71.00	72.00
产品生产成本	4	418.00	533.00	494.00	434.00	443.00

总之，企业的成本报表是企业各有关部门了解企业成本计划完成情况的主要途径，也是上级主管部门管理企业的一个重要手段①。

3.3.4　人力资源报表

人力资源报表是企业用于汇总和展示与人力资源管理相关信息的报表。它包含了与员工、人才和组织有关的数据和指标，帮助企业人力资源了解人力资源状况、员工绩效、培训情况和招聘等方面的情况，从而做出人力资源战略决策和管理措施。通过人力资源报表的分析，企业可以了解员工的组成和结构，优化人员配置和用人策略，提高员工绩效和满意度，实现人力资源的优化配置和管理，为企业的发展提供强有力的支持。

人力资源报表主要包含企业人力资源调整与变动情况、人力成本统计分析和人力资源效率分析几大模块。人力成本统计分析表（见表 3 -6）是用于和统计企业人力资源相关成本的报表，它汇总了与员工薪酬、福利、培训和招聘等方面相关的费用和支出，帮助企业管理者记录和掌握人力资源成本的情况，进行成本控制和人力资源预算规划。

人力资源效率分析表（见表 3 -7）是用于评估和分析企业人力资源利用效率的报表。它通过收集和整理与人力资源管理相关的数据和指标，帮助企业管理者了解员工的绩效、培训、流动等情况，评估员工的工作表现和利用效率以及人力资源管理的效果。

3.3.5　收支利润分析表

收支利润分析表（见表 3 -8）主要分析与收入支出相关的财务比率，例如，收入、成本支出、毛利、毛利率、净利润、净利率等，同时根据海量数据中所产生的预测信息、分析信息等分析数据，从而实现相应的趋势预测及风险评估。富有经验的用户能够利用趋势预测充分调查和发现特定业务绩效背后的详细信息且使用该信息预测远期效果。通过及时交付目标信息，关键相关人士和决策者可以识别潜在的风险，从而进行相应的风险评估②。

---

①　刘豆山，王义华．成本会计［M］．武汉：华中科技大学出版社，2012：296 -298.
②　沙林彬．基于商业智能的销售财务报表系统［D］．苏州：苏州大学，2018.

表 3－6

人力成本统计分析表

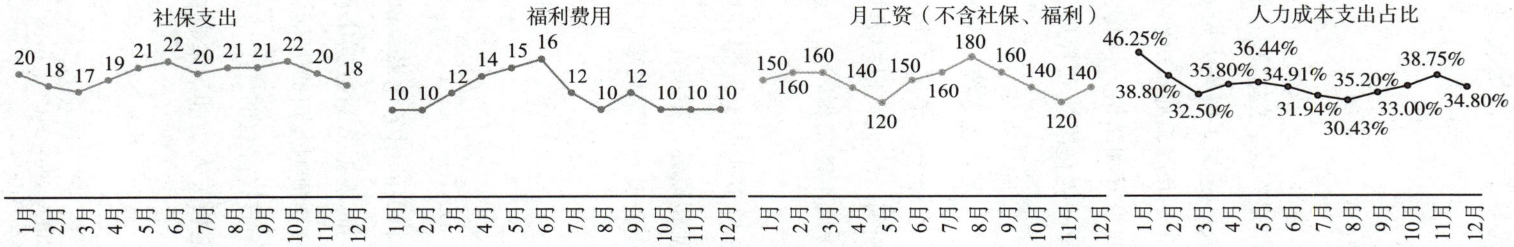

社保支出

20 18 17 19 21 22 20 21 21 22 20 18

1月 2月 3月 4月 5月 6月 7月 8月 9月 10月 11月 12月

福利费用

10 10 12 14 15 16 12 10 12 10 10 10

1月 2月 3月 4月 5月 6月 7月 8月 9月 10月 11月 12月

月工资（不含社保、福利）

150 160 160 140 120 150 160 180 160 140 120 140

1月 2月 3月 4月 5月 6月 7月 8月 9月 10月 11月 12月

人力成本支出占比

46.25% 38.80% 32.50% 35.80% 36.44% 34.91% 31.94% 30.43% 33.00% 35.20% 38.75% 34.80%

1月 2月 3月 4月 5月 6月 7月 8月 9月 10月 11月 12月

单位：万元

月份	在职员工	销售收入	社保支出	福利费用	月工资（不含社保、福利）	其他补贴	人力成本支出合计	人力成本支出占比
1 月	200	400. 00	20. 00	10. 00	150. 00	5. 00	186. 00	46. 25%
2 月	180	500. 00	18. 00	10. 00	160. 00	6. 00	194. 00	38. 80%
3 月	170	600. 00	17. 00	12. 00	160. 00	6. 00	195. 00	32. 50%
4 月	190	500. 00	19. 00	14. 00	140. 00	6. 00	179. 00	35. 80%
5 月	210	450. 00	21. 00	15. 00	120. 00	8. 00	164. 00	36. 44%
6 月	220	550. 00	22. 00	16. 00	150. 00	1. 00	192. 00	34. 91%
7 月	200	620. 00	20. 00	12. 00	160. 00	6. 00	198. 00	31. 94%
8 月	210	700. 00	21. 00	10. 00	180. 00	2. 00	213. 00	30. 43%
9 月	215	600. 00	21. 00	12. 00	160. 00	5. 00	198. 00	33. 00%
10 月	220	500. 00	22. 00	10. 00	140. 00	4. 00	176. 00	35. 20%
11 月	200	400. 00	20. 00	10. 00	120. 00	5. 00	155. 00	38. 75%
12 月	180	500. 00	18. 00	10. 00	140. 00	6. 00	174. 00	34. 80%
合计	200	6320. 00	239. 00	141. 00	1780. 00	63. 00	2223. 00	35. 17%

表 3－7　　人力资源效率分析表

数据/指标项目	单位	第1季度	第2季度	第3季度	第4季度	年度合计
在岗人数	人	20	22	23	28	93
年度销售收入（营业收入）	万元	100	105	110	120	435
营业成本费用总额	万元	60	70	75	86	291
人力成本费用总额	万元	53	57	62	66	238
工资总额	万元	30	32	33	35	130
奖金、津贴和补贴	万元	12	13	14	15	54
福利	万元	3	4	5	6	18
社保	万元	2	2	3	3	10
税金（因薪酬产生的企业所得税）	万元	1	1	2	2	6
招聘	万元	2	2	2	2	8
培训	万元	2	2	2	2	8
员工内部调动成本	万元	1	1	1	1	4
利润总额	万元	40	35	35	34	144
人均销售收入（人均劳动生产力）	万元	5.00	4.77	4.78	4.29	4.68
人均利润	万元	2.00	1.59	1.52	1.21	1.55
平均人力成本费用	万元	2.65	2.59	2.70	2.36	2.56
人均工资	万元	1.50	1.45	1.43	1.25	1.40
人力成本占企业总成本的比重	%	88.33	81.43	82.67	76.74	81.79
人力资源费用率（投入产出比：人力成本占销售额比重）	%	53.00	54.29	56.36	55.00	54.71
人工成本利润率	%	75.47	61.40	56.45	51.52	60.50
工资利润率	%	133.33	109.38	106.06	97.14	110.77

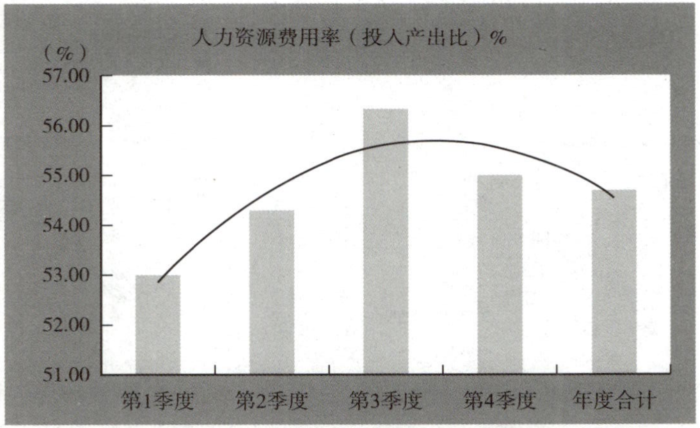

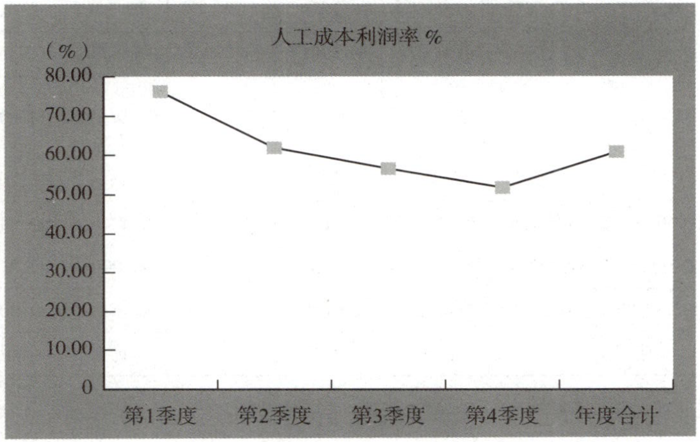

表 3-8 收支利润分析表

单位名称： 部门： 制表人：

项目	1 月	2 月	3 月	4 月	5 月	6 月	7 月	8 月	9 月	10 月	11 月	12 月	平均
收入额	558224.00	147456.00	250000.00	53824.00	153664.00	177608.00	316808.00	453152.00	354482.00	3042.00	445568.00	49298.00	5926252.00
支出额	88000.00	57440.00	67200.00	56640.00	92480.00	73120.00	100320.00	69600.00	28160.00	4880.00	120480.00	31280.00	1579200.00
毛利润	470224.00	90016.00	182800.00	-2816.00	61184.00	104488.00	216488.00	383552.00	326322.00	-1838.00	325088.00	18016.00	2173526.00
毛利润率	84.24%	43.93%	57.63%	-2.55%	24.86%	41.67%	51.90%	73.37%	85.28%	-23.20%	57.43%	22.36%	28.96%
其他成本支出	4889.00	9216.00	1562.00	264.00	960.00	88804.00	158404.00	226576.00	177241.00	21.00	222784.00	24649.00	915470.00
净利润	465335.00	80800.00	181238.00	-3180.00	60224.00	15684.00	58084.00	156976.00	149081.00	-1859.00	102304.00	-6631.00	1258056.00
净利润率	83.36%	54.80%	72.50%	-5.91%	39.19%	8.83%	18.33%	34.64%	42.06%	-61.11%	22.96%	-13.45%	21.23%

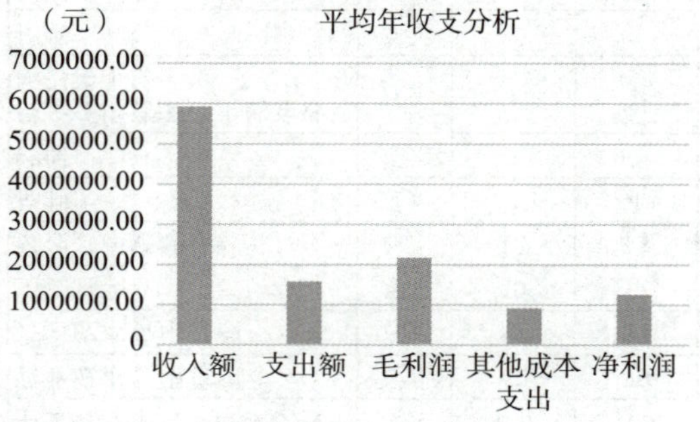

平均年收支分析

（元）
7000000.00
6000000.00
5000000.00
4000000.00
3000000.00
2000000.00
1000000.00
0
收入额 支出额 毛利润 其他成本支出 净利润

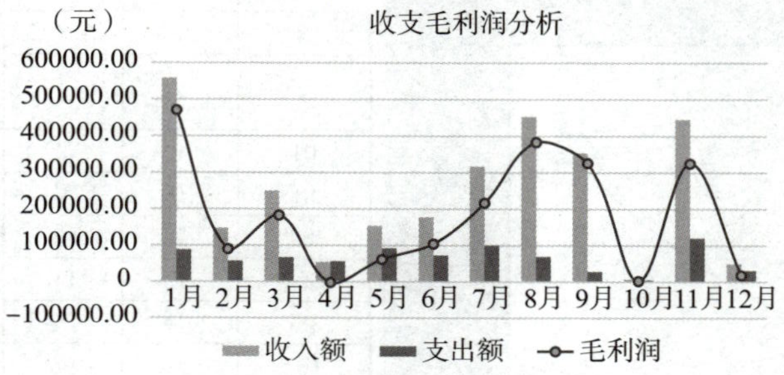

收支毛利润分析

（元）
600000.00
500000.00
400000.00
300000.00
200000.00
100000.00
0
-100000.00
1月 2月 3月 4月 5月 6月 7月 8月 9月 10月 11月 12月
收入额 支出额 毛利润

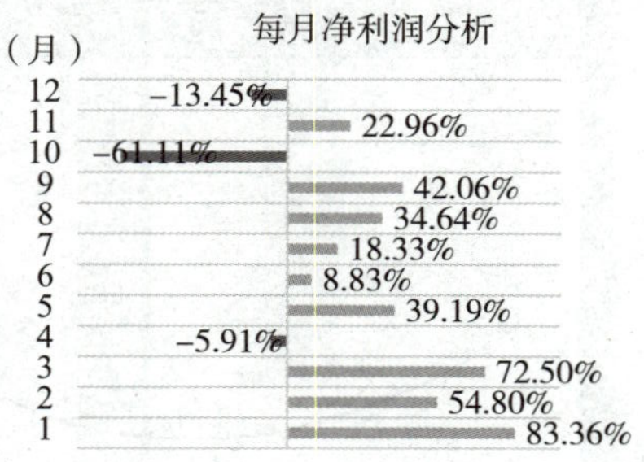

每月净利润分析

（月）
12 -13.45%
11 22.96%
10 -61.11%
9 42.06%
8 34.64%
7 18.33%
6 8.83%
5 39.19%
4 -5.91%
3 72.50%
2 54.80%
1 83.36%

3.4 本章小结

本章通过对传统财务报表体系、智能财务报表体系和特色报告体系的介绍，让学生认识到现在企业的业务、财务、账务的处理逐渐发展为信息化、线上化、数字化，对于信息的及时性和有效性提出更高的要求。通过本章的学习，学生需要掌握三大报表体系的相关内容并能熟练讲述三大体系的异同。

思考题

1. 智能财务报表体系的特点有哪些？加以解释说明。
2. 智能财务报表的发展趋势如何？
3. 智能财务报表体系是如何在传统财务报表体系中发展的？

思考题要点及讨论请扫描以下二维码：

第4章 智能预算管理

本章重点

1. 认识智能预算管理体系。
2. 熟练掌握智能预算管理的基本体系框架。
3. 了解智能预算实现相关知识。

案例导入*

要走高质量发展道路，必须以信息化手段提升管理的效率。上海建工集团正在积极实施“全面预算管理与IT规划”项目，推动全面预算管理精细化。上海建工集团通过引用外部专家力量，完成全面预算管理理念的梳理和导入，规划出一套覆盖全部六大业务板块的全面预算管理体系，通过可量化的战略目标和经营目标，建立一套自上而下的关键预算指标体系。上海建工借助浪潮云ERP全面预算管理打造智能预算管理系统，通过灵活的模型体系搭建，实现企业全过程闭环管理；通过一体化的预算管控，有效节省企业开支；通过滚动预算调整修正预算，及时应对外界变化，全面支持企业战略落地。该系统向上可以承接企业发展战略，向下可以承接企业绩效考核，横向能够贯穿企业价值链的各个环节，在企业运营管理体系中可以发挥重要的作用。

全面预算管理是一种系统性、综合性的管理方法，它有助于企业高效实现目标管理、资源优化、风险控制和决策支持，使企业更加稳健、全面运营，适应市场的挑战和变化。智能预算管理与全面预算管理在思想上一脉相承，同时将技术、理论的革新与原有系统相融合，打破过去传统预算管理信息不完全、执行不

---

* 详细案例和进一步讨论，请访问链接网址：http：//zhongqishuzhi. com；或扫描章后二维码。

充分的桎梏，构建智能化预算管理体系。本章从智能财务全面预算的职能出发进行梳理，建立起智能预算管理的基本框架，阐述了全面预算管理不同环节的实现过程，并结合应用场景提供实践案例。

4.1　智能预算管理体系

预算管理是管理会计最重要的组成部分，也是统领企业战略目标落地的重要手段。利用全面预算管理实现企业战略落地，已成为国内外众多企业中的共识，预算管理也成为企业实现战略落地的关键。企业战略落地需要企业在战略的基础上，制订经营计划，形成预算目标，然后进行分配执行，从而支撑企业的战略落地和执行。智能预算管理体系全面拓展了预算管理的内涵和外延，升级预算管理流程与模型，赋能预算管理模块与系统，构建新时期具有引领性、全面性、发展性的战略预算管理体系框架，覆盖了从战略规划指导业务规划、业务规划驱动执行的全过程。

4.1.1　智能预算管理的职能与革新

智能预算管理体系是“大智物移云”等技术迅速发展的产物，利用数智化技术促进企业实行和完善“纵横贯通”的全面预算管理。智能预算管理弥补了传统模式下预算管理部分职能实现方面的不足，通过对技术、业务管理等方面的革新更好地满足企业现代化管理的需求。

1. 智能预算管理的职能

智能预算管理通过数据分析、实时监控、资源优化、目标管理和决策支持等方面的优势，为全面预算管理提供了更强大的工具和支持，它可以帮助企业更加科学、高效地进行预算管理，使全面预算管理的实施更加系统和精准。

（1）建立纵横贯通的预算体系，满足多业态多层级管理需求。

智能预算管理支持企业灵活构建多层级、多业态的预算管理体系，包括基础体系、目标测算模型、标准成本测算模型、编制模型、控制模型、分析模型及考核模型，满足集团企业多业态、多层级管理需求，支撑标准成本测算、预算目标测算、“N 下 N 上”的预算编制、预算控制策略管控、预算执行分析及考核评价应用。下级单位可在集团制定的预算体系下进行细化，满足二级单位的精细化管理要求。

（2）构建预算目标测算模型，有效落实战略目标。

围绕企业经营目标和外部监管等多维管控要求，智能预算管理以战略目标为牵引，以监管参数为约束，为企业提供预算多维联动测算模型。科学测算支出预算总量与结构分配的最优方案，确定资本性与成本性预算的年度投入边界，帮助企业有效落实战略目标。

（3）打造企业级成本费用标准库，指导预算科学编制。

智能预算管理通过打造涵盖各板块、各业务的企业级成本标准库，辅助企业预算编制，提高企业预算编制的准确性及公平性，并通过连接统计局、物价局相关数据指标，快速采集和更新动因数据，实现标准成本的动态修编，提高标准成本体系的适用性、精准性。

（4）构建业财一体化的预算编审体系，提升编制效率。

智能预算管理体系以业务为驱动，帮助企业构建业务到财务一体化的预算编制体系，实现业财融合，通过灵活定义自上而下、自下而上、上下结合的“N下N上”编报视图，满足各级单位的编制管理需求。

（5）构建预算控制中心，实现业务执行全过程、全范围监控。

构建全面、灵活、统一的预算控制中心也是智能预算管理的重要职能，企业可以根据不同的业务要求定义不同的控制方案，指定控制的单位/部门层级、预算科目维度层次以及控制强度，按期间（年、季、月）、业务环节进行预算控制，实现对各类业务进行集中、跨系统的实时控制。

（6）打造预算数据资源池，有效辅助管理决策。

智能预算管理解决方案面向企业预算管理全过程，通过打造预算数据资源池，获取各类数据，运用大数据、智能推荐、实时搜索等技术，体系化构建能够多维自助、动态预警、智能报告的预算分析工具，满足不同组织层级、不同业务板块的分析需求，使之成为企业掌握预算工作开展情况的重要管理工具和抓手，有效辅助企业管理决策。

（7）建立在线预算考核体系，考核过程公平、公正、公开。

智能预算管理系统支持一键导入预算考核模型，通过设置取数公式，自动获取各单位的考核基础数据，通过模型内置的考核计算方法得到各单位各项考核指标的得分和排名数据，实现整个评分过程的自动处理。

2. 智能预算管理的革新

与传统预算管理相比，智能预算管理更具科学性和发展性，可以多层次、多维度地量化企业经营成果和效益，从而更好地应对企业环境的不确定性以及大幅度提升企业发展能力。在数智化时代，智能预算管理的革新主要体现在以下几个方面。

（1）以数据中台为底座重塑预算管理体系。

数据中台是一套全新的数据体系，是对企业数据能力的赋能，它更加强调数据的全域、标准、智能、安全、可复用。在管理会计思想指导下，通过对数据存储、数据加工、数据标准、数据治理、数据共享、数据模型、数据应用等涉及数据全生命周期的建设，全面升级企业的数据管理能力，把数据变成知识和洞见，更好挖掘和发挥数据的无限价值。

在预算管理过程中，以“数据中台”为底座，协同发挥各个“预算模块”的不同作用，使基于“目标管理”的年度预算、基于“运营指导”的滚动预算、基于“专项资金或重点任务”的项目预算、基于“业管一体”的场景化预算、基于“过程管控”的预算控制和基于“执行情况”的预实分析融为一体，相互促进，重塑预算管理体系，形成一个完整“预算数据集”赋能业务、支持决策，引领企业数字化能力建设全面升级，从而达到“承接战略、资源配置、信息沟通、行为引导、过程监控、夯实基础、树立标杆、挖潜增效、促进管理”的目标，使预算管理真正成为企业经营管理的抓手。

（2）提供动态运营指导。

随着经济环境的日渐复杂和竞争日趋激烈，企业的战略能见度正变得越来越低，受制于市场等环境的不确定因素，企业预算越来越难做得具体、细致和准确，大多数企业的预算管理还停留在“重静态、轻动态”阶段。

智能预算管理在年度预算的基础上引入滚动预算，应对企业经营管理所面对的不确定因素，使企业预算更贴合实际，真正发挥预算指导经营运作的效果，将成为企业的一种普遍选择。随着预算管理的“动态运营指导”功能日益受到重视，滚动预算的频次、精准度要求将不断提升。预算管理也将逐渐从公司级向部门级、项目级转变，从关注“全局、长周期、静态目标”向“特定业务、短周期、动态调整”转变。

（3）场景化预算赋能业务发展。

在传统的预算管理模式下，企业一般每年开展一次年度预算的编制和调整，从预算编制申报到预算批复下达耗时约4个月。这种以不变应万变的预算管理模式，难以适应企业经营决策的动态复杂性。企业为了应对市场环境急剧变化，业务决策周期日益缩短，预算管理“业务化”变得越来越重要，客观上需要预算管理与业务经营的融合更紧密。新技术的发展给预算管理带来了更强大的数据基础、更实时的运算速度和更灵活的展现方式，推动预算管理由目标管理向业务运作转变、由全面化向场景化转变。

智能预算管理以全面预算管理为引领、以业务精细化管理为基础、以大数据为助力、以数据中台为底座，对项目投资管理、资金计划和风险管理、研发投资管理、全周期项目成本管理、营销费用管理、多维盈利分析等业务场景进行深化应用，不断探索和推进“业管融合”的场景化预算，可以使预算和业务连接更紧密并赋能业务发展，更好地践行“算为管用”的管理理念，从而提升企业预算管理的能力。

4.1.2 智能预算管理的体系框架

在现实冲击下，全新的、与现代企业管理相适配的智能化预算体系建设已然迫在眉睫。体系的建设需要遵循一定的逻辑，本章节将在分析智能预算管理体系形成过程的基础上，构建智能预算管理体系框架。

1. 智能预算管理体系的形成过程

智能预算管理的关键是将预算管理与运营深度融合，通过赋予预算管理更多业务管理的功能，提供动态运营指导，从而搭建智能化预算管理体系。因此，智能预算管理体系的构建实际就是企业管理规则预算化、预算模型场景化和场景应用服务化的过程。

（1）企业管理规则预算化。

在企业管理中，规则化是一种重要的管理方式，将规则与预算相结合，构建预算标准化体系，是形成智能预算管理体系的基础。智能预算体系建设与企业的管理成熟度密切相关。企业积累的收入、成本、费用等业务管理标准，例如，成本定额标准，办公、差旅等费用标准，广告、销售费用业务标准等。这些管理标准、业务规则在预算管理体系构建过程中可以为预算所用，并据此建立量价预算资源配置模型，实现预算与业务管理标准相结合，一旦融入预算管理体系之中，就会成为预算的组成部分，从而实现将管理规则前置到业务端进行业务管控，发挥预算管控的作用。企业的管理规则分散在不同业务环节，比如，费用控制规则、合同控制规则、项目控制规则、资金控制规则等，缺乏统一的管理。智能预算管理可以承担企业管理规则中心的功能，将企业分散在不同业务环节的规则统一到预算管理平台，进行统一规范，发布，对接业务，用于牵引、管控前端业务活动。管理规则预算化是按规则管控的基础，为智能预算体系建设提供了前提条件。

（2）预算模型场景化。

预算模型场景化是指围绕企业经营需求，按场景构建预算、预测模型，从而为预算管理赋予更多经营预测和决策管理的能力，是智能预算管理体系建设的重点。企业日常经营管理中，管理者时常会面临短期的业务规划、计划、预测或决策等管理活动，这些业务活动可能会涉及到订单定价、销售预测、资金计划、产销规划、盈利预测、投测模型、语音智答等，通常以场景化的形式展开工作。场景化预算通过对特定业务，基于最新信息和市场环境因素建立信息模型，实现快速、准确地辅助企业预测或决策管理的能力。这弥补了传统预算模式下对企业中、短期运营安排或决策指导的显著不足。

（3）场景应用服务化。

场景化预算、预测最终是要与运营结合，服务于企业日常运营管控与决策，这是智能预算管理体系构建的战略目标。场景应用服务化主要体现在对经营活动的管控、规划与预测上。首先，智能预算可以作为企业管控规则中心，包括日常费用预算控制规则、合同预算控制规则、项目预算控制规则、广告费和销售费用预算以及收入联动控制规则等，从而将企业管理控制规则内置到预算之中，融合到日常经营过程之中。规则控制中心作为一个服务平台，企业可根据管控需要配置每类业务的流程控制节点、检查维度、控制内容等，用规则实时监督业务、及时干预业务，将业务风险控制到事前，从而实现业务的智能化控制。其次，智能预算基于预算框架和数据基础，围绕业务场景可以构建面向企业日常运营的预测、预算模型，比如，用于解决企业短期销售、生产资源计划匹配场景的产销平衡模型，主要通过科学规划企业月度多工厂生产计划排程，达到合理使用生产资源，提高资源使用效率的目的；再比如，企业为合理规划资金头寸而建立的滚动资金计划模型，通过按月或周收集资金需求，合理地调度并配置资金，降低资金安全库存量，达到提高资金周转、降低资金成本的目的。

2. 智能预算管理的基本体系框架

总体而言，智能预算管理体系结合企业的实际业务管理需要，快速搭建复杂的全面预算管理模型，实现从战略目标分解、预算编制、预算汇总到执行监控、预算分析考核的全过程预算管理，具有功能强大、配置灵活、数据交互的特点，预算管理系统与业务系统、决策系统连接，可以满足企业全面预算复杂性、多样化、个性化的管理需要。

智能预算管理体系框架具体包括以下五个部分：决策支持层、业务数据层、平台层、预算管理应用层、技术基础层及其下的相关支持子系统，如图4－1所示。具体的实施路径如下：第一步，企业经营决策层确定本年度计划和预算目标，进行预算信息化体系建设；第二步，通过体系架构的业务数据层将全面预算编制、执行、控制与绩效考核等所需的业务数据进行归集，供财务系统调用；第三步，利用体系架构的平台层建立全面预算云存储服务器以及数据管理服务平台对从业务数据层所获取的数据进行处理，实现数据标准化；第四步，通过建立集

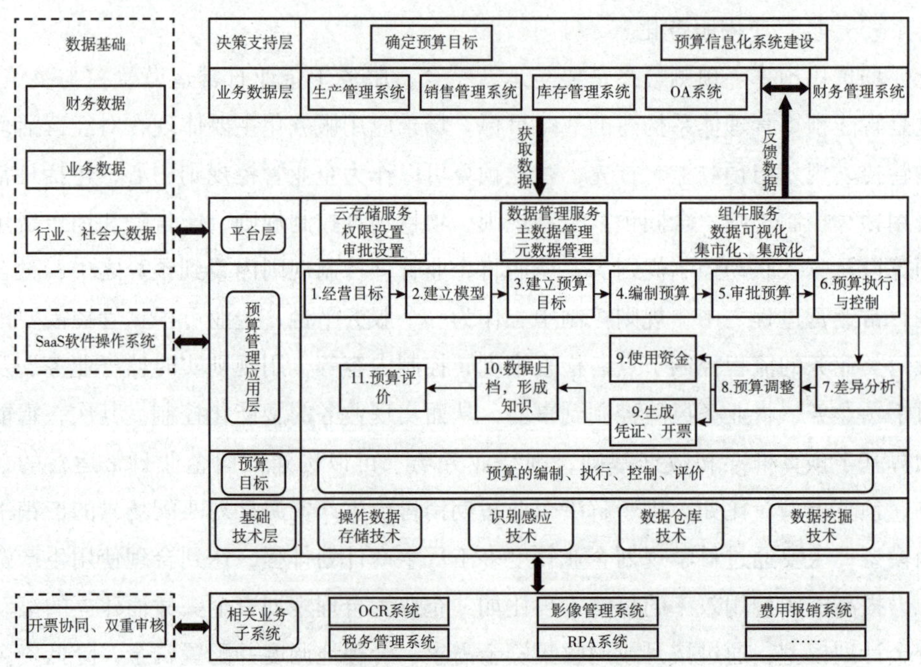

图4－1 智能化全面预算管理的基本体系框架

资料来源：孙蕾．云计算下企业全面预算管理信息化构建探讨［J］．财会通讯，2022（2）：172－176.

合业务部门预算管理职能的应用服务平台，实现预算的编制、执行、控制、调整与评价；第五步，依托体系架构的硬件基础技术层，建立数据挖掘及分析处理的服务器集群，实现预算管理系统与相关业务子系统的对接；第六步，最终实现整个体系架构的联动运行。

4.2 智能预算管理实现

智能预算管理的实现与传统预算管理一脉相承，均需要进行预算编制、执行、控制、调整与评价的过程，但与传统预算相比，智能预算在智能化技术和思想的渗透下，工作的重点逐渐由预算编制的前端向执行控制与评价的管理核心转移，预算的管理功能和战略地位得到提升，从而更好地保障企业战略目标的实现。

4.2.1 智能预算编制

在传统预算的编制体系中，以部门为单位编制预算，由于编制各部分预算的部门、人员和职责不同，各部分预算之间容易出现脱节和冲突的情况，预算整体编制逻辑较为紊乱。同时传统预算数据的汇总方式主要采用 Excel 等简单的管理软件，在这种模式下编制出来的预算数据往往时效性相对低，准确性也大打折扣。智能财务下的预算编制以企业的战略目标为编制的出发点，利用大数据技术对企业内外部的各类数据进行提取、整合、云存储，获取预算编制的价值信息，对偏离值较大或未通过检验批报的数据发起警示，然后返回数据至填报单位进行核实，能够提高预算编制的及时性和准确性。

1. 预算编制的内容

全面预算管理体系包含一系列预算构成部分，主要包含业务流程预算、资产预算、项目投资预算和财务预算，可以体现企业产生的资金收入支出、生产经营或生产运营预算。而运营预算包含运营预算市场销售、制造成本预算、生产制造预算、商品预算、购置预算、主营业务成本预算和相关成本预算。资产预算是指企业在预算期限内设计方案的一次性业务流程预算。这类预算不是经常的，需要常投资且一次性的业务预算，包含权益性资本投资预算、固资、债券和开发的项目投资预算等。筹集资金预算是指企业在预算期限内借入的长期性或短期贷款。借款和已发行股票的等额本息还款预算关键依据企业的流动资金要求、发售准许文档和原始贷款利率及账户余额等信息内容定编。财务预算是指企业的资金收入支出、预算期、企业的财务数据和运营结果及其他有关的预算，主要包含预估负债表、预估利润表等。

2. 预算编制的智能化

企业预算编制工作需要对历史数据进行全面的分析处理，得到各类数据的变化趋势，以便为预算编制工作提供更加科学合理的数据支撑。传统财务模式下，这一过程需要财务人员花费大量的时间和精力在数据间进行反复的核对，而将人工智能应用于预算编制工作中，可以对财务数据进行归集处理，提取出企业财务数据所包含的信息，并结合最新的企业会计准则和制度，全方位地分析出各项财务指标的变化趋势，并对其进行预测。智能财务系统将整个预算编制流程拆解为多个填报审批任务，分配到每个责任人，实现跨部门协作，利用预算计划将与生产计划、业务计划等勾稽关联，自动完成分摊、汇总等计算，实现预算“秒编”。同时，系统模型还可自动校验预算数据填报的合理性、准确性与标准性，可以实时查看预算编制的进度和催办，大幅缩短预算编制的周期。

3. 预算的下达

预算系统能够通过与费控系统、信息管理（ERP）系统对接，进行预算数据下达至各业务部门和业务系统，并同步各项预算占用数、实际使用数，达到预算控制与跟踪、分析的目的，真正实现与业务系统的紧密对接，使年度预算承接中长期战略目标，充分考虑历史实际情况、持续跟进实际执行情况，科学合理地进行预算管理。

4.2.2 智能预算执行和控制

预算执行和控制是预算管理的关键环节，通过严格的监控和管控，企业可以确保预算计划的有效实施，实现财务目标和战略目标。同时，也有利于优化资源配置，提高企业的竞争力和业务持续发展能力。传统预算控制需要将预算数据传递至各业务系统（如采购、费控、合同等），并在各业务系统开发控制功能，设置控制策略，对财务而言非常烦琐。智能预算管理通过搭建预算控制中台为财务提供一站式、直观、灵活的预算控制，同时通过标准 API 接口与业务系统进行集成，建立起与各类业务系统之间的关联，利用控制规则引擎支持对业务系统进行智能化控制，有效提升了预算控制的灵活和效率。

智能预算管理体系下的预算控制呈现出全业务覆盖、全价值链管控和全要素驱动的特点。

（1）全业务覆盖。

集团企业通常涉及相关多元化或不相关多元化业务，不同业务管理重点不同、管理成熟度不同、管理维度不同，传统的预算管理只能简化处理，以各业务板块的共性为基础设计简化的财务预算模型，导致预算管理粗放，只有财务结果，缺乏业务动因，预算合理性无法得到有效评判。智能预算管理下预算控制可以横向跨越不同部门和业务领域，实现区域一体化，各个部门和业务领域相互协作，保证预算计划的一致性和整体性。除了横向整合外，预算控制还从企业整体层面延伸到各个系统和子业务领域，实现纵向整合，这有助于保证预算控制在企业各个层面的有效执行。

（2）全价值链管控。

智能预算控制覆盖整个业务流程，从原材料采购、生产制造、销售营销到产品或服务交付，并对端到端的资源使用进行管控，确保资源的合理分配和利用。不同部门和业务领域之间紧密配合，确保预算计划在整个价值链上的无缝衔接和协调推进。通过预算控制全价值链，企业可以深入了解每个环节的成本和效益，发现价值创造的关键点，从而优化价值链上的业务活动，提高整体价值创造能力。

（3）全要素驱动。

智能预算管理在预算控制过程中，将各个业务要素和影响因素都纳入考虑，从全面实施的角度来推动预算控制。财务是预算控制的核心，包括预算目标、预算收入、成本、利润等财务指标，企业需要确保预算控制在财务方面的准确性和合理性，以实现财务目标的完成。除了财务目标外，智能预算控制还关注企业各个业务领域的表现，包括销售业绩、生产效率、市场贡献等业务指标，通过对业务要素的监控和控制，企业可以确保业务运营的稳健发展。企业的预算计划需要反映战略决策和长期规划，智能预算控制与企业战略目标相契合以保证预算控制与企业的战略一致性。人力资源、技术、环境等要素也被纳入智能预算控制的范围，以实现更精准和有效的预算控制。

4.2.3 智能预算调整评价的优化

由于适应变化的市场环境的客观需求和智能财务模型化的数据支持，预算方案是实时调整和滚动生成的，业绩目标也以滚动计划方法为主。智能预算系统可以自动获取各项业务计划的实际数据，灵活联查和分析业财数据，进行历史月份实际与预算的差异分析。通过结合实际数、预算数、预测数的综合分析，实现“近详远略三段式”的滚动预测。这样可以解决年度预算僵化滚动困难的问题。此外，基于数据沉淀，结合机器学习和智能技术，预算系统可以自动模拟推演，并给出资源动态配置的建议，提高预测效率和合理性，满足日常经营管理中不同组织和部门的管理和决策需求。

在滚动预算、实时监控的共享环境下，传统预算调整和评价的效率及准确性均已大大下降。在这种情况下，智能预算管理系统能够提供更实时的数据和指标，使管理层可以随时了解预算执行情况，并及时做出调整。同时，借助人工智能和先进的数据分析技术，智能预算管理系统可以对大量的历史和实时数据进行分析，识别潜在的趋势、模式和机会，从而更准确地评估预算执行情况。

4.3 智能预算管理示例

预算执行是将预算计划付诸实施的过程，以达到企业的财务和管理目标，它是决策过程中的一个重要环节，对经营和管理都有重要作用。从现代企业管理的各个生产经营模块来看，企业的任何形式上的活动都离不开费用的流动，费用报销管理是企业内部财务管理的重要内容；生产销售是企业的基本业务，是每个企业的生存命脉。本章节特此选取以上两个环节作为预算执行控制的重点模块，智能预算管理系统的工作原理。此外，本书同时注意到关于预算以及企业管理的一些边际发展，思考了其对现实的指导意义。

4.3.1 智能报销：费控预算管理一体化

智能预算管理系统同时具有报账费控功能和预算管理功能，可以实现费控预算管理一体化。

在费用报销中，影像管理（OCR）系统支持纸质票据上传，并且系统中能够实现直接保存电子发票，系统根据发票的税号可在开票后实现后台中的自动上传，审核自动完成。系统可以跟踪报销审批流程，并根据预先建立的相关部门和人员数据库在报销时进行判定，同时按照重要性原则在共享平台上由核算、业务责任人员进行事项审核，必要时对变动后的预算计划做出评判和人工调整。通过智能报销，票据实物流转流程减少，削弱了对人工的依赖性，上传报销单据扫描影像后便可进行相关业务的操作处理，信息传递更加准确和便捷，降低了业务和票据处理间的耦合，企业成本得到有效的控制。此外，随着智能化平台端口的不断拓展，企业与外部银行、商旅机构的互动和相互开放能进一步简化资金支付等其他报销流程。

在预算管理中，智能财务系统支持按照组织、期间、科目、客户、项目、产品线等多维度的预算设置、编制与审批，满足客户复杂场景下的多维度预算管理；支持弹性动态预算控制，实现收入与关联对应支出项的预算控制，可真正实现关联多个维度编制与运用实现对于合同、项目等模块的专项场景预算管控。当预算金额不足或项目取消等原因需要进行预算追加、追减操作时，可通过系统流程进行处理，保证预算调整的规范性、可追溯性，并且预算调整后可形成历史记录信息，便于统计查询与责任追溯。系统预置多种常用预算查询报表，可以对预算总额执行进度、调整变更等数据进行方便的统计与分析。除此之外，还可以通过数据中心功能对预算差异和预算趋势进行分析，辅助支撑业务决策。

费用报销的全过程预算管理如图 4－2 所示。

前端门户中心	协同运营门户	网上报账门户	移动报账门户	预算管控门户	财务共享门户	业务财务门户

中台应用中心

报账费控功能		
移动发票	移动报销	移动审批
电子发票获取	事前申请	流程审批
纸质发票采集	费用报销	审批助手
发票智能识别	备用金/借款	手写审批
增值税发票查验	对公付款	语音审批
发票去重	冲销管理	自定义审批流程
发票票夹	进度跟踪	智能审批

预算管理功能			
预算建模	预算编制	预算控制	预算分析
基础资料	模板分配	当期控制	预算执行分析
维度管理	编制过程管理	总量控制	预算差异分析
业务关系	预算调整	累计控制	预算趋势分析
多维建模	数据权限	归口控制	
计算规则	工作流	弹性控制	
滚动规则	勾稽关系		

后台引擎中心	流程引擎	门户引擎	内容引擎	建模引擎	移动引擎
	消息引擎	集成中心	智能引擎	运维中心	日志中心

图 4－2　费用报销的全过程预算管理

4.3.2 生产销售：基于供应链的生产预算计划

供应链发展为生产销售预算的制定和执行提供了新的思维，基于供应链的生产预算计划融合预算计划与供应商、企业内部生产和客户三端进行管理实践，协同财务部门与业务部门以提升企业绩效。

企业生产经营活动以生产计划设定为起点，这一环节既受主观企业战略目标的控制，又依赖于客观历史数据分析、直观合同、客户等管理数据的调节影响，生产预算执行首先在目标管理环节制订生产计划、销售计划及采购计划等，对各项计划进行补充和上下循环调整后下发至各责任中心，基于计划和预算建模进行在线预算编制，通过系统即可完成预算审批并查看具体编制进度。

智能预算系统与外部系统对接，实现数据交互，并制订预算管控方案，根据预算执行预警及时进行预算控制。在预算执行过程中，智能财务系统对接各业务系统加强库存控制和例外管理，并对整个生产销售流程中发生的管理费用、销售费用、制造费用等进行管控，通过对预算执行情况进行分析，通知业务部门及时调整生产销售计划（见图4－3）。

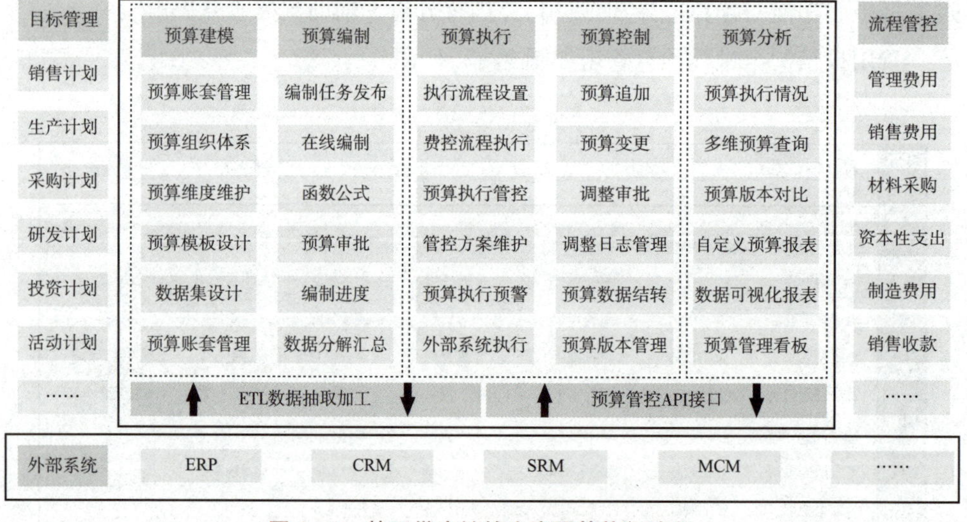

图4－3 基于供应链的生产预算执行流程

4.3.3　应用拓展：基于智能预算的数字化管理

预算管理是管理会计中的重要工具，对于企业的稳健运营、决策制定和业务优化都具有重要意义。智能预算管理将人工智能和数字分析技术应用于全面预算管理之中，拓宽了管理思路，可以为企业实行数字化管理提供强有力的支持。本章节基于上述智能预算在管理会计和供应链中的应用，从支持数据决策和赋能供应链管理两个方面，对智能预算在企业数字化管理中的应用进行拓展。

1. 智能预算管理支持数据决策

随着数智化时代的不断发展，企业需要意识到关键驱动因素的巨大潜力，并在考虑财务职能所涉及的数据、人才和技术时采用更加前瞻性的思维方式。智能预算管理系统通过支持各部门的数据分析需求，对数据进行深度挖掘，发现潜在价值与风险，支持企业进行数据决策。

在每天海量数据诞生的情况下，数据的质量也难以控制，如果没有干净的财务数据，不了解财务所需的核心数据而没有对其进行强有力的治理，就无法构建具备较高准确率的预测模型。智能预算管理系统可以整合多源数据并进行数据清理，简化操作流程，改变了传统的数据处理方式。在获取了高质量数据之后，进而需要对大规模的业务数据进行分析与执行。智能预算管理系统可以处理和分析大量数据，减轻财务人员的工作量，帮助企业创造新的业务机会，预测未来趋势，产生可操作的见解，并通过数据协助领导者做出更明智和强大的数据驱动型业务决策。此外，智能财务系统还通过打造智能数据核心，将外部数据与企业财务数据结合在一起，为决策者提供统一的数据来源，同时摆脱企业运营过程中对技术的依赖，让每一个非技术型参与者都可以自助式地操作系统，迅速了解到数据的变化并快速响应，从而寻找合适的执行方案。通过优化业务流程，提供交互式的财务工具以扩大数据的价值，提高财务人员的生产力和参与度。

在智能时代下，智能预算管理系统基于其强大的技术基础和处理数据的能力，通过数据驱动、预测分析、实时监控和灵活调整等功能，为决策者提供了更全面、准确和即时的数据信息，助力企业实现数据决策。

2. 智能预算赋能供应链管理

供应链管理要求企业对采购、制造、运输、营销等运营活动进行宏观的统筹规划，从供应链整体发展角度进行决策和协同，同时在业财融合的基础上实现信息共享，进而建立高效的供应链系统信息共享机制。在信息技术将企业业务与数据进行链接的过程中，从企业自身角度来看，如何保持物流、资金流与信息流协同一致，是企业高效率运营的关键，将各部门的信息数据有效联合起来，可以为提高供应链管理效益打下良好基础。智能预算对供应链管理的赋能主要体现在以下四个方面。

第一，在业务流程方面。智能预算管理系统通过综合运用现代化数据储存、分析技术，帮助企业建立特有的数据库，最大限度满足数据与业务流程的时效性，并且将供应链业务流程与资金周转等预算管理计划联系起来，帮助企业及时应对市场变化，做出正确决策。

第二，在库存管理方面。智能预算管理能够使企业通过事前控制、事中预警、事后分析达到对业务运转的全过程监控，及时输出相关数据分析报告，帮助企业对各业务部门等进行全面监控，进而在供应链和财务之间建立高效的联系，最终避免库存的增加。

第三，在采购管理方面。智能预算管理系统能够将各部门关联在一起，实现共享数据信息，避免资源配置环节供应链目标和财务管理目标发生冲突，帮助供应链稳定流动，更好地保证了企业的绩效与战略目标的一致性①。

第四，在销售管理方面。信息化时代，传统的供应链与财务预算之间的壁垒逐渐被打破，借助平台化的智能预算管理系统，赋能供应链管理，最终实现供应链与财务预算深入联系，成为企业 IT 系统的桥梁，而低代码、无代码等开发模式的应用降低了准入门槛，有利于实现全员参与预算管理目标。通过搭建平台式的 IT 系统可以实现端到端的客户规划与交易管理，这种做法使销售流程得到简化，管理效率得到提升。

智能化时代下，智能预算赋能供应链管理，为供应链管理创造可归因的增量价值，从内部赋能进而产生外部赋能，帮助企业实现数字化管理，进而实现企业价值最大化。

---

① 李岩，李帅. 供应链可视化概述［J］. 东方企业文化，2013（2）：171.

4.4 本章小结

本章从智能预算管理体系的形成和智能预算管理的实现两方面对智能预算管理进行全方面介绍。智能预算管理打破了传统预算管理信息存在的问题，构建了智能化预算管理体系。本章详细阐述了全面预算管理不同环节的实现流程，并结合应用场景提供实践案例。通过本章的学习，学生需要掌握智能预算管理体系和智能预算管理的实现流程，通过本章的案例讲解对智能预算管理有更深的理解。

思考题

1. 谈谈你对智能预算管理的理解。
2. 智能预算管理体系的预算控制有什么特点?

思考题要点及讨论请扫描以下二维码：

第5章 智能资金管理

本章重点

1. 了解资金管理业务现状、需求与目标。
2. 掌握智能结算相关知识。
3. 认识智能化司库及其业务框架。
4. 掌握智能化资金预测方法。

案例导入[*]

中国移动通信集团有限公司（以下简称“中国移动”）是全球网络规模最大、客户数量最多、品牌价值和市值排名位居前列的通信企业。根据不同阶段发展特点和管理需要，中国移动司库体系历经了从分散到集中、由粗放到精细的演变过程。目前中国移动基于经营特色和战略发展规划打造了“一体四环”数智化司库管理体系[①]。以全球一体化资金池为核心环形成聚点，围绕资金结算、资金存放、资金预算、统筹运作、资本运营五大方面构建运营环蓄能，带动价值环中资金价值向企业价值、合作价值、产业价值全方位聚能．通过夯实组织、风险、数智保障能力形成保障环赋能，四环汇聚构建出一套体系化司库管理模式，形成具有中国移动特色的“一体四环”数智化司库管理体系。

资金管理是企业对资金来源和资金使用进行计划、控制、监督、考核等工作的总称，是财务管理的重要组成部分。资金管理是企业维持正常业务、优化资源配置、确保经济安全、实现可持续发展的重要途径，是企业内部财务管理的精

---

* 详细案例和进一步讨论，请访问链接网址：http：//zhongqishuzhi. com；或扫描章后二维码。

① 中国移动财务部．打造具有中国移动特色的数智化司库管理体系［J］. 新理财，2023（9）：36－38.

髓。本章将对数智化时代下资金管理的业务现状、需求及目标进行分析，并介绍司库和资金结算中心在资金结算中的职能作用和智能化发展趋势，以及资金控制和需求预测的智能化手段。

5.1 资金管理业务现状、需求与目标

企业的生存与发展离不开资金的流转，资金是企业价值创造的物质基础，一个企业是否可以持续发展取决于对企业资金的管理与控制。在市场经济的大环境下，如何通过加强企业资金管理来提高企业市场竞争力已成为重要议题。

5.1.1 资金管理业务现状

企业在发展到一定规模后，企业资金会随着业务的规模性增加日积月累地增长，业务部门和运营部门各司其职，项目周期长短不一，各个方面的资金需求也会随之增长。在市场瞬息万变的今天，选择按照传统的“靠经验拍脑袋”的管理方式显然会限制企业的发展，企业需要借助高效的 IT 系统，由专业的财务人员进行统一的资金管理。

传统的资金管理业务存在以下瓶颈：资金管理基础薄弱，难以统筹安排资金；无法实时获取资金情况，有效进行监控；业务环节与资金审批环节脱节，存在管控漏洞；资金沉淀在集团内部成员企业，无法有效利用。人工智能和大数据资金管理通过搭建智能资金管理系统以规范业务流程、线上审批留痕以杜绝付款风险、实施计划事前控制和提升头寸管理水平以加强资金计划管理、实现“银企”对接以提高资金利用效率等方式逐步解决了传统资金管理的弊端。

一般来说，资金管理系统有两个重点，即可控性和可视性。

（1）可控性就是确保企业的每一笔资金流转都经过了合理的审批，有规定的支持性文件及手续，这样无论是后期能对接财务的记账还是前期对防止内部人员的资金舞弊都能起到一定的管控作用。

（2）可视性又可以分为两点：资金审批流程可视和资金数据可视。

①资金审批流程可视就是让使用资金管理系统的用户或者企业主可以通过资金管理系统来监察每笔收支流转是否都经历了标准审批流程及可控性手续。因为企业总是有各种特殊或紧急的付款是超出流程范围，需要决策者特批的，而这些

特批的收支应该被资金管理系统记录，这样才能方便以后追溯分析。

②资金数据可视是让系统的使用者及企业管理者可以便捷迅速地对整个企业或集团的资金运营情况有一个宏观的了解和精准的把握。

传统的资金管理系统侧重于可控性，通过一系列的流程设计和审批岗的设置来达到支付和预算的全面管理。在过去的几十年里这种流程的设置很好地帮助了企业实现资金风险管理。然而，随着IT技术的日益发展，现在越来越多的付款审批及流程已经由银行网银和ERP直连分担实现，一味强调可控性的资金管理系统在现如今已经不能顺应时代发展的潮流。

如今，信息高度发展，对企业而言不再是闭门造车，而是交流碰撞的高速发展，尤其是那些多元化的集团企业，对于资金的全盘考虑规划能力会直接影响决策的判断，因此调拨规划的前提就是可视，新一代的资金管理系统的重心应该放在可视性上，将原先散落在各处的资金信息汇聚归总，将历史发生的特殊审批清晰地呈现在管理者面前，将企业运营的现金流脉络完整地绘制出来，从而实现高效的决策、理性的扩张、安全的并购。

新一代的资金管理系统在原先的资金可控性的基础上更强调可视性，通过数据的汇集和统计的分析使原先资金流所携带的业务信息得以沉淀。与原先流程驱动的资金管理系统不同，新一代的资金管理系统是数据驱动的，它可以自动化地呈现企业在经营行为中的各种问题，确保企业健康良性的正循环，避免现金流断裂和资金效率低下。

5.1.2 资金管理需求

信息技术的革新不断推动着企业群体资金管理水平的提高，科学技术的进步也对企业资金管理方法的转变有着深远的影响。近年来企业资金风险事件频发，集团公司的资金管控正面临着严峻的挑战，传统的资金管理方法已经不能满足企业日新月异的需求，集团公司更加注重资金的管理，严格遵循“现金为王”的财务管理基本原则，将互联网大数据环境下的企业资金管控模式与企业实际业务深入融合，不断满足企业在以下各个方面的需求。

（1）资金集中管理的需求。

集团公司的业务通常覆盖全国各地甚至海外，企业需要对分散在各地域、各业务单元的资金实施管控，不仅需要人工智能与大数据技术支持下的司库管理体系实现企业资金集中化的全面管理，更需要将集中后的资金进行专业化、精细化的管理。另外，还需要开展资金风险控制，保证资金安全，合理进行内部资金的调补余缺与闲置投资，通过有效的流动性管理提高资金利用效率。

（2）资金结算管理的需求。

集团公司在产业链中与其他企业和单位紧密相连，同时各主体也在资金结算、清算过程中形成了紧密的资金链，需要借助人工智能与大数据资金管理快速地完成资金结算。

（3）筹融资管理的需求。

随着集团公司业务范围的扩大，其对于资金的需求量也在不断提高，筹融资规模不断扩大。受此影响，融资活动也表现为渠道多元化、技术专业化的特点，需要人工智能与大数据资金管理体系实现多种融资工具组合，选择最合适、有效的筹融资手段。

（4）投资管理的需求。

在集团公司不断发展的过程中，其产业链布局也在逐步完善，需要借助并购或重组探索新的市场机遇。很多理想的投资机会是偶然产生的，在面对这些机会的时候缺少足够的准备资金，就有可能错失良机，这就需要人工智能与大数据资金管理完善企业资金预算及计划管理体系，预留适当的准备资金，并管控投资过程中可能存在的多种潜在风险。

（5）利率、汇率风险控制的需求。

当前的企业经营活动是在全球化、开放化市场体系中进行的，伴随“一带一路”总规划建设的有序推进，我国越来越多的集团公司正通过“走出去”战略积极争取在海外国家投资、经营机会，在此过程中集团公司会面对国际金融利率、汇率风险，需要利用人工智能和大数据资金管理实现国际金融市场波动风险的控制。

5.1.3　资金管理目标

现代企业资金管理的重心正逐步从单一现金管理转变为以价值创造为目标的资金运营和金融资源统筹，企业的决策者、运营者及操作者对资金管理的目标也各有其侧重点：执行者关注优化资金管理等操作型业务，聚焦于实现资源集中化管理能力；运营者关注资金预测、资金计划、投融资及相关资金运营和资源调配的业务管理，聚焦于实现资金管理业务专业化服务；决策者关注风险管理、资源定价、数据分析，聚焦于资金管理产业生态化协同能力。

（1）操作者。

对于操作者而言，智能资金管理的目标是打造“智能结算＋自动回单＋票据运作”的模式。打造智能结算平台，通过智能机器人布局，实现智能审核、智能配票、智能疑重、智能支付、智能生单等操作，从而大幅度减少财务人员投入。提供可视化、智能化回单工作台，实现电子回单自动下载，与单据、凭证自动关联，资金、网银自动对账，回单、凭证批量联打，多银行账户统一管理。提供一代票据系统，可一点接入，实现企业全量票据全生命周期管理，可进行多维度统计、分析，实现资产全量可视，风险实时可控，多池联动管理，加速票据流转，提高集团票据整体运作能力。

（2）运营者。

对于运营者而言，智能资金管理的目标是打造“资金预测＋资金计划＋智能筹划”的模式。利用大数据和人工智能技术，实时预测未来现金流状况，在保障经营周转基础上，科学配置资金用途，提升资金价值。打通业务系统、财务共享系统、全球司库系统及核算系统，实现业财合一管理协同，精准控制资金计划。通过进行交易的合约管理、预期现金流计算、估值计算以及账务处理，实现业务驱动财务的账务处理要求，实现敞口实时预测，合理控制，有效进行投资估值及套期管理，智能管控风险。

（3）决策者。

对于决策者而言，智能资金管理的目标是打造“数据驱动＋流动性预测＋决策分析”的模式。新一代司库平台为企业管理者提供多维度现金流分析预测模型，将经营活动、筹资活动、投资活动等业务数据与收款池、付款池联动，形成智能预测模型，支持企业调整付款节奏，优化支付方式。提供可视化资本结构分析，帮助企业合理利用债务筹资，科学安排债务资本比例，盘活资产价值。

在数智化时代背景下，企业通过打造基于“流程驱动＋数据驱动”的全新设计理念的资金管理系统，从而深化业财融合和产融协同，实现价值创造的目标。

5.2 资金结算中心

资金结算中心是由企业集团或控股公司内部设立的，办理内部各成员之间资金往来结算、资金调拨、运筹，以降低资金成本、提高资金使用效益的内部资金管理机构，是由集团公司引入银行机制对集团控股成员实行统一结算、集中融资的资金集中管理模式。它将银行的管理方式引入企业内部，将闲置的货币资产化，生息的资本社会化。加强资金结算中心货币资金的管理，对其发展、壮大具有特别重要的现实意义。

5.2.1　机构作用

资金结算中心是根据集团公司财务管理和控制的需要在集团内部成立的，为集团公司成员办理资金调剂和结算，以降低资金成本，提高资金使用效益的机构，其性质类似内部银行，主要为集团公司整体和长远利益服务，其作用主要包括以下几点。

（1）强化资本经营意识，调剂资金。

资金结算中心以吸收存款的方式把集团公司内部单位暂时闲置和分散的资金集中起来，再以发放贷款的形式分配给集团公司内部需要资金的单位，从而实现集团公司内部资金相互调剂余缺。

（2）减少贷款规模，降低财务费用。

资金结算中心通过集团公司内部资金融通，盘活了闲置资金，提高了资金使用效率，在同等生产规模情况下，对银行的资金需求减少了，从而降低了因对外借款而支付的利息。

（3）强化内部监控，确保资金安全。

集团公司分支机构众多，组织层次复杂，如何有效地监控集团公司内部各级企业的经营运作，尤其是资金运作，确保其规范、安全和高效，是集团公司力图要解决好的问题。建立资金结算中心使集团公司内各企业资金的收付都通过结算中心办理，结算中心对各企业进出资金的合规性、安全性进行审核，从而使企业的资金运作完全置于集团公司的监控之下。

（4）加强资金管理，防范资金风险。

通过资金结算中心对成员企业分散的资金进行集中管理，统一筹措、协调、规划、调控资金，解决了一些成员企业账户设置混乱问题，有利于加强管理，及时掌握资金流向，有效地监督和控制成员企业的业务运作，这对确保资金安全稳健运作、防范资金风险起到了积极的作用。

5.2.2 机构意义

资金管理是企业财务管理的核心内容之一，企业内部成立资金结算中心，在提高资金运作的安全性、防范资金风险和经营风险，盘活内部资金、控制贷款规模、发挥资金集中效应，争取对外比较有利的谈判地位等方面具有重要影响，该机构的意义主要体现在以下方面。

（1）有利于加强财务监督，促进资金合理使用。

目前，企业财务部门无法全面了解和监督下属公司、单位的收入和支出情况，从而无法为企业合理使用资金提供科学的依据。因此，建立资金结算中心，可以对下属公司、单位资金的使用全过程实行实时监控，有效地强化对下属公司、单位财务收支活动的监督，更进一步地了解下属公司、单位资金的使用情况，合理制定各项开支标准，强化预算管理，促使集团资金使用走向合理化、科学化。

（2）有利于加强财务管理，提高财务信息质量。

集团公司建立资金结算中心后，明确了财务人员的职责，规范了会计制度，保证了财务资料的真实性、合法性，有利于解决财务信息失真问题；同时，解决了一些单位会计基础工作薄弱、账户设置混乱、银行乱开户等问题，提高了企业财务信息质量。

（3）有利于盘活企业资金，加强资金调控能力。

集团公司下属的单位、项目较多，收入主要以工程结算收入为主，企业资金较大，但从局部看，集团公司下属单位存在“贫富不均”现象，即一些单位拥有大量的闲散资金放在银行吃利息，而一些单位由于资金短缺影响了施工生产经营活动，如果能将全部或大部分下属公司、单位的资金集中起来，由资金结算中心统一管理，进行适当调剂，一方面为闲置资金找到了增值的渠道，另一方面缓解了企业的资金紧张状况，并促进了集团公司整体财务管理水平的提高。

5.2.3 智能结算

科学技术是推动社会进步、人类发展不可或缺的工具，随着人工智能技术的不断成熟及应用，资金结算中心也开始通过应用财务机器人等人工智能技术提高工作效率与工作质量，打造智能结算模式。

1. 智能结算的内容

智能结算具有集中化、自动化和智能化的特点，包括智能资金执行、智能资金控制和智能资金分析三部分。其中，智能资金执行包括：资金收付操作、资金上收下拨、资金平衡调度、银行自动对账和编制结算凭证等；智能资金控制包括：资金头寸管理、资金计划管控、付款排程管控和大额资金监控等；智能资金分析包括：结算数据综合查询、资金计划执行监控、资金账户实时监控、资金管理分析决策和资金风险预警管理等（见图 5 –1）。

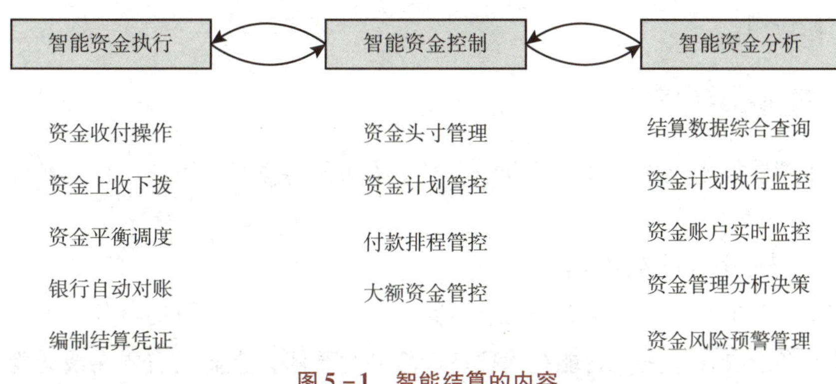

图 5 –1　智能结算的内容

2. 智能结算的应用场景

人工智能技术在资金结算中心中的具体应用主要体现在以下三个方面。

（1）企业数据的收集与处理。

以往在资金结算中心，企业在对客户、供应商等进行付款时，需要填报申请付款审批单、上传纸质附件影像等，而且完成了这些财务工序后，还需要进行审核，使得财务人员的工作量非常大。通过应用人工智能技术，可以借助识别记录图像文字功能，自动完成采集付款审批单等上述工作流程，可以实现财务数据的自动收集和处理，实现了资金结算中心的智能化操作。

（2）企业付款审核。

将人工智能技术应用在企业付款审核中，可以实现企业付款审核的自动化。财务系统根据企业所提交单据支付方式的不同，自动分配至资金结算中心会计岗或出纳岗，相应的人工智能技术可以自动审核会计凭证中对应的资金流向、资金流量等项目，如果发现异常，审核便不能通过，并且会通知会计岗进行更改，更改完成后再进行审核，以此往复，直到审核通过。这种自动化审核方式大大提高了工作效率。

（3）自动对账。

在过去，资金结算中心在对账时需要财务人员来操作，而人工智能技术的应用则改变了这一情况，实现了资金结算中心的自动对账流程操作。人工智能技术通过财务信息系统自动获取结算账户数据和银行对账单数据，并自动化处理进行对账审核，直到所有账户执行完毕。在对账过程中，如果遇到未达资金登记或其他特殊情况等，系统便会主动显示异常结果并提醒财务人员手工调整。

除了上述应用外，人工智能技术在信息查询、被动付款回单分拣等多个方面也都有所应用。

3. 智能结算的意义

人工智能技术应用于资金结算中心对于集团公司降本、提效、转型具有重要的意义。

（1）降低企业财务成本。

将人工智能技术应用于企业资金结算中心，可以降低企业的财务成本，为企业经营减负、减压。人工智能技术往往以软件为载体，企业只需要在最初购买软件和后期维护管理等方面投入资金，这相比传统人力财务成本来说，是非常划算和节约的，所以人工智能技术的应用成本要远低于企业引进、管理、培训财务人员所花费的成本。此外，人工智能技术可以降低纠错成本，更加稳定和可靠。

（2）提高资金结算中心的工作效率。

企业建立资金结算中心的出发点是好的，但是在实际应用过程中，资金结算中心的一些弊端逐渐显现出来。由于资金结算中心需要保证企业资金运行安全以及处理有关资金结算、管控等相关工作，所以工作环节比较烦琐和复杂，这会大量增加企业财务人员的工作时间，常常会出现人为失误而影响工作效率与质量的现象。通过应用人工智能技术，可以代替财务人员来执行资金结算中心的相关工作，这会显著降低企业财务人员的工作量和工作压力，快速、准确地对资金结算中心的数据进行自动化处理，全面提高企业资金结算中心的工作效率。

（3）促进财务人员转型。

随着时代的不断向前，社会对人才的需求越来越高，同时对人才的要求也越来越多，在财务数据化、财务智能化的今天，传统财务人员很难招架，需要财务人员及时转变思想，切实提高自身综合能力，只有这样财务人员才能在竞争愈发激烈的今天更好地生存下去。将人工智能技术应用于资金结算中心，在一定程度上会减少财务人员的工作量，但同时人工智能技术需要财务人员操作和维护，所以传统财务人员需要通过转型发展以满足人工智能技术的应用。在这种情况下，企业会加快对财务人员的培养，而财务人员为了满足工作上的新变化与新要求，也会不断加强学习与锻炼，加快实现自身的转型发展。通过不断深化应用人工智能技术，资金结算中心将打造智能结算模式，迈入智能化时代。

5.3 司库及其管理模式

司库是企业集团或者金融机构内负责资金管理职能的称号，主要负责现金管理、风险控制等职能。以云计算、大数据、物联网、人工智能、区块链等为代表的新兴技术不断涌现，驱动了传统行业的瓦解与重构，带来了新的行业竞争，也促成了商业运营和资金流动模式的转变。将数字化、智能化的先进技术融合到企业司库管理，通过数智技术赋能企业司库管理，能够更好地优化资金业务流程和提升金融资源管理效能，满足投融资管理、风险管理与战略决策支持等高级司库管理职能的需要，实现企业司库管理事后控制向事前控制转型、被动管理向主动创造价值与提供战略决策支持转型。

5.3.1 司库体系建设

司库本意是指掌兵器账簿的部门或机构；后指存放和支付汇集资金的地方，如金库和国库。现今是企业集团内或者金融机构内负责资金管理职能的称号，主要负责现金管理、风险控制等职能。20 世纪 90 年代，司库管理引入中国，中国石化、中国石油等企业集团均已设置资金部。

1. 司库体系的概念

司库体系是企业集团依托财务公司、资金中心等管理平台，运用现代网络信息技术，以资金集中和信息集中为重点，以服务战略、支撑业务、创造价值为导向，对企业资金等金融资源进行实时监控和统筹调度的现代化企业治理机制。

2. 司库体系建设的意义

近年来，中央企业认真落实国资委资金管理工作要求，资金集中度和管理效率不断提升，资金保障能力不断增强，为企业持续健康发展提供了有力的支撑。

但是，随着数字信息技术的快速演进，金融支付手段更新迭代，以及企业转型升级和创新发展加快，企业传统的资金管理模式已经难以适应管理能力现代化和国资监管数字化的新要求。

在立足新发展阶段、贯彻新发展理念、构建新发展格局、实现高质量发展的重要时期，企业要充分认识加快推进司库体系建设的必要性和紧迫性，主动把握新一轮信息技术革新和数字经济快速发展的战略机遇，围绕创建世界一流财务管理体系，将司库体系建设作为促进财务管理数字化转型升级的切入点和突破口，重构内部资金等金融资源管理体系，进一步加强资金的集约、高效、安全管理，促进业财深度融合，推动企业管理创新与组织变革，不断增强企业价值创造力、核心竞争力和抗风险能力，夯实培育世界一流企业的管理基础。

5.3.2 司库的管理模式

企业的司库管理模式分为集中式管理和分散式管理。集中式管理是指企业在总部设立集中式司库，统一负责企业内外汇及人民币资金的管理与运作，实现资金的统一调配和利用，提高企业资金利用效率。分散式管理是指企业在各自的分支机构设立司库，各司库独立负责本机构的资金管理和运作，以实现资金的本地化管理和利用，提高服务效率。当前集中式管理是企业司库管理的通用模式。

主要的集中式司库管理模式有以下几种。

(1) 现金池。

现金池又有名义现金池和物理现金池之分。名义现金池通过在一套虚拟银行账户中进行资金平衡，综合参与名义现金池所有公司账户资金数量得到净额以反映总体现金头寸情况，但是各家参与公司资金账户不会发生实际资金转移。银行通常会依靠信贷便利来支持在现金池中出现账户赤字的公司。而在物理现金池下，企业总部每日日终会统一归集所有成员企业账户的资金头寸至总部现金池账户，以此账户资金统一向银行申请授信额度，并分配给各个成员企业支持日间自主透支支付，日终由总部与银行进行统一清算，补足透支额度。

（2）支付工厂模式。

支付工厂本质上就是企业司库结算中心，通过集中管理集团支付结算账户和内外部应收应付款、集中办理支付和代理支付等，提高支付与结算的标准化，减少人为干预造成的信息失真，以此有效提高工作效率、加强资金流的透明度与可控性，还可以通过整合流程与系统减少支付结算风险并降低交易成本，从而达到提高营运资金效率并有效控制供应链金融的作用。

（3）结算中心模式。

结算中心是由企业集团或控股公司内部设立的，办理内部各成员之间资金往来结算、资金调拨、运筹，以降低资金成本、提高资金使用效益的内部资金管理机构，是由集团公司引入银行机制对集团控股成员实行统一结算、集中融资的资金集中管理模式。它将银行的管理方式引入企业内部，将闲置的货币资产化，生息的资本社会化。

（4）共享服务中心。

共享服务中心是指将组织内部原来分散在各业务单元进行的事务性工作和专业服务工作（如行政后勤、维修支持、财务收支、应收账款清收、投诉处理、售后服务、物流配送、人力资源管理、IT 管理服务、法律事务等）从原业务单元中分离出来，成立专门的部门来运作，从而实现内部服务市场化，通过为内部成员企业提供统一、专业、标准化的高效服务而创造价值的运作模式。

（5）全球财资中心。

全球财资中心是司库在总部所在国之外设立的区域管理中心或全球司库管理中心。其主要职能包括：区域或全球现金池管理、集团内部融资与资金调剂、内外部支付、外汇风险管理以及投资管理。

（6）内部银行。

内部银行是引进商业银行的信贷与结算职能和方式于企业内部，来充实和完善企业内部经济核算的办法。在运用和发展责任会计基本功能上，将“企业（基础）管理”“金融信贷（银行机制）”“财务管理（会计核算）”三者融为一体。一般是将企业的自有资金和商业银行的信贷资金统筹运作，在内部银行统一调剂、融通运用，通过吸纳企业下属各单位闲散资金，调剂余缺，减少资金占用，加速资金周转速度，提高资金使用效率，与目标成本管理、企业内部经济责任制有机结合，并制定监督、考核、控制和管理办法。

（7）财务公司。

在国内，财务公司承担了国际通行的司库管理目标任务，其功能定位和业务范围具有明显的司库特征，融合了国外通行的“现金池”“支付/归集工厂”“共享服务中心”“国际司库中心”等基本功能，是企业集团实现司库管理目标的最佳平台。

（8）新型金融控股集团。

新型金融控股集团是企业实现综合经营的一种组织形式，集财务公司、保理、支付、融资租赁等功能于一体。在金融控股集团中，核心企业与产业链上下游企业通过订单、产权等关系相互联系，是产业链金融、自金融等多种模式的汇聚。

5.3.3 智能化司库

在企业数字化转型趋势下，司库管理模式也不断发生转变，逐渐进阶为数字化、智能化的司库管理模式。智能化司库更加注重融合互联网、云计算、大数据、人工智能、区块链等现代新兴技术，基于数字化、智能化管理平台，通过流程再造、业财融合，对企业金融资源进行优化配置，搭建主干统一、末端灵活的司库管理体系，实现业财协同，端到端全流程数字化，依托数据、场景和算法，进行预测、优化和决策，将司库体系打造成企业的智慧大脑。

1. 智能化司库的特征

智能化司库具有以下几个特征。

（1）价值创造。在实现资金高效运营、金融资源优化配置的基础上，通过挖掘产业链金融机会、拓宽投融资渠道、实现完整的营运资本运作管理和风险效益平衡，为企业创造价值。

（2）数智应用。借助现代新兴技术，构建数据驱动的风险监控模型、投资分析决策模型、经营分析模型等，为企业风险管理、现金流预测、压力测试等经营管理工作提供智能化技术支撑，赋能智慧决策。

（3）预测管理。通过多场景资金预测模型、多维度资金分析、更专精的资金预算等工具和手段，对资金动态、经营情况进行跟踪和自动化分析，并将分析结论实时反馈给各层级管理者，使管理者能够清晰地看到资金的运营情况，实现司库管理的先知先决。

（4）业务创新。集团型企业金融业务需求逐渐多样化，部分企业逐步设立投资公司、租赁公司等，业务形态不断扩张，司库逐步从内部职能部门发展成专业的对外服务机构，并进一步面向市场开放，为企业探索创新业务机会提供助力。

2. 智能化司库的目标

企业司库建设的顶层设计应解决最核心的资金集中与闭环管理问题，因此在分步骤实施过程中也要始终聚焦核心目标，平稳有序分批分期实施，从满足基础需求，到实现高级管控，最后到支撑战略决策，逐步实现智能化司库管理能力的优化升级。图 5－2 呈现了企业智能化司库管理目标及内容。

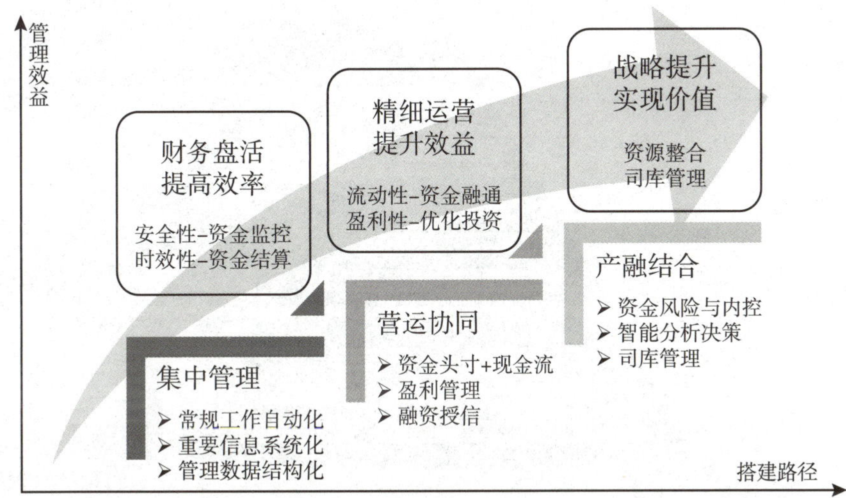

图 5－2　智能化司库管理目标

资料来源：金源，刘丽丽，陶怡华．新技术驱动下的智慧司库研究［J］．财会通讯，2023（5）：135－142.

（1）财务盘活，提高效率。

智能司库管理的第一阶段主要进行集中管理。在这一阶段司库通过常规工作自动化、重要信息系统化和管理数据结构化实现集中管理，确保资金监控的安全性和资金结算的时效性，以达到盘活财务活动、提高资金管理效率的目标。

（2）精细运营，提升效益。

智能司库管理的第二阶段是要实现营运协同。在这一阶段，主要考虑资金头寸和现金流、盈利管理和融资授信等问题，以确保资金融通的流动性，并通过优化投资提高企业盈利，从而达到企业运营精细化、提升经济效益的目标。

（3）战略提升，实现价值。

智能司库管理的第三阶段是要达到产融结合。在这一阶段，司库足以支撑资金风险管控和智能分析决策，司库管理能力相较于前两个阶段得到优化升级，帮助企业实现战略提升和价值最大化。

3. 智能化司库的业务框架

智能化司库的业务框架可分为交易层、配置层、决策层和监管层（见图5-3）。传统的资金管理，更多地聚焦在交易层的管理，而智能化司库更多地聚焦在配置层与决策层。

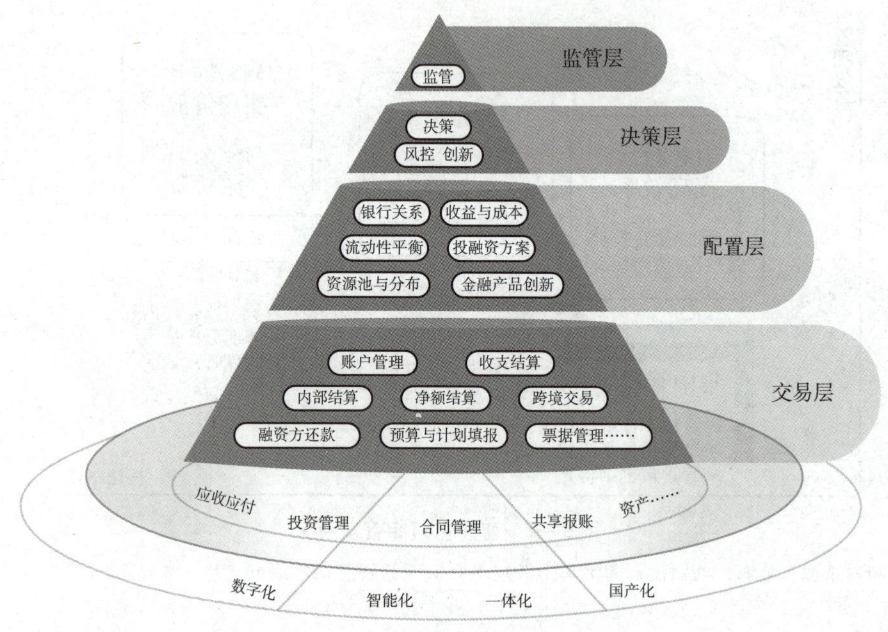

图5-3 智能化司库的业务框架

资料来源：王兴山，薛军利，钟如玉．企业数字化转型中的智慧司库建设探析［J］．中国管理会计，2023（1）：69-77.

（1）交易层。

交易层的建设目标是实现端到端的高效交易管理与嵌入式的风险管控，搭建与业务系统高度一体化、一站式、安全可靠、不落地的结算体系。交易层涵盖日常收支、合同收付、净额结算、工资代发等各种业务场景，实现现金、票据、信用证、外汇等资源的收支管理，打通业务流与资金流的信息壁垒，确保资金流动有来源、有依据、可追溯。

（2）配置层。

在配置层，统筹运营与集中配置是司库管理的重点。在智能化司库阶段，除传统的资金运营外，还要充分考虑营运层面的精细化协同与战略层面的投资运营支撑。在此基础上，以流动性预测与平衡为核心，通过智能化的平台与模型，准确把控现金流及缺口，对资源进行智能匹配与调度。

（3）决策层。

在决策层，智能化司库将积累的资金数据结合企业资源计划（ERP）、业务、财务等数据，利用数字化、智能化平台深度挖掘数据价值，提供决策分析，支持管理者实时全面掌握企业司库运营情况。智能化司库还需要充分关注利率、汇率、周转率等变化因素产生的影响，对不确定性进行管理。

（4）监管层。

智能化司库管理体系通过构建大数据中心，按照国资监管的报送需求，进行数据组织、抽取、交易和报送，实现数字监管。

4. 智能化司库管理信息系统平台建设

2022年1月，国资委印发《关于推动中央企业加快司库体系建设进一步加强资金管理的意见》（以下简称《意见》），明确将司库体系建设作为促进财务管理数字化转型升级的切入点和突破口，要求重构内部资金等金融资源管理体系，进一步加强资金的集约、高效、安全管理，促进业财深度融合，推动企业管理创新与组织变革，力争2023年底前所有中央企业基本建成“智能友好、穿透可视、功能强大、安全可靠”的司库信息系统，充分表明了中央企业等大型企业集团进行司库体系建设，特别是司库信息系统建设的必要性与紧迫性。图5－4为司库管理信息系统平台示意图。

《意见》围绕银行账户统一管理、集团资金集中管理、资金预算约束管理、债务融资严格管理、资金结算规范管理、票据使用高效管理、应收款项清收管理、借款与融资担保管理、境外企业资金管理、供应链金融服务管理、战略决策支持管理十一项核心职能，要求企业加强资金等金融资源的有效管理。司库管理信息系统平台是以提高资金运营效率、降低资金成本、防控资金风险为目标的信息化管理系统，涵盖账户管理、资金集中管理、资金结算、内部存贷款管理、资金关联业务管理、海外资金管理等功能，可与金融机构进行数据联通，助力企业资金集中管理、动态监控、高效运营、风险防范。

（1）账户管理。

系统支持集团统一管控子企业银行账户的开立、变更、注销，实施线上分级审批管理，并通过银企直联的方式，自动实时监控银行账户余额、交易明细和资金流向，及时进行账户余额预警及交易预警，所有子企业银行账户情况清晰可视。

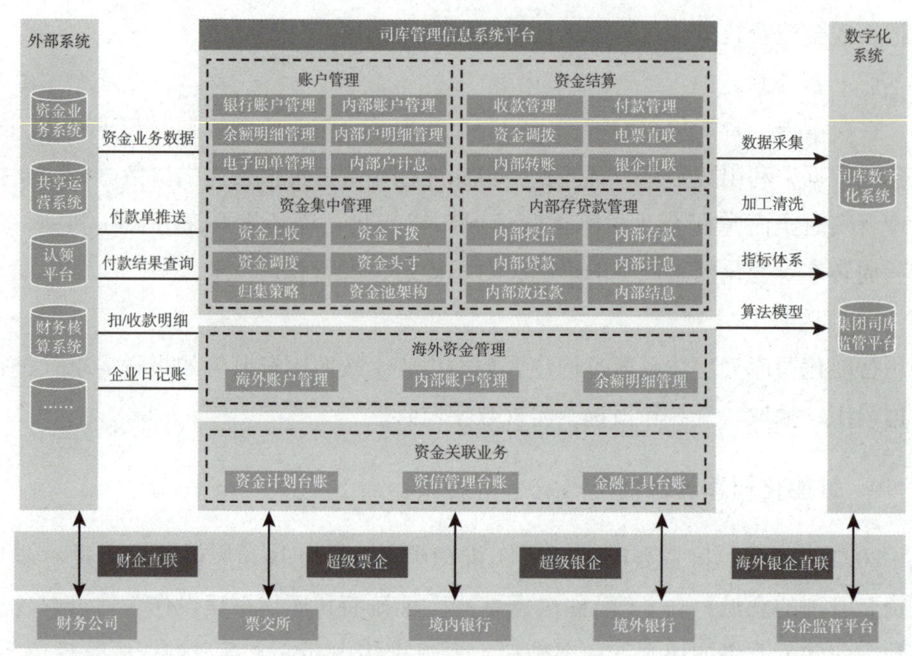

图 5-4 司库管理信息系统平台

资料来源：中兴新云. 司库管理白皮书［R/OL］. 2022-10-31.

（2）资金结算。

系统可实现资金审批与结算的全流程线上化、电子化，规范资金结算审批标准和权限，完善前端业务发起、在线流转审批、自动核算校验等结算流程，实现业财信息共享和合规管控，并通过与“资金池”进行数据对接，实现企业资金统一对外结算。

（3）资金集中管理。

系统帮助集团企业打造资金集中管理平台，建立跨账户、跨单位、跨层级、跨区域的“资金池”，及时进行子企业资金的归集。企业可根据自身需求配置定时归集、按笔实时归集、固定留存归集等多种归集策略，并可根据不同的子账户自定义配置留存上限、上收方式、上收规则等归集规则。

（4）内部存贷管理。

系统将内部借款和融资担保纳入统一管理，建立起内部信贷银行，加强对集团内部户的账户管理、借存款管理、利息管理及内部授信管理，综合评估子企业借款风险及收益，提高企业资金风险管控力。

（5）海外资金管理。

系统支持境外账户统一管理，包括境外账户的开销户申请、账户登记，可通过超级银企、SWIFT 等方式，实现对银行账户的全球监控。在符合外汇管制的条件下，还可通过境外银企直联搭建境外资金池，按国家或地区进行资金集中，统筹管理和调度海外资金，实现企业海外资金的可视、可调、可控、可归集。

5.3.4　司库风险管理

司库风险管理是指负责企业资金管理和资金运营的司库部门在日常工作中，识别、评估和管理与资金相关的各种潜在风险的过程。由于资金在企业运营中起着至关重要的作用，因此，有效的司库风险管理对于保障企业财务安全、提高资金利用效率和支持企业的战略目标具有重要意义。

1. 风险识别

司库管理侧重于资金集中与资金流动性。一方面，从资金管理和控制的角度出发，提高资金结算效率，并利用资金交易的全周期数据为资金管理提供基础；另一方面，从资金管理的角度出发，有效整合集团内外的资源，最大化资金的利用。基于这些关键特征，司库能力可划分为司库运营管理、司库配置管理和司库资源管理，并与相应的司库治理体系相协调。

针对司库管理的四方面能力，从风险管控的视角来看，司库运营管理是通过制度、流程、系统三方面协同，保障资金流入、资金流出、资金结算等高效运行，其大部分风险特征属于操作风险；司库配置管理是在资金集中的基础上，以流动性为牵引，采用内部计价等方式资金调度，其大部分风险特征属于流动性风险；司库资源管理是审慎管控金融资源配置带来的筹资风险及基于投资收益管理机制，活化盈余资金资源，并进一步通过资金“产投融”运作来助力集团生态体系的良性发展，这部分要求我们具备金融市场风险的控制能力；司库治理体系则要求统筹管控全集团资金的“使用权、决策权、融资权”，包括职责分析、收支管控力度、资金操作权限、投融资权限等，其大部分风险特征属于舞弊风险。

（1）操作风险。

在司库的运营过程中，操作风险是一个普遍存在的挑战，主要包含合规风险和操作风险两方面。由于制定的相关规章制度可能未能遵循法律法规和监管要求，司库可能面临合规风险，如果不合规，司库可能会遭受法律制裁或监管处罚，导致重大的财务损失。司库的制度完备性、系统有效性和监督管控力度可能存在不足，导致直接或间接的内部控制风险，这可能影响资金的安全性和运营效率，给企业带来潜在的损失和风险。

（2）流动性风险。

随着资金的集中，司库面临着更广泛和复杂的资金管理任务，需要综合考虑现金流入、资产负债和资金期限等方面的管理。在这个过程中，企业可能因缺乏有效的流动性控制而面临一些潜在的风险和挑战。尽管企业可能拥有足够的清偿能力，但由于缺乏流动性控制，企业可能难以以合理成本及时获得充足的资金来应对到期债务的风险。这种情况下，企业可能不得不依赖高成本的短期借款，或者面临资金不足而无法按时履行债务，导致企业信誉受损，并可能面临更严重的财务危机。

（3）市场风险。

在司库的职责范围内，资金的管理不仅仅局限于简单的资金流入和资金流出，而是将资金扩展为更广泛的金融资源，通过对外进行投融资活动，实现资金的最大统筹和增值。在这一过程中，司库的目标应当是注重风险防控，而不是盲目追求投机获利。为达到这一目标，司库需要合理运用金融工具，灵活应用不同的金融产品和交易策略，以降低资金运作中的外部市场风险。

（4）舞弊风险。

由于前、中、后台分离并相互制衡的风险管理机制不完备、管理制度覆盖不全面或系统校验不完整等问题，可能导致企业无法有效实现不相容职能分离的原则。这种情况下，可能出现一些潜在的风险和隐患，其中最主要的是舞弊风险。在不相容职能分离的情况下，缺乏有效的制约和监督，一些不法分子可能利用职务之便，以各种手段侵占或挪用企业资金，甚至涉及贪污腐败等行为。由于风险管理机制不完善，这些不诚信的行为可能长期存在而不被察觉，最终导致企业遭受严重的经济损失和声誉受损。

2. 风险应对策略

面对业务创新、跨企业合作、全球化参与、企业信息化等需求的不断提高，司库面临的风险类型、风险控制难度等越来越具有挑战性。为了应对上述风险，企业可以通过利用智能化司库管理信息系统平台，设计全面的风险控制方案，综合风险应对策略，实现事前防范、事中控制和事后补救，以确保资金安全和企业可持续发展。

（1）操作风险管理。

司库的操作风险管理，要从事后监控，转变到事前规范、事中拦截，解决管控滞后的难点。事前防范和事中控制可以在风险发生前或发展初期就进行干预，有效降低风险的发生概率，从而提高风险防范的效率。相比较事后补救，事前防范和事中控制可以更早地发现并解决问题，避免风险进一步扩大和带来更大的损失。这就需要将风险意识贯穿于整个司库管理团队，并通过培训和教育，提高员工对风险的认识和重视程度，使员工在日常工作中更加谨慎，主动防范风险的发生。在事前阶段，审查和优化司库的各项制度和流程，确保其合规性和高效性，通过建立明确的操作规范和流程，可以规避一些常见的操作风险。在事中阶段，运用智能化技术实时监测和分析资金运作情况，及时发现异常情况，避免风险进一步扩大，这样可以在风险发生初期就采取相应措施，防止风险进一步升级。并且，通过建立健全的内部控制措施，包括审批制度、分工制度、风险控制指标等，加强内部控制，在事中阶段及时发现风险点，避免风险因为内部控制不足而导致扩大。

（2）流动性风险管理。

司库流动性风险管理要做到规划管理在前、程序把控居中、结果回顾在后，做到全方位监管监测。司库要明确企业对流动性风险的承受能力和管理目标，制定相应的风险管理策略和计划，并对司库的流动性风险进行全面评估和预测，包括现金流量预测、资金需求计划等，以便及时发现潜在风险点，做好规划管理。通过建立流动性风险的控制措施和流程，确保资金流入、流出和结算等运作高效稳定，防范潜在的风险，并利用智能化系统实时监控资金运作情况，及时发现异常情况，并根据需要进行调整和优化，做好程序把控。司库要定期对流动性风险管理的效果进行回顾和总结，评估实际执行情况与预期目标的差距，找出改进的空间；从过去的经验中吸取教训，优化风险管理策略和措施，不断提高监管监测的效果和水平。

（3）市场风险管理。

司库的市场风险管理，应事前抓监管、事中抓落实、事后重监测，形成管理的强闭环。司库的核心是风险防控而非投机获利，因此设计金融市场风险管理体系的核心理念是保障资金安全并确保全流程规范。为了实现全方位的市场风险管理，司库可以采取以下措施：首先，通过建设金融产品风险偏好体系，明确风险偏好、确定风险容忍度和设定风险限额，实现事前的风险管理。其次，将所有金融业务纳入系统管理，通过线上申请和审批操作，建立全量投资管理台账，满足业务人员的多维度查询和监控需求，实现事中的风险控制。再次，建立金融敞口预警模型，通过可视化预警金融业务经营活动和敞口，保证金融业务应适度分散化、大额风险敞口合理可控制，避免风险同质化敞口的过度集中，实现事后的风险监测。最后，建立闭环管理机制，包括组织职责考核闭环、风险管理评估闭环和运行保障监督闭环，确保风险管理有效落实，实现全流程的风险管理。通过以上措施，司库能够更好地进行风险防控，确保资金安全，提升金融市场风险管理水平，实现企业的稳健运作和持续发展。

（4）舞弊风险管理。

司库的舞弊风险管理应做到事前规避、事中应对、事后提升，整体化解决。舞弊风险防控的核心在于避免制度缺陷造成的舞弊机会，并减少由于企业文化建设不足产生的舞弊动机。在事前阶段，企业应加强风险管理文化建设，制定风险提示手册并定期进行风险评价，同时制定重大风险应急预案，确保事前的风险预防措施落实。在事中阶段，将人工控制转变为系统智能管控，内嵌预警机制，并严格防范舞弊风险的发展。在事后阶段，通过收集舞弊风险事件并验证反舞弊措施的有效性，推动反舞弊体系的不断完善。这样的综合措施能够及时发现并解决舞弊风险，实现全方位的监管和监测，确保企业稳健运作和可持续发展。

5.3.5 司库管理发展趋势

随着企业向智能化、全球化、数字化的不断发展，司库管理的发展趋势正从交易自动迈向数据智能、从全球可视化迈向全球运营、从事后分析迈向前瞻预测、从价值守护迈向价值创造①。

1. 从交易自动迈向数据智能

司库管理从交易自动迈向数据智能是一个由数字化和智能化技术推动的演进过程。传统的司库管理依赖手工操作，但随着信息化和数字化技术的进步，企业实现了交易的自动化，提高了交易效率和准确性。然而，交易自动只是第一步。随着数据的积累和技术的发展，司库管理逐渐向数据智能方向发展。数据智能利

① 刘勤，张鄂豫．建设“价值型”司库体系，成就世界一流企业［N/OL］．首钢日报，2023－6－21.

用大数据分析、智能算法和深度学习等技术，将海量的数据转化为有价值的信息和洞察，辅助决策和优化业务流程。通过数据驱动决策、预测和预警、自动化和智能化运营，以及个性化服务，司库管理实现了更加精确、高效和智能化的资金管理和决策支持。随着技术不断进步和数据积累，司库管理在未来将继续拓展数据智能的应用领域，实现更大程度的优化和创新。

2. 从全球可视化迈向全球运营

司库管理从全球可视化迈向全球运营是一个由数字化和全球化趋势推动的发展过程。在过去，司库管理主要集中于本地业务的处理和监控，信息流动有限，跨国企业的资金管理和风险控制较为困难。然而，随着信息技术的飞速发展和全球经济的融合，司库管理逐渐实现了全球可视化，通过数字化平台和系统将各地业务数据整合到一个统一的信息平台上，提供全球范围内的实时数据监控和分析，使企业能够更好地了解全球资金流动和风险状况。随着全球可视化的实现，司库管理开始向全球运营迈进。全球运营意味着司库管理不再局限于本地业务，而是将业务拓展到全球范围，涵盖跨国企业的所有资金活动和风险管理。在全球运营下，司库管理需要面对更复杂的资金流动、汇率风险、市场波动等挑战，需要更加精细化和全面化地进行决策和规划。

为了实现全球运营，企业需要建立完善的全球化的司库管理体系，整合全球各地的资金和风险数据，实现数据共享和协同，同时需要拥有全球化的团队和人才，具备跨文化交流和合作的能力。全球运营的司库管理还需要考虑不同国家和地区的法律法规和监管要求，确保合规性和稳健性。通过从全球可视化迈向全球运营，司库管理能够更好地适应全球化经济的发展趋势，提高资金的利用效率和风险控制能力，为企业的全球业务发展提供有力的支持和保障。

3. 从事后分析迈向前瞻预测

司库管理从事后分析迈向前瞻预测是一种由技术进步和管理理念变革推动的发展趋势。传统的司库管理主要依赖于事后数据分析和回顾，通过对过去资金流动和风险事件的分析，总结经验教训，做出相应的调整和改进。然而，这种事后分析往往是滞后性的，无法及时应对市场变化和风险波动，不能满足企业对资金管理和风险控制的即时需求。

随着科技的进步，特别是大数据、人工智能和预测分析技术的发展，司库管理正逐渐向前瞻预测转变。前瞻预测意味着司库管理不再仅仅关注过去的数据，而是通过科学模型和算法，利用大量的实时数据和历史数据，对未来的资金流动、市场趋势和风险事件进行预测和预警。这种前瞻预测的方法使得企业可以更加准确地预测资金需求和风险敞口，及时采取相应的措施，避免资金短缺和市场波动带来的损失。前瞻预测还可以帮助企业发现市场机会，优化资金配置，提高资金的利用效率。实现司库管理的前瞻预测需要企业建立完善的数据收集和处理系统，整合各类内部和外部数据，以及引入先进的预测分析工具和算法。同时，司库团队需要具备数据分析和预测能力，能够深入理解市场动态和行业趋势，为企业的决策提供科学依据和参考。

通过从事后分析迈向前瞻预测，司库管理能够更好地应对复杂多变的市场环境，提高决策的准确性和效率，为企业的发展提供有力支持，增强竞争优势。同时，也使得企业能够更加灵活和敏锐地应对市场变化，为未来发展做好充分准备。

4. 从价值守护迈向价值创造

随着人工智能、大数据、云计算、区块链等金融科技的迅猛发展，金融业态、金融服务、金融创新等都发生了非常深刻的变化。金融风险与量化管理贯穿于金融资源的配置和交易全过程。企业司库将从管理升级和技术赋能两个维度着力构建量化模型，并用人工智能和机器学习等技术加持，实现金融风险的全过程量化管理，及时发现风险线索解决问题，从而更加积极主动地管控风险。

5.4 资金控制与需求预测

企业持续的生产经营活动，不断地产生对资金的需求，同时，企业进行对外投资和调整资本结构，也需要筹措资金。企业所需要的这些资金，一部分来自企业内部，另一部分通过外部融资取得。由于对外融资时，企业不但需要寻找资金提供者，而且还需要作出还本付息的承诺或提供企业盈利前景，使资金提供者确信其投资是安全的并可获利，这个过程往往需要花费较长的时间。因此，企业需要预先知道自身的财务需求，确定资金的需要量，提前安排融资计划，以免影响资金周转。

5.4.1 资金控制

资金控制是企业财务管理的核心，资金控制的主体是董事会或董事会授权的经理层，其对象包括员工、财务关系、财务资源或现金流，目标是实现企业的价值，实现的手段是系统性的激励和约束手段。同时，资金控制对企业价值的提高具有重要的影响。在基于人工智能与大数据的企业财务管控平台的作用下，集团公司需要对资金控制方法，如预算控制、系统控制、审计控制等方法进行整合，同时也应关注发挥企业文化的正向作用。

针对以往存在的资金控制定位不明确、投资不当、经营者道德风险等系列问题，集团公司应改进组织结构，采用董事任命方法，通过预算规范集团财务，从而加强资金控制体系建设。集团还可以通过改进人员管理、建立风险控制体系、改善财务预算，在集团治理结构、财务组织结构、资本使用、绩效评估等方面提高资金控制水平。从国家角度对资金控制方法进行统计，提出资金控制的主要措施，包括加强财务资源控制、建立工资管理制度、完善补贴制度等，提高资金控制方法的有效性。可见，司库管理体系下的集团资金控制工作，需要通过业务规划与整合充分发挥人工智能和大数据的技术优势。

整体而言，规划整合后的资金管理体系可划分为业务层、核算层、管理层、决策层、技术层等方面。其中，系统业务层需要涵盖企业的合同管理、供应链管理、采购管理、人力资源管理、项目管理、生产管理、资产管理等。在人工智能与大数据技术的条件下，该业务层可视作数据输入层，集团大部分财务数据都产生于业务层，借助互联网、云平台等为司库管理系统应用提供基础。系统核算层以财务共享系统为核心，主要由报账平台系统、电子影像系统、电子档案系统构成，实现集团业务和财务管理的对接。核算层主要负责集团的报表编制和财务核算工作，借助于财务运营系统的各种数据完成财务核算系统的相关工作。

5.4.2 资金需求预测

资金需求预测是资金控制的重要环节，它是指企业根据生产经营的需求，对未来所需资金的估计和推测。企业筹集资金，首先要对资金需求量进行预测，即对企业未来组织生产经营活动的资金需求量进行估计、分析和判断，它是企业制订融资计划的基础。

1. 传统资金需求预测方法及局限

资金需求预测的方法主要有定性预测法和定量预测法。由于有限理性的存在，企业预算编制人员可能受到认知偏差的影响，倾向于启动以经验和直觉为主的定性预测方法。定性预测法虽然能够提高预算效率，但缺乏定量分析，而且容易受到管理人员工作经验和分析判断能力的影响，往往很难得到准确可靠的预测结果。另外，由于预测对象所处的内外部环境在不断变化，传统定量预测模型无法根据环境的变化做出改变，灵活性和适应性较差。在时效性上，传统资金预测方法通常以一个固定的会计分期（一年或一个季度）为预测周期，难以支撑动态实时的业务管理需求。所以，运用传统资金预测方法制定的预算目标容易与非财务指标脱节，缺乏相应的外部环境分析，通常是公司股东、董事会等利益相关方相互协调、讨价还价的结果。

2. 智能化资金预测方法

为了解决传统预算预测方法存在的问题，提高预算管理的科学性和准确性，2000 年后，越来越多的企业在预算管理中引入了信息化支持，例如，采用 ERP 系统或者专业的预算管理系统来开展预算管理工作等。企业将预算流程嵌入 ERP 系统，提高了预算管理的流程规范化水平和效率。专业的预算管理软件为集团企业提供了统一的商业智能数据管理平台，能够处理烦琐数据之间的联动整合，其编制模块主要功能是建立各子预算之间的勾稽、联动关系，确保整体预算结构的完整、一致与合理，解决了复杂组织架构下内部各主体数据间难以相互验证的问题。预算管理软件大大节省了企业预算编制过程中的时间和人力成本，但缺乏大数据分析处理和预算预测等管理决策支持功能，预算目标制定的准确性仍有待提高。

随着人工智能技术在资金管理中的应用，企业现金的透明度、可视化得以进一步提高，全球资金的管控和现金流预测得到加强，企业的资金管理集中度进一步提升，集团资金结构不断优化。

对于企业而言，现金、头寸和流动性问题是首要议题。首先，企业必须能及时准确掌握资金头寸状况，以及各类资产的变现能力；其次，通过借助人工智能技术，尤其是依靠机器学习算法、预测分析技术、知识图谱等建立现金流智能预测机制，以便尽可能精确地预测未来的现金流，并得出企业的最佳现金持有量，即智能化头寸管理；最后，建立多元化的融资平台，有助于提升企业的流动性保障。通过以上方法，打造智能化资金预测场景（见图5-5）。

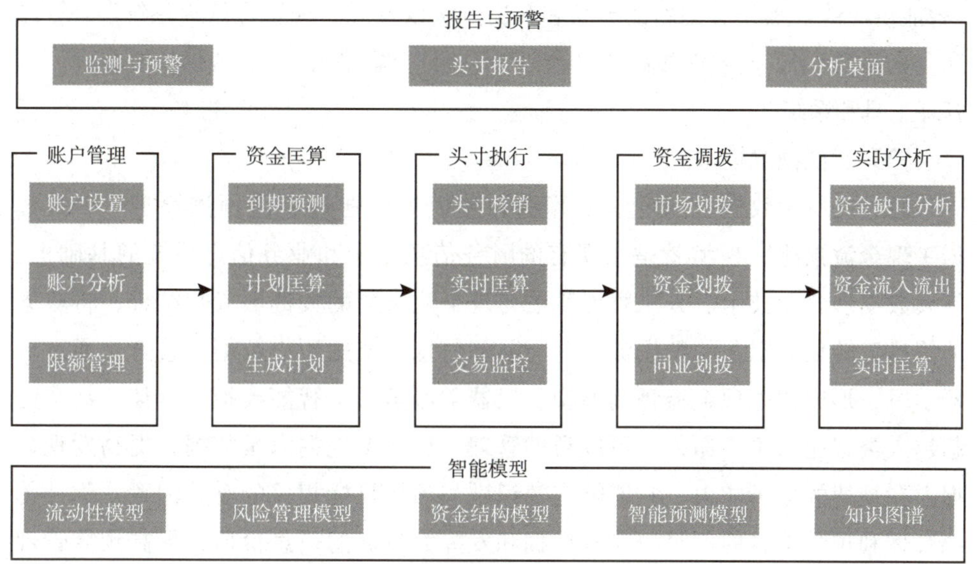

图5-5 智能化资金预测场景

（1）智能流动性管理。

通过机器学习算法、预测分析技术、知识图谱等建立现金流管理机制。针对流动性管理内容，上述人工智能技术主要作用于日常现金流管理、现金流预测分析、流动性风险监测和智能中心。这些技术可以通过数据整合、搭建数据分析平台，统计各个维度现金流报表；做好分账户清分，监测每日资金流量；通过搭建预测模型预测资金流入流出，实时监测流动性风险，做好应急计划；通过智能算法推荐最优预测结果和资金安全边际。

（2）智能头寸管理。

通过交易大数据、算法和池化融资平台等建立实时头寸备付和融资机制。要确保企业在某个时点需要资金的时候有及时的供给，需要建立多元化的融资平台，提升企业的流动性保障。

在传统银行融资方式下，资产（含抵押或保证）与融资必须一一对应。然而客户的资产不断滚动、不断进出变化且时间不确定，或是小对大，或是大对小，进而影响客户的流动性管理。除一般的融资途径之外，企业还要结合自身的特性创新融资方式，在提高自身信用的同时，积极利用新的融资工具，拓展融资渠道，降低融资成本和融资风险。创新银行融资产品，采用多种银行融资产品优化公司资金结构，主要有银行承兑汇票、国内信用证、保理业务等。此外，借助各类人工智能技术，比如，运用“智能资金池”“智能票据池”“智能头寸管理”“智能供应链金融”等创新的产品和解决方法以及“智能资金管理系统”“智能现金流预测系统”“智能投融资平台”“产业链金融平台”“在线供应链金融”等管理工具和系统。

（3）智能预测模型。

通过交易大数据、深度学习算法和建模等构建现金流预测模型。“大数据+现金流预测”模型就是在现有的财务信息系统和业务信息系统的基础上，将大数据理念和技术、人工智能算法与现金流预测的关键因素相结合，将业务的信息流转化为财务的数据流，并与财务信息系统的历史数据相整合，通过机器学习，形成智能现金流预测模型。机器学习是人工智能模拟、延伸，甚至是超越人类智能的主要途径，可以帮助管理人员深度挖掘海量数据，提高发现数据内在规律的分析能力，它能够有效识别与预算目标相关的驱动因素，弥补传统管理和预测工具的不足，充分挖掘和发挥大数据的信息价值，提高预算管理的水平。

随着人工智能技术的发展和普及，越来越多开源软件和成熟的算法平台为非计算机专业的会计人员提供了学习智能技术的平台。当前面向预算预测所需的数据、算力、算法等条件基本成熟，引入人工智能技术为预算管理提供科学的预测工具变得必要且越来越可行。

5.5 本章小结

随着人工智能技术的不断成熟及应用，资金结算中心也开始通过应用财务机器人等人工智能技术提高工作效率与工作质量，打造智能结算模式。本章通过讲述资金结算中心和智能结算模式相关内容，表达了人工智能技术应用于资金结算中心对于集团公司降本、提效、转型的重要意义。本章通过智能化资金预测方法的讲解，体现了引入人工智能技术为预算管理提供科学的预测工具变得必要且越来越可行。

思考题

1. 智能结算发展的意义是什么？
2. 什么是智能化司库？它具有什么特点？
3. 谈谈你对传统资金需求预测与智能化资金需求预测的理解。

思考题要点及讨论请扫描以下二维码：

实操篇

《智能财务》是一门应用性很强的学科，只懂理论、不会应用的人才很难适应社会需求。本篇为智能财务实操篇，分为期末业务处理、报表编制与可视化、全面预算管理、资金管理、其他智能财务管理共五部分。读者通过该篇的学习，可以达到以下目的：第一，可以熟练掌握智能财务系统，这不仅可以减轻财务人员的工作量，也可以使得财务活动更加规范；第二，通过报表编制与可视化的学习，可以一键生成财务报表，也可以通过图表可视化形象展示财务数据，帮助管理者更好地掌握数据信息，解读数据传递的内容；第三，通过对全面预算管理实操篇的学习，读者将精准掌握将全面预算管理引入企业收入和费用控制的方法和流程；第四，通过智能财务系统提供的高效智能的资金管理体系，帮助建立了资金预测模型，引导资源优化配置；第五，将智能财务系统与相关企业进行匹配，满足不同企业的多样化需求。总而言之，通过该部分的学习，读者将与理论篇的理论知识融会贯通，帮助读者理论落地，知行合一。

第6章 智能结转与账证管理

本章重点

1. 掌握智能财务系统自动转账操作流程。
2. 掌握智能财务系统智能结账操作流程。
3. 掌握智能财务系统账证管理操作流程。

从企业的总账到报表流程（见图6－1）包括明确核算标准、总账记账、期末业务处理、报表编制、管理决策五大环节。其中，智能财务系统期末处理主要包括自动转账、对账、结账，与日常业务相比，数量不多，但业务种类繁杂且时间紧迫。在信息系统环境下，由于各会计期间的期末业务具有较强的规律性，业务对应分录固定，发生额可通过数学公式计算得到，如费用计提、分摊的方法等，由智能财务系统来处理这些有规律的业务，不但减轻财务人员的工作量，也可以加强财务核算的规范性。

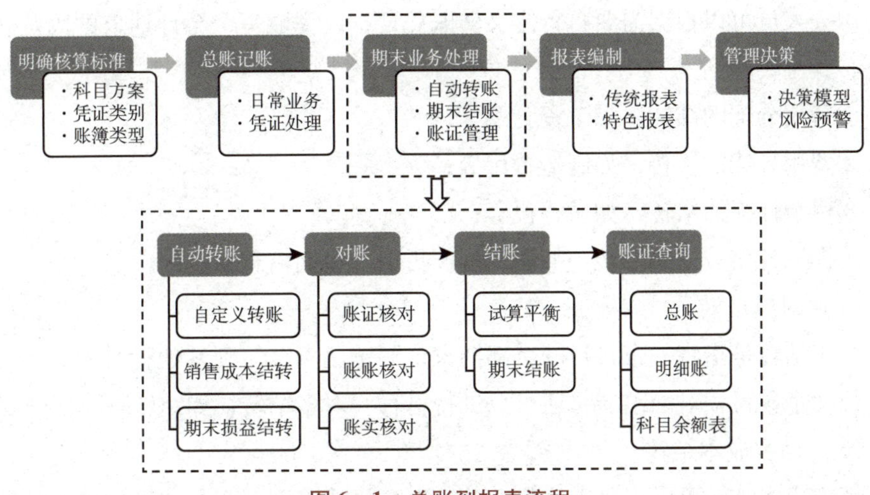

图6－1　总账到报表流程

6.1 自动转账

期末企业需要完成费用的归集和分摊，以及相应科目的结转业务。智能财务系统提供灵活的规则定义和取数功能，可以按科目、辅助项、辅助项属性等结转金额或数量的发生额和余额等数值。自动转账的流程大致可分为两步：一是转账定义；二是转账生成。智能财务系统内可以将多个自定义结转规则打包，并确定各个自定义转账规则执行的顺序，形成自定义转账模板，以供后续自动执行时由系统按照该顺序自动依次执行。

6.1.1 转账定义

转账定义即在智能财务系统内通过规则设置明确自动转账内容，主要包括自定义转账、对应结转、销售成本结转、汇兑损益结转、期间损益结转等。需要注意转账的数据来源是总账，即必须在日常经济业务凭证入账后才能进行对应结转，且存在一定顺序，例如，结转制造费用必须在结转生产成本之前，结转汇兑损益、固定资产折旧必须在结转期末损益之前完成。

1. 功能描述

（1）自定义转账。

财务人员可以根据需要自行定义转账凭证，以完成每个会计期末的固定转账业务。其主要包括：

①费用分配的结转，如工资分配等；

②费用分摊的结转，如制造费用等；

③税金计提的结转，如城建税等；

④提取各项费用的结转，如固定资产折旧、短期借款利息等。

（2）对应结转。

对应结转是指将一个科目的全部期末余额按比例结转到其他科目中。不仅可以进行两个科目一对一结转，还可以进行科目一对多结转，如结转进项税额等。

（3）销售成本结转。

销售成本结转可以将月末库存商品销售数量乘以库存商品的平均单价计算各

类库存商品的销售成本，并进行结转。在设置销售成本结转时，要求“库存商品”“主营业务收入”“主营业务成本”科目下的明细科目必须设置为数量核算，而且这三个科目的下级必须一一对应。销售成本结算功能主要用于辅助没有启动供应链管理系统的企业完成销售成本的计算和结转。

（4）汇兑损益结转。

根据我国现行会计制度，企业进行外币业务交易时，由于不同外币兑换、汇率变动，在折合为记账本位币时形成的收益或损失，在会计期间终了时必须准确反映。汇兑损益定义支持两种方式：汇兑损益自动下月冲回或不冲回。智能财务系统支持用户自定义需进行汇兑损益计算的科目和币种，以及汇兑损益记入的科目。

（5）期间损益结转。

用于在一个会计期间终了将损益类科目的余额结转到“本年利润”科目中，从而及时反映企业利润的盈亏情况。主要是对于“管理费用”“销售费用”“财务费用”“主营业务收入”“营业外支出”等科目向本年利润的结转。

2. 操作步骤

（1）在智能财务系统右侧导航栏内点击“自动转账”，选择“自定义结转”；

（2）在界面左上方选择会计期间，在右上方选择“结转配置”按键，配置结转科目、结转类型、结转公式；

（3）点击“生成凭证”即可自动填制结转凭证，并生成一条结转记录。自动转账记录如图 6－2 所示。

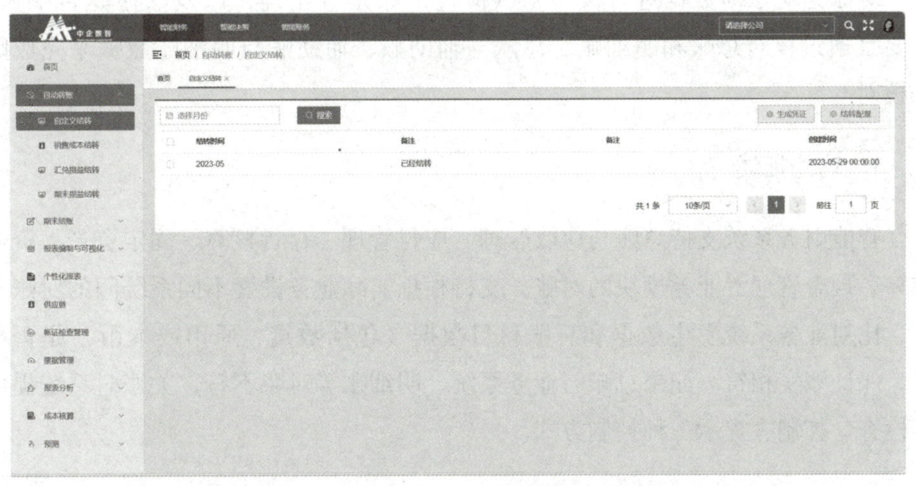

图 6－2　自动转账

6.1.2 转账生成

定义完转账凭证后，每个会计期末只需执行转账生成功能即可由智能财务系统快速生成转账凭证。在此生成的转账凭证将自动追加到未记账凭证中去，通过审核、记账后才能真正完成结转工作。由于转账凭证中定义的公式基本上取自账簿，因此在进行月末转账之前，必须将所有未记账凭证全部记账，否则生成的转账凭证中的数据可能不准确。特别是对于一组相关转账分录，必须按顺序依次进行转账生成、审核、记账。应根据需要选择生成结转方式、结转月份及需要结转的转账凭证。系统在进行结转计算后显示将要生成的凭证，确认无误后，才将生成的凭证追加到未记账凭证中。

6.2 智能结账

智能财务系统不仅支持总账与各业务系统、明细账等对账，还支持与客户和供应商的往来账款对账，对账后进行试算平衡，实现日结账和月结账。

6.2.1 对账

对账是对账簿数据进行核对，以检查记账是否正确，以及账簿是否平衡，主要是通过核对总账和明细账、总账与辅助账、辅助账与明细账数据来完成账账核对。

1. 功能描述

智能财务系统支持总账与应收管理、应付管理、存货核算、固定资产、资金核算、现金管理等业务模块的对账，支持根据实际业务设置不同系统间的对账条件，比对业务系统发生数据和总账科目数据（包括数量、原币或本币）是否相符，保证账实相符。如果总账与业务系统、明细账等对账不符，关账时系统提供不检查、控制、提示三种控制方式。

除了企业内部对账外，智能财务系统还提供与客户和供应商的往来账款对账，其中往来款项是企业在生产经营过程中因发生供销产品、提供或接受劳务而形成的债权、债务关系，主要包括应收、应付、预收、预付、其他应收、其他应付款。与客户和供应商的往来账款对账有利于财务人员明晰往来余额，加强应收应付管理，强化日常监督作用，控制应收账款的收回期限，降低财务风险。

2. 操作步骤

（1）在智能财务系统中点击“期末结账”，选择“客户对账单”或“供应商对账单”。

（2）在左上方填入客户或供应商名称，再点击右上角的“对账”按键，即可实现往来对账，了解应收增加、应收减少、对账欠款、往来余额等信息。往来对账界面如图 6－3 所示。

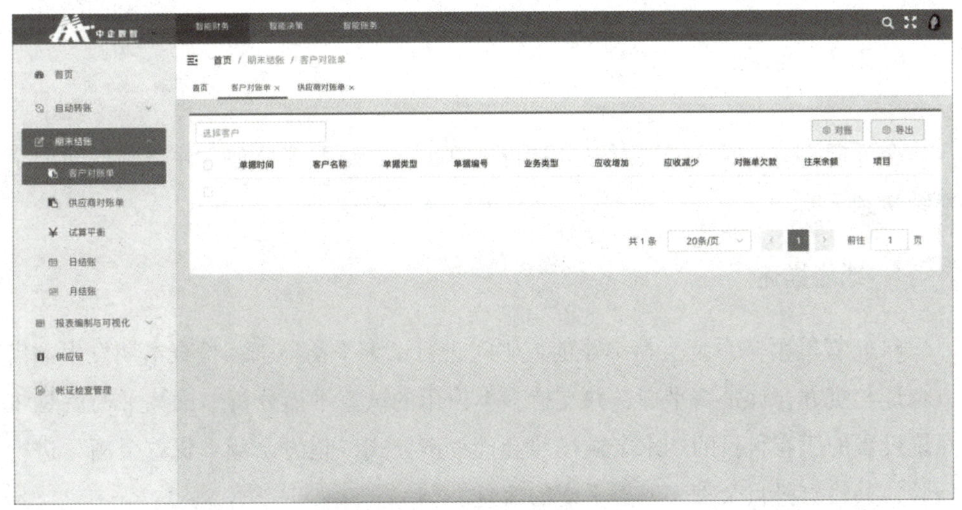

图 6－3　往来对账

（3）选择对账记录，点击右上方“导出”按键，即可导出与客户或供应商的对账信息。往来对账如图 6－4 所示。

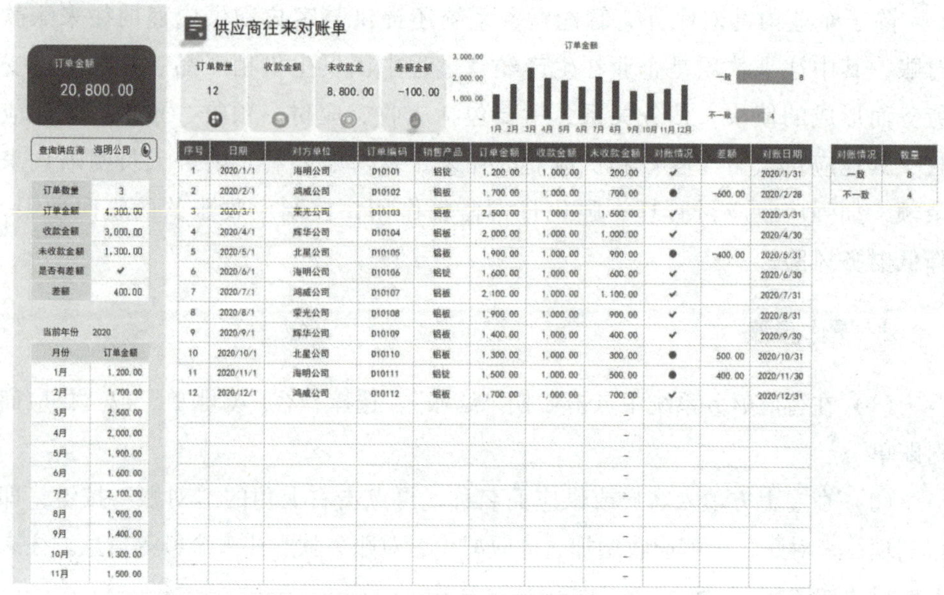

序号	日期	对方单位	订单编码	销售产品	订单金额	收款金额	未收款金额	对账情况	差额	对账日期
1	2020/1/1	海明公司	D10101	铝锭	1,200.00	1,000.00	200.00	✔		2020/1/31
2	2020/2/1	鸿威公司	D10102	铝板	1,700.00	1,000.00	700.00	●	-600.00	2020/2/28
3	2020/3/1	荣光公司	D10103	铝板	2,500.00	1,000.00	1,500.00	✔		2020/3/31
4	2020/4/1	辉华公司	D10104	铝板	2,000.00	1,000.00	1,000.00	✔		2020/4/30
5	2020/5/1	北星公司	D10105	铝板	1,900.00	1,000.00	900.00	●	-400.00	2020/5/31
6	2020/6/1	海明公司	D10106	铝锭	1,600.00	1,000.00	600.00	✔		2020/6/30
7	2020/7/1	鸿威公司	D10107	铝板	2,100.00	1,000.00	1,100.00	✔		2020/7/31
8	2020/8/1	荣光公司	D10108	铝板	1,900.00	1,000.00	900.00	✔		2020/8/31
9	2020/9/1	辉华公司	D10109	铝板	1,400.00	1,000.00	400.00	✔		2020/9/30
10	2020/10/1	北星公司	D10110	铝板	1,300.00	1,000.00	300.00	●	500.00	2020/10/31
11	2020/11/1	海明公司	D10111	铝锭	1,500.00	1,000.00	500.00	●	400.00	2020/11/30
12	2020/12/1	鸿威公司	D10112	铝板	1,700.00	1,000.00	700.00	✔		2020/12/31

对账情况	数量
一致	8
不一致	4

图 6-4 供应商往来对账单示例

6.2.2 结账

会计期间结束时，需要对账务进行试算平衡、结账等处理，并将本期间的余额结转到下期。

1. 功能描述

（1）智能财务系统支持结账前或平时进行试算平衡检查，检查本期发生额借方合计与贷方合计是否平衡，并支持多本位币的试算平衡分析。试算平衡就是将系统设置的所有科目的期末余额按照会计平衡公式“借方余额 = 贷方余额”进行检验，并输出科目余额表是否平衡的信息。

（2）结账功能可以界定一个会计期间里所要处理的数据范围。结账后，所有非来源于损益结转和汇兑损益的凭证均不允许在本期增加，以保证上下游模块间业务数据一致。通过结账功能满足企业内控需求，保证一个会计期间内明细分类账与总账数据的一致性和完整性，减少对账复杂性。

（3）结账前要做一系列检查，包括检查本期业务是否全部记账、本期结转是否生成凭证并记账、核对总账与明细账等数据是否已一致、核对损益类账户是否全部结转完毕。结账前要进行数据备份。结账后不得再录入本月凭证，并终止各账户的记账工作。结账时要计算本月各账户发生额和本月账户期末余额，并将余额结转下月月初。

2. 操作步骤

(1) 试算平衡。

①在智能财务系统右侧导航栏内点击“期末结账”，选择“试算平衡”，如图 6－5 所示；

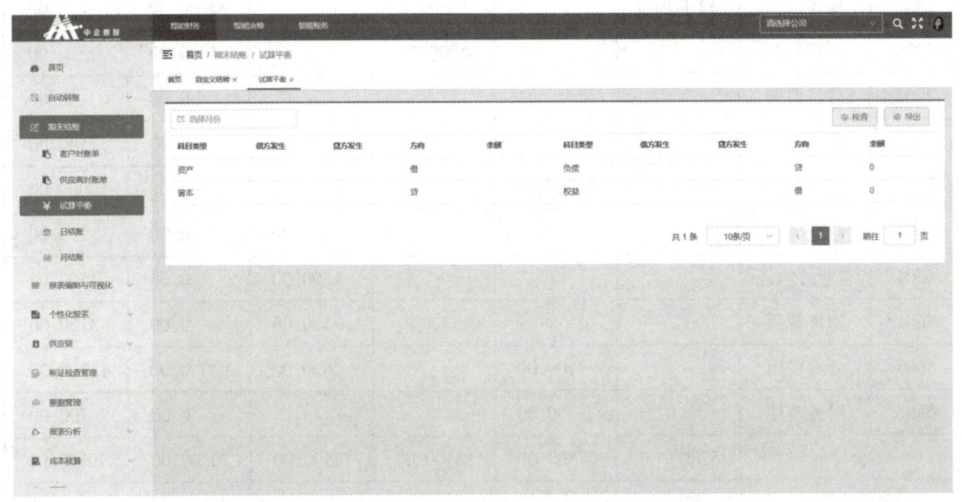

图 6－5　试算平衡

②在界面左上角选择会计期间，点击右上方“检查”按键，即可自动生成试算平衡表，显示资产、负债、所有者权益的借方、贷方发生额以及余额，并试算是否平衡；

③点击右上方“导出”按键，即可导出试算平衡表（见图 6－6）。

(2) 结账。

①在智能财务系统右侧导航栏内点击“期末结账”，选择“月结账”；

②在界面左上角选择会计期间，点击右上方“结账”按键，即可自动完成结账，并生成一条结账记录（见图 6－7）。可根据结账记录检查是否有月份遗漏结账。

科目代码	科目名称	期初余额		本期发生额		期末余额	
		期初余额借方	期初余额贷方	本期发生额借方	本期发生额贷方	期末余额借方	期末余额贷方
试算平衡提示		试算平衡		试算平衡		试算平衡	
1001	库存现金	1500.00				1500.00	0.00
1002	银行存款	22200.00			500.00	22200.00	500.00
1122	应收账款	2000.00				2000.00	0.00
1403	原材料			2500.00		2500.00	0.00
1405	库存商品	32100.00		5000.00		37100.00	0.00
2001	短期借款			5000.00		5000.00	0.00
2202	应付票据					0.00	0.00
2203	应付账款				2500.00	0.00	2500.00
3103	本年利润		50000.00			0.00	50000.00
5001	主营业务收入				900.00	0.00	900.00
5301	营业外收入				1500.00	0.00	1500.00
5601	销售费用				3100.00	0.00	3100.00
5603	管理费用		7100.00		4000.00	0.00	11100.00
5603	财务费用		700.00			0.00	700.00
合计		57800.00	57800.00	12500.00	12500.00	70300.00	70300.00

图 6－6 试算平衡表示例

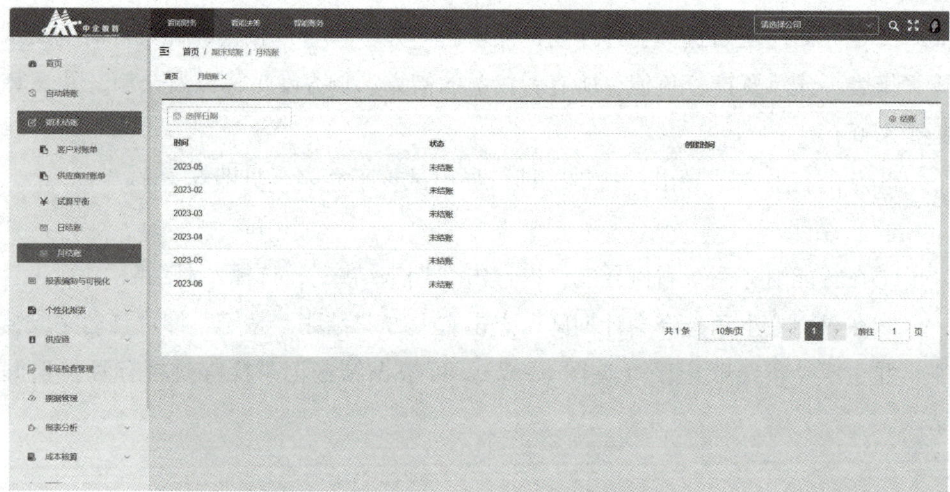

图 6－7 结账

6.3 账证管理

智能财务系统中内置账簿功能，能够实现对所有凭证、总账、明细账、余额表的查询和管理。

1. 凭证汇总

记账凭证是登记账簿的依据，也是总账系统的唯一数据源，因此准确填制凭证、审核凭证并据以记账是管理凭证的重要内容。根据企业实际发生业务生成的凭证将在财务系统内汇总集合，财务人员可根据日期、科目进行查找。凭证记账后，即可用于登记总账、明细账，并随之变更科目余额表的内容。凭证汇总表如图 6－8 所示。

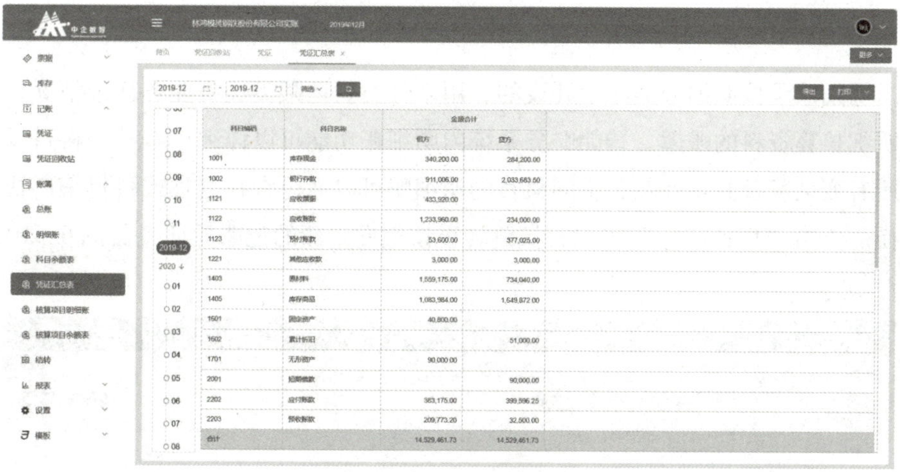

图 6－8　凭证汇总表

2. 总账

根据总分类科目开设账户，用来登记全部经济业务，进行总分类核算，提供总括核算资料的分类账簿。总账一般为“三栏式”，内容包含科目名称、借方金额、贷方金额和余额（见图 6－9）。总账数据是编制财务报表的基础，也是了解企业财务情况的窗口。智能财务系统能支持总账与明细账的联查，点击科目名称即可跳转至该科目的明细账，体现出数据间的联通关系。

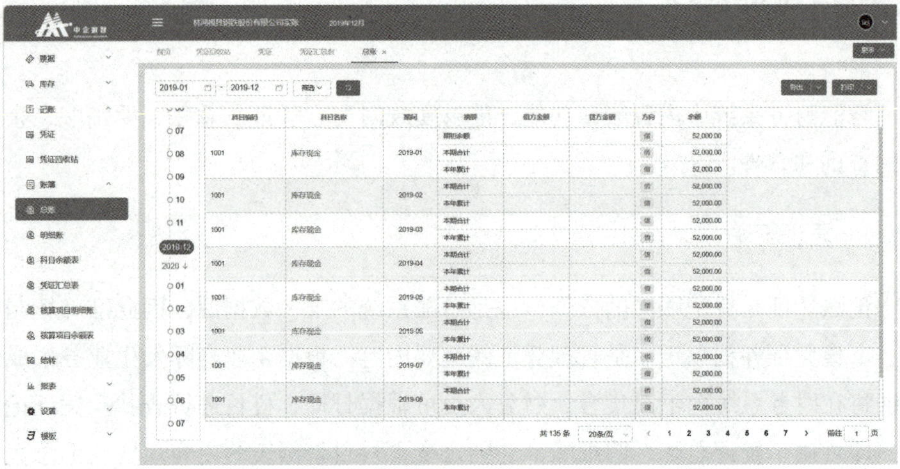

图6-9 总账

3. 明细账

明细账是按明细分类账户开设的、用来分类登记某类经济业务详细情况、提供明细核算资料的账簿。智能财务系统内明细账功能可以详细查看某一科目发生的所有变动额及其累计数，不同科目的明细账可以通过查找名称或科目编码快速切换。点击“凭证字号”可以直接跳转至该笔发生额的记账凭证（见图6-10）。

图6-10 明细账

4. 科目余额表

科目余额表是各个科目的余额的汇总，一般包括上期余额、本期发生额、期末余额。其原理为“期初余额 +（或 -）本期发生额（包括借方发生额和贷方发生额）= 期末余额”，可用于查询公司的会计科目的发生额、余额等会计信息，方便编制财务报表。在智能财务系统内点击科目名称即可跳转至该科目的明细账。科目余额表如图 6 - 11 所示。

图 6 - 11　科目余额表

6.4 本章小结

本章为实操篇第一章，从智能财务系统自动转账、智能结账和账证管理入手，通过本章的学习，学生需要能够熟练掌握智能财务系统的操作流程，从而减轻日常工作量，同时可以加强财务核算的规范性。

思考题

1. 通过对智能财务系统自动转账流程的学习，你认为该流程有何优点？有什么可以改进的地方？

2. 智能财务系统对期末业务处理的优化主要体现在哪些方面？

思考题要点及讨论请扫描以下二维码：

第7章 报表编制与可视化

本章重点

1. 掌握智能财务系统生成和导出传统报表操作流程。
2. 掌握智能财务系统生成自定义报表操作流程。
3. 掌握报表可视化的编制流程。
4. 熟练应用报表可视化功能。

智能财务报表系统是一个基于多维数据模型的报表系统，提供报表数据采集、报表编制和报表过程管理的全方位服务功能。系统内预置了资产负债表、利润表、现金流量表、所有者权益变动表等日常对外报表表样，实现一键生成财务报表。同时系统的可视化功能将数据通过图表的方式传递出来，能够使管理者更快地理解数据的内容，数据表现形式更加形象生动。

7.1 财务报表生成

随着企业的发展和业务数据的不断增长，报表制作已成为了企业管理和决策过程中必不可少的一部分。然而，传统的手工制作方式往往耗费时间和精力，且易出错，如何快速高效地制作报表成为困扰每一个财务人员的难题。智能财务报表系统的取数功能支持报表管控需求的多业务场景数据提取，实现与企业 ERP 系统中多个模块进行对接，通过灵活设置适应不同业务场景取数模式，除了与总账模块进行基本的账务数据提取外，还可以在总账中与往来、备查账进行很好的衔接，并与固定资产、合同管理、资金管理等多个系统模块进行无缝连接。

7.1.1 传统报表

智能财务系统的传统报表模块主要支持资产负债表、利润表和现金流量表的自动生成和导出。

1. 功能描述

在智能财务报表系统中通过点击“资产负债表”“利润表”“现金流量表”等功能按键，即可生成不同时期的财务报表，如图 7－1、图 7－2、图 7－3 所示。报表格式由标题、表头、表体和表尾组成。标题即报表的名称，表头包括日期、编制单位、计量单位、纳税人识别号、报表栏目，表体是报表的主体，由行和列组成。表尾，即表体以下的辅助说明部分。系统支持生成的财务报表的导出。

2. 操作步骤

（1）在智能账务系统的导航栏中点击“报表”，分别选择“资产负债表”“利润表”“现金流量表”“所有者权益变动表”，即可跳转至报表界面；

（2）在界面左上角选择会计期间，即可自动生成相应期间的报表，满足实时的管理需要；

（3）在界面右上角点击“导出”按键，即可导出生成报表的 Excel 文件。

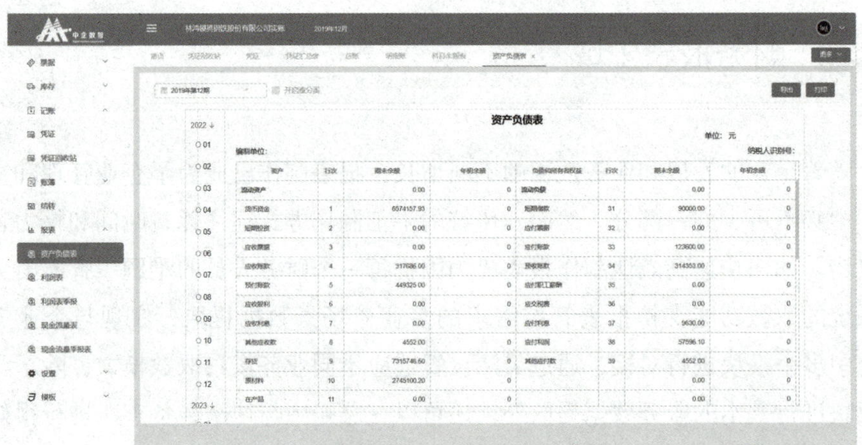

图 7－1　资产负债表

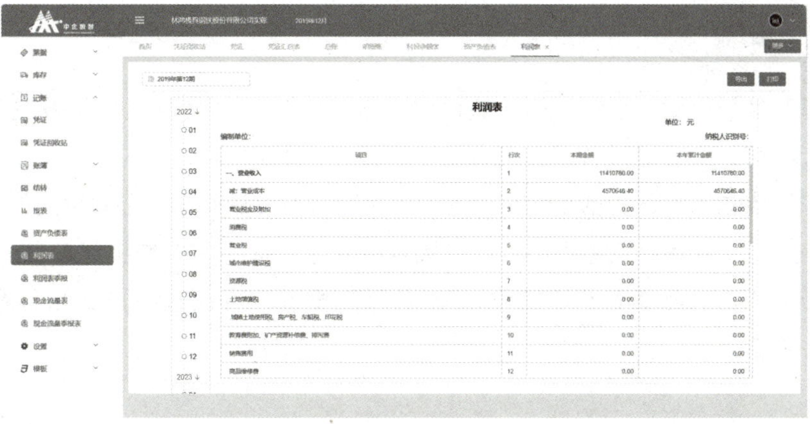

图 7－2　利润表

图 7－3　现金流量表

7.1.2　自定义报表

智能财务系统的自定义模块支持财务人员获取所需要的财务数据，通过预先设定的算法和模板，自主设计报表。

功能描述

自定义报表功能支持财务管理人员根据管理实际需要自主设计报表的格式及内容，提供灵活多样可供选择的功能按键，既可通过 URL 定义表格的内容公式、设计表格样式，也能生成各式图表。报表内的数据可通过数据源设置自动从系统中获取，节省报表编制时间。

操作步骤

（1）在智能财务系统右侧导航栏内点击“报表编制与可视化”按键，选择“报表编制”，即可进入自定义报表设计界面（见图7－4）；

（2）点击需要设置的单元格，在上方工具栏可以调整单元格的格式样式，在右侧编辑栏的“属性”界面中可以设置表格内容，通过URL链接定义表达公式；

（3）点击右侧编辑栏上方的“数据源”按键，可以选择单元格取数来源（见图7－5）。

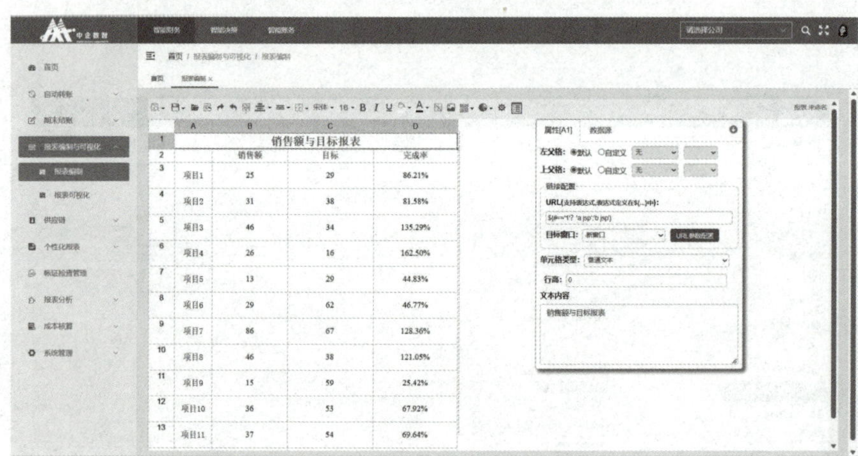

图7－4　自定义报表格式设置

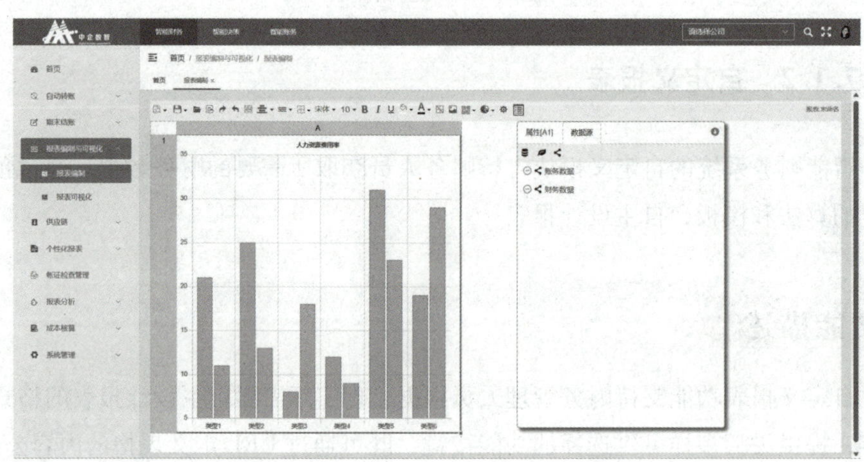

图7－5　自定义报表数据源设置

7.2 报表可视化

报表可视化就是将海量的数据转化为直观的图形，将单调的数字符号转化成二维或三维的图形，从而使数据使用者能清晰明了地理解与接受。报表可视化的本质不仅在于“可以看见”，还在于“易于理解”，能把复杂的、不相互关联的、不直观的、难以理解的事物变得通俗易懂，便于数据使用者理解数据的同时加深其印象。

7.2.1 可视化报表编制流程

可视化报表的编制逻辑是将数据转换为图表、图形、表格等视觉元素，以便更直观地呈现数据的趋势、关联和概览。在数据采集和整理的基础上，通过数据建模，并结合相应的指标体系，进行可视化分析。

（1）数据采集与整理。

财务数据可视化技术的应用，首先就需要全面收集财务报表中的相关数据。智能财务系统的报表系统与总账系统数据互通，报表相关数据均可从中获取，数据真实性和准确性强，为后续数据处理提供可靠保障。考虑到不同部门对数据的要求，需要对财务数据进行层层细分，从而更好满足使用者的需求。例如，外部使用人员、管理会计、审计部门等对财务数据的需求就不尽相同，因此要根据实际情况进行个性化分析。

（2）数据建模。

报表系统处理的表往往是多个的，其优势在于打通来自各个数据源中的各种数据表，根据不同的维度、不同的逻辑来聚合分析数据，从而进行数据分类汇总和可视化呈现。所以前提是各个表之间需要建立某种关系，建立关系的过程就是数据建模。数据建模包括两部分，即建立表之间的联系和编写度量值。先建立表之间的联系，表可以分为事实表和维度表，其中三张财务报表是事实表，除此之外引入的表，包括行业分类表、日期表、三大财务报表的辅助表等都是维度表，其中财务报表的辅助表是对财务报表的项目根据分析要求进行的重分类，使之更符合分析需求，与财务报表项目进行了匹配，建立了表之间的联系，使多张表的数据成为一个整体，可以方便地实现跨表的数据分析。

在编写度量值时要结合数据分析的三要素：指标、维度、分析方法。指标指收入、毛利润、净利润、净资产收益率等，维度指分析的角度，如按照行业、公司名称、时间、公司营收规模等，分析方法常见的有同比、环比、占比、对比等。所需要的度量值主要包括资产负债表、利润表、现金流量表的基础度量值，计算出各报表项目的值；财务分析指标，如资产负债率、应收账款周转率、净资产收益率、行业平均年收入指标、行业平均净利润指标、收入增长率等。

（3）结合分析指标体系，进行可视化分析。

可视化报表在编制时需要确定报表的主题并且该主题尽量单一，能使得所有的视觉对象都针对该主题进行设定，实现从不同角度对同一主题进行全面分析（见图7-6）。有明确的报表主题后，也能便于报表使用者理解可视化对象中展现的数据分析结果，帮助其做好营运判断和决策。这一主题的确定可以根据构建的指标体系确定，包括杜邦分析、发展能力分析、运营能力分析、偿债能力分析、盈利能力分析等。

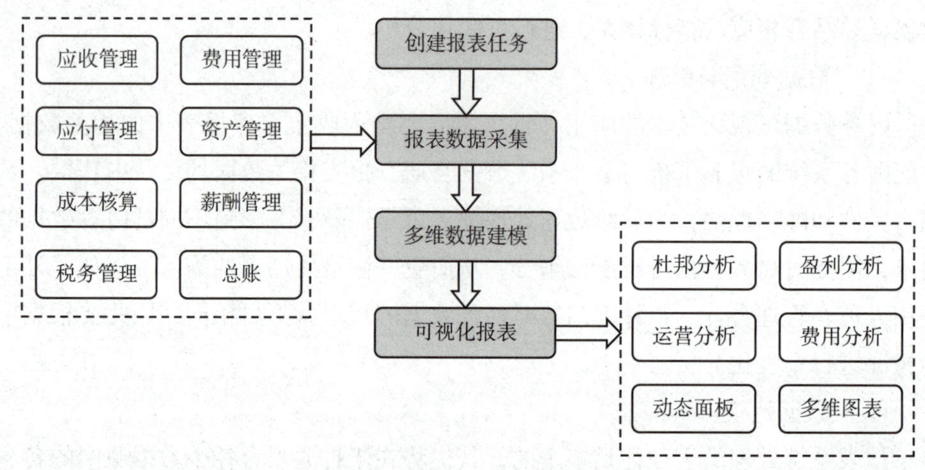

图7-6 可视化报表编制

智能报表系统提供了多种可视化对象来展示数据分析结果，每种可视化对象都有其特性，但又在一定程度上与其他可视化对象有相互重叠的功能。例如，柱形图和折线图都可以用来对比不同数据元素在某一测量标准下的差异，但是折线图更适合表现某一个数据元素随着时间变化而变化的情况。

7.2.2　智能财务系统可视化分析

智能财务系统可视化分析可以将相关指标、相关数据进行直观展示，使用者可通过时间、报表项目等维度对企业的资产负债表进行灵活穿透分析，直观掌握企业历年来资产负债、利润等的趋势变化、结构占比等。

功能描述

智能财务系统的报表可视化下设公司财务分析可视化、科目分析可视化、成本中心分析、财务利润表分析和收支利润月度可视化等模块，灵活高效地将报表数据价值传递给报表使用者，使其快速掌握企业的财务状况和经营成果等，从而为决策提供依据。

操作步骤

（1）在智能财务系统左侧导航栏内点击“个性化报表”，选择“公司财务分析可视化”，可以直观地看到资产负债率指标、盈利指标分析、营运指标分析、发展指标分析等。将鼠标光标移动到盈利指标分析、营运指标分析、发展指标分析上，可以得到该指标的具体数值（见图 7－7）。

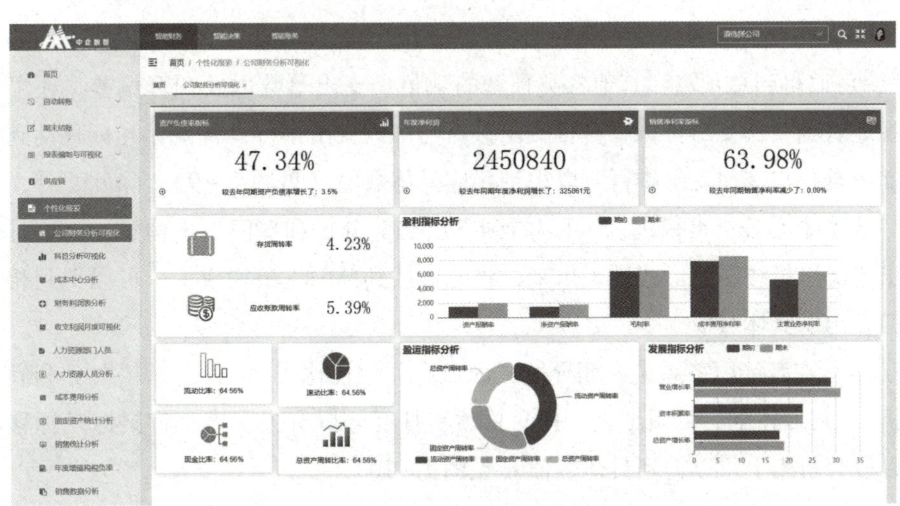

图 7－7　公司财务分析可视化

（2）在智能财务系统左侧导航栏内点击“个性化报表”，选择“科目分析可视化”，可以直观地看到科目明细表的具体内容、占比分析与平均值分析。将鼠标光标移动到平均值分析上，可以得到每个月的具体数值（见图7－8）。

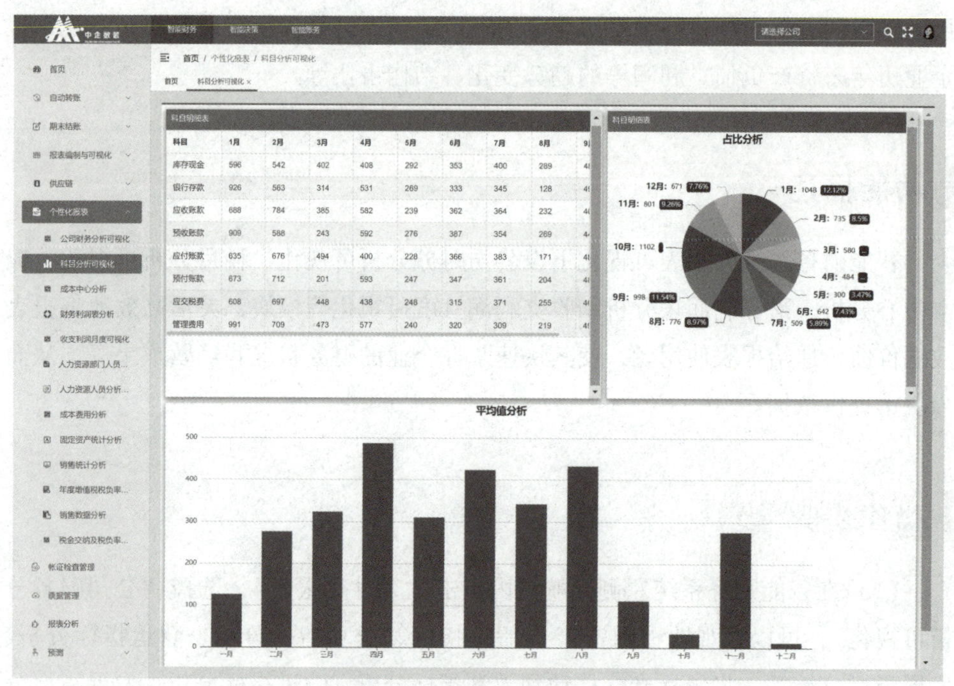

图7－8　科目分析可视化

（3）在智能财务系统左侧导航栏内点击“个性化报表”，选择“成本中心分析”，可以得到总预算和其他各类预算的数值、支出笔数以及预算偏差，还可以直观地看到项目支出排行、科目支出排行与部门支出排行，将鼠标光标移动到科目支出排行与部门支出排行可以得到相应具体数值（见图7－9）。除此之外，通过“成本中心分析可视化”，可以看到支出趋势分析和部门支出构成，一个月的支出趋势以折线图的形式展现出来，将光标放到部门支出构成上，可以得到相关部门支出的具体数值。

（4）在智能财务系统左侧导航栏内点击“个性化报表”，选择“财务利润表分析”，可以得到科目明细表、利润总额和月度分析有关图表。将鼠标光标移动到月度分析表上可以得到具体数值（见图7－10）。

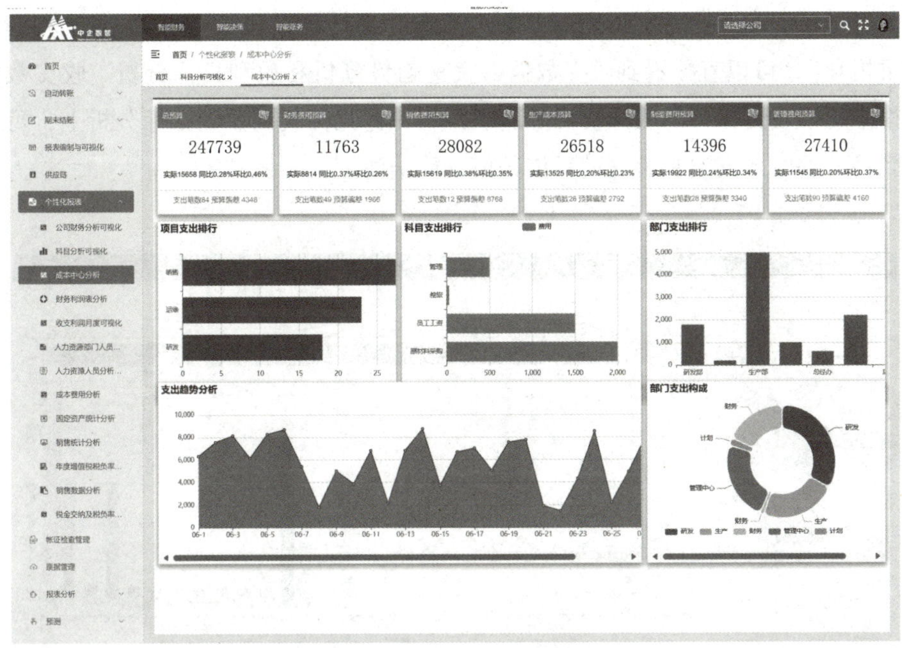

图7－9　成本中心分析可视化

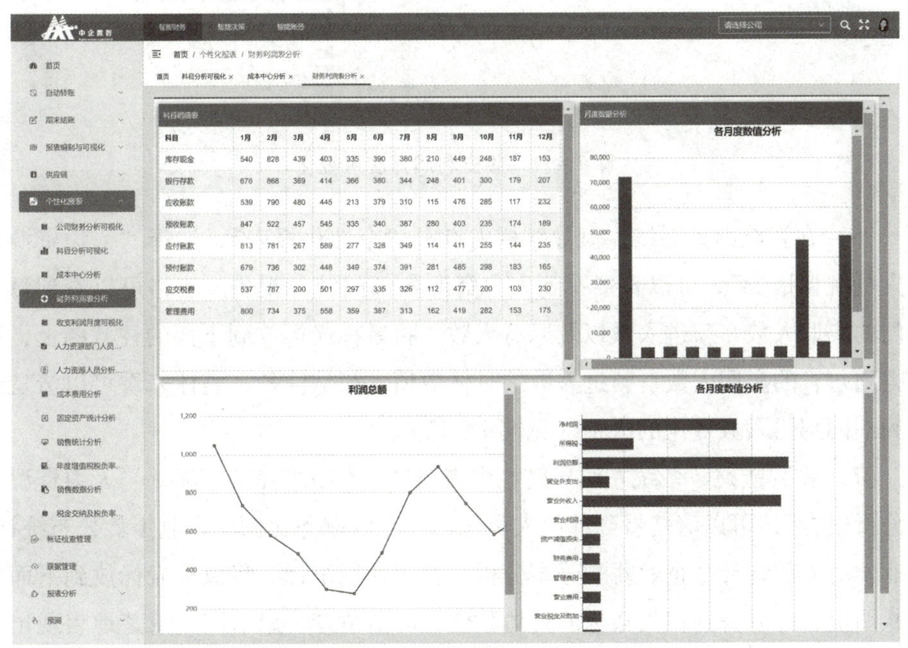

科目	1月	2月	3月	4月	5月	6月	7月	8月	9月	10月	11月	12月
库存现金	540	828	439	403	335	390	380	210	449	248	187	153
银行存款	676	868	369	414	366	380	344	248	401	300	179	207
应收账款	539	790	480	445	213	379	310	115	476	285	117	232
预收账款	847	522	457	545	335	340	387	280	403	235	174	189
应付账款	813	781	267	589	277	328	349	114	411	255	144	235
预付账款	679	736	302	448	349	374	391	281	485	298	183	165
应交税费	537	787	200	501	297	335	326	112	477	200	103	230
管理费用	800	734	375	558	359	387	313	162	419	282	153	175

图7－10　财务利润表分析

（5）在智能财务系统左侧导航栏内点击“个性化报表”，选择“收支利润月度可视化”，可以直接看到收支数据、收支趋势分析和盈利指标分析。收支数据表格中可以看到每月的收入支出和利润。将鼠标光标放到盈利指标分析上，可以得到每月的收入支出和利润的具体数值，简洁清楚（见图 7－11）。

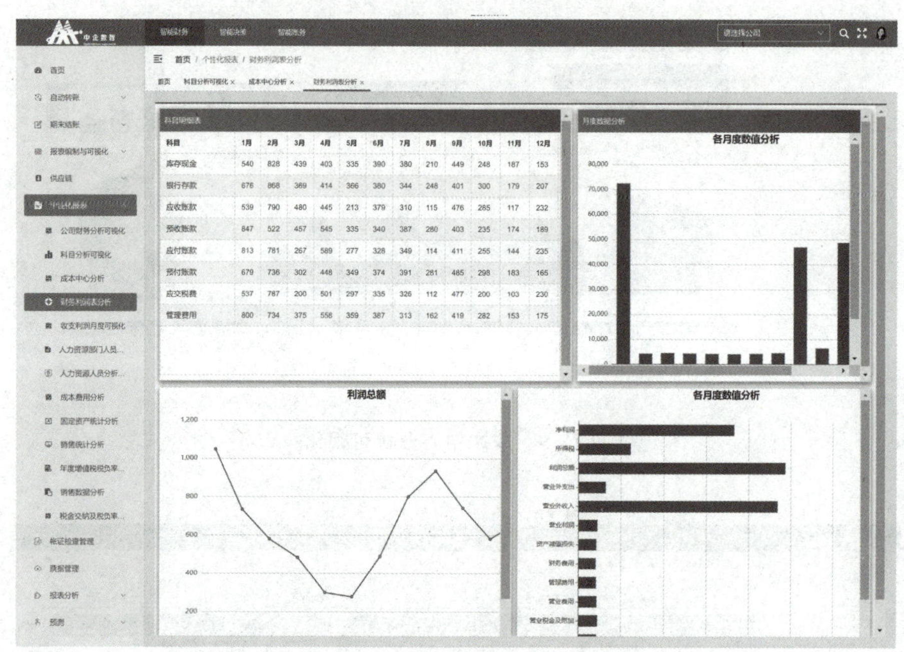

图 7－11　收支利润月度可视化

（6）在智能财务系统左侧导航栏内点击“个性化报表”，选择“人力资源部门人员统计报告”，可以直接看到人力资源各部门统计报告。表格可以看到每个部门的离职人数、新进人数以及原有人数。将鼠标光标放到下面的柱状图上，可以得到每月的离职人数、新进人数的具体数值，简洁清楚，整体来看可以清楚地看到不同部门人数变化的区别（见图 7－12）。

（7）在智能财务系统左侧导航栏内点击“个性化报表”，选择“人力资源人员分析报告”，可以清楚看到部门人员比例、企业职务比例、企业年龄分布统计、企业学历人数统计、企业薪酬分布分析、企业性别统计。将鼠标光标放到下面的柱状图上，可以得到相关指标的具体数值，简洁清楚。扇形图则清楚地表现出不同部门人数占比、企业不同职务占比，将鼠标光标放到上面可以显示具体数值（见图 7－13）。

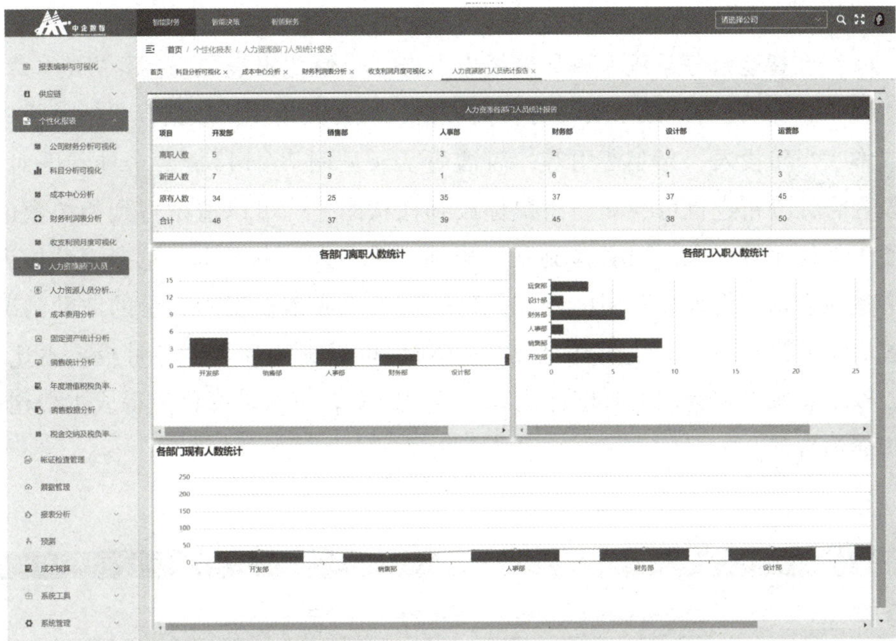

图 7－12　人力资源部门人员统计报告可视化

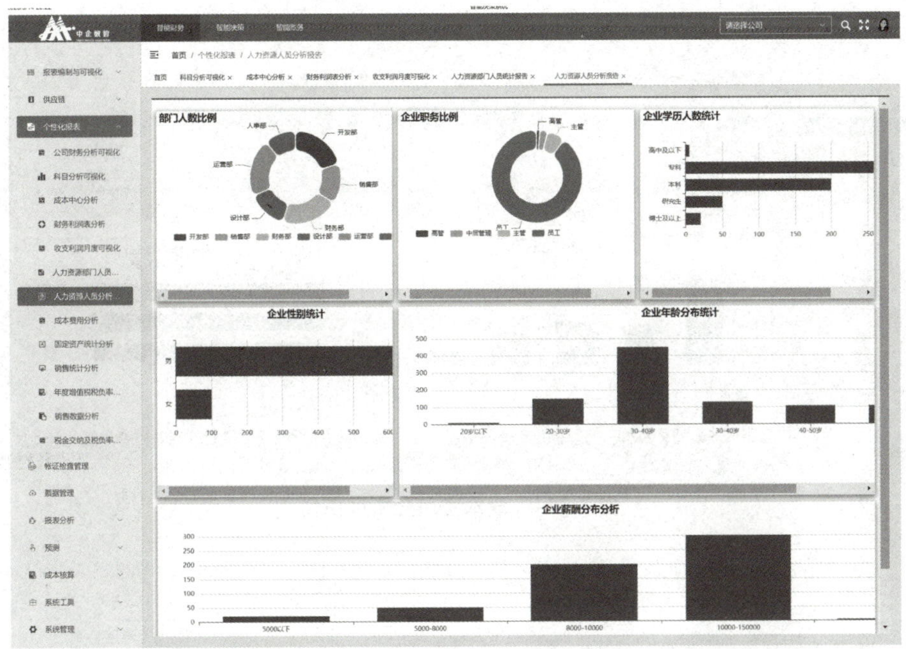

图 7－13　人力资源人员分析可视化

（8）在智能财务系统左侧导航栏内点击“个性化报表”，选择“成本费用分析”，可以清楚看到成本费用分析的表格，内含大量相关数据，包括总投入、总成本、当年投入、当年费用等，简洁明了（见图7－14）。两个柱状图对年度投入合计分析进行可视化，将鼠标放到柱状图上，可以清楚得到相关数值，既便于整体比较，也可以具体到某一指标。总投入、总成本、总费用分析表，既清楚地表示了投入和费用的比较，也展示了总成本在不同月份的波动情况。通过后续的饼状图和折线图（见图7－15），可以观察到当年各月投入占比多少，以及总成本和费用的月度占比等一系列数据。数据可视化使得成本费用的分析简洁直观。

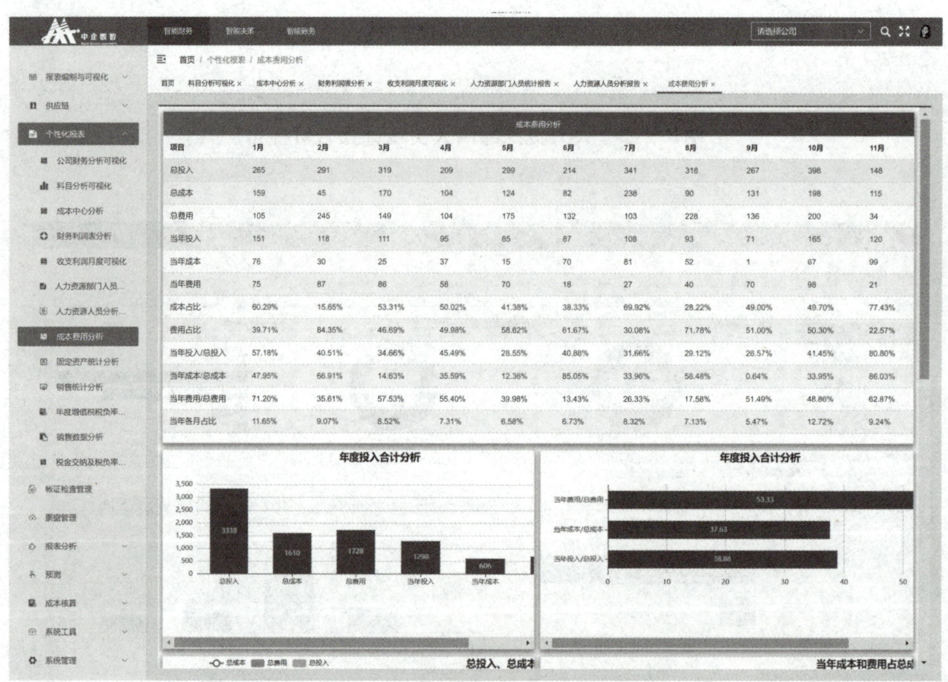

成本费用分析

项目	1月	2月	3月	4月	5月	6月	7月	8月	9月	10月	11月
总投入	265	291	319	209	299	214	341	318	267	398	148
总成本	159	45	170	104	124	82	238	90	131	198	115
总费用	105	245	149	104	175	132	103	228	136	200	34
当年投入	151	118	111	95	85	87	108	93	71	165	120
当年成本	76	30	25	37	15	70	81	52	1	67	99
当年费用	75	87	86	58	70	18	27	40	70	98	21
成本占比	60.29%	15.65%	53.31%	50.02%	41.38%	38.33%	69.92%	28.22%	49.00%	49.70%	77.43%
费用占比	39.71%	84.35%	46.69%	49.98%	58.62%	61.67%	30.08%	71.78%	51.00%	50.30%	22.57%
当年投入/总投入	57.18%	40.51%	34.66%	45.49%	28.55%	40.88%	31.66%	29.12%	26.57%	41.45%	80.80%
当年成本/总成本	47.95%	66.91%	14.63%	35.59%	12.36%	85.05%	33.96%	58.48%	0.64%	33.95%	86.03%
当年费用/总费用	71.20%	35.61%	57.53%	55.40%	39.98%	13.43%	26.33%	17.58%	51.49%	48.86%	62.87%
当年各月占比	11.65%	9.07%	8.52%	7.31%	6.58%	6.73%	8.32%	7.13%	5.47%	12.72%	9.24%

图7－14 成本费用分析可视化

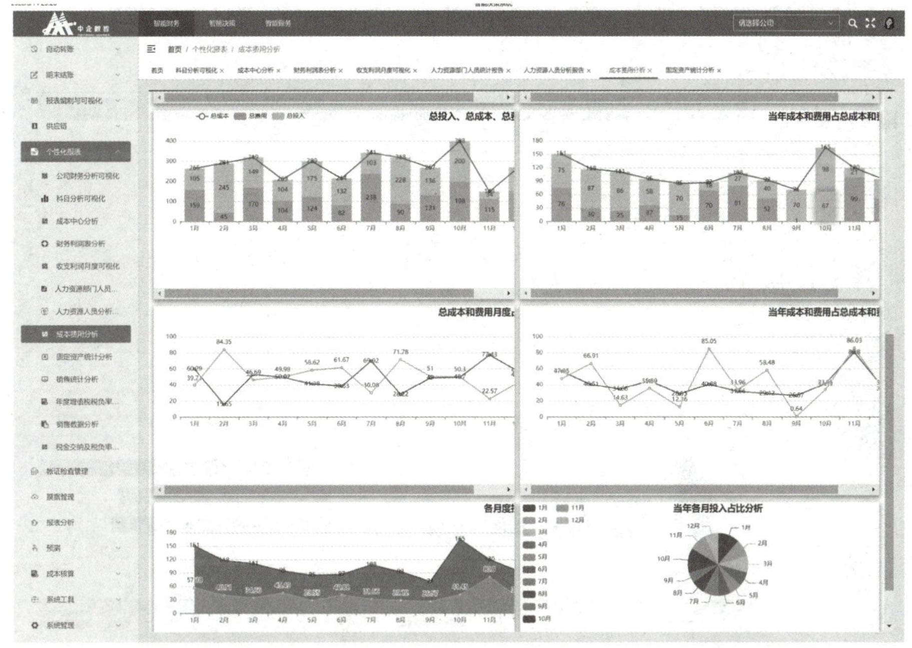

图 7－15　成本费用分析可视化

（9）在智能财务系统左侧导航栏内点击“个性化报表”，选择“固定资产统计分析”，可以清楚看到设备总数、今年新增设备数量、设备总价值、今年新增设备价值等一系列相关数据的具体数值，还可以看到资产类别数量价值、资产类别金额占比、资产状态占比、资产分布、资产品牌寿命分析（见图 7－16）。将鼠标光标放到柱状图上，可以得到相关指标的具体数值，清楚明白。扇形图则清楚地表现出不同资产类别的数量价值、金额占比，将鼠标光标放到上面可以显示具体数值。

（10）在智能财务系统左侧导航栏内点击“个性化报表”，选择“销售统计分析”，可以清楚看到销售统计分析的表格，表格包括销售目标、销售目标完成率、回款、回款率等指标（见图 7－17）。“各月度目标完成分析”柱状图清楚地表现销售目标和销售完成额的比较，将光标放到柱子上可以得到该月份的具体数值。通过“年度目标完成分析”柱状图可以清楚看到完成和目标之间的差距，将光标放上面也可以得到相关数值。饼状图则直观地表现了各月度的销售占比和回款占比，将光标放上面可以得到相关销售和回款的具体数值。通过折线图可以直观地分析总成本和费用月度占比，清楚分析其波动情况，通过折线图上的数值，可以得到相关指标的具体数值。

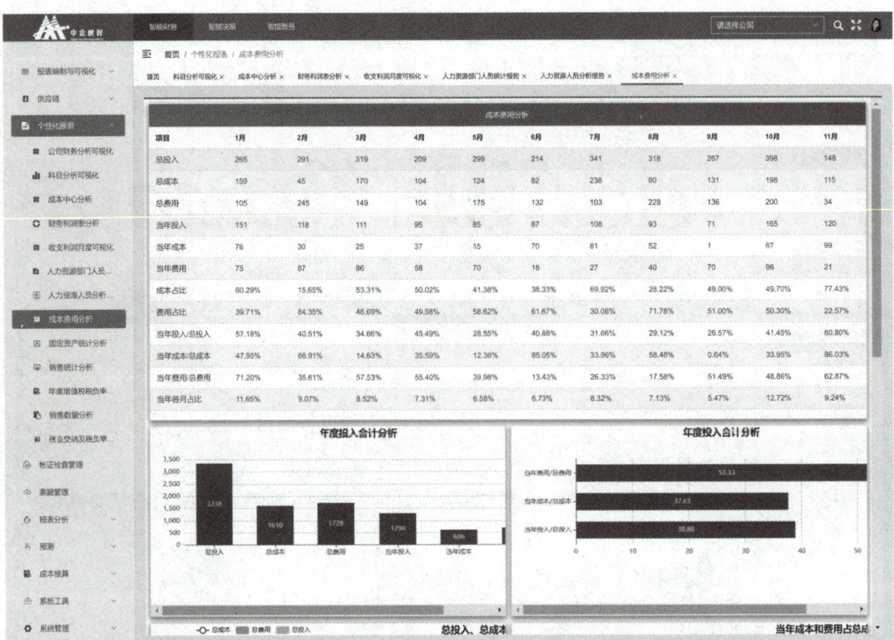

项目	1月	2月	3月	4月	5月	6月	7月	8月	9月	10月	11月
总投入	265	291	319	209	299	214	341	318	267	398	148
总成本	159	45	170	104	124	82	238	90	131	198	115
总费用	105	245	149	104	175	132	103	228	136	200	34
当年投入	151	118	111	95	85	87	108	93	71	165	120
当年成本	76	30	25	37	15	70	81	52	1	67	99
当年费用	75	87	86	58	70	18	27	40	70	98	21
成本占比	60.29%	15.65%	53.31%	50.02%	41.38%	38.33%	69.92%	28.22%	49.00%	49.70%	77.43%
费用占比	39.71%	84.35%	46.69%	49.98%	58.62%	61.67%	30.08%	71.78%	51.00%	50.30%	22.57%
当年投入/总投入	57.18%	40.51%	34.66%	45.49%	28.55%	40.88%	31.66%	29.12%	26.57%	41.45%	80.80%
当年成本/总成本	47.95%	66.91%	14.63%	35.59%	12.36%	85.05%	33.96%	58.48%	0.64%	33.95%	86.03%
当年费用/总费用	71.20%	35.61%	57.53%	55.40%	39.98%	13.43%	26.33%	17.58%	51.49%	48.86%	62.87%
当年各月占比	11.65%	9.07%	8.52%	7.31%	6.58%	6.73%	8.32%	7.13%	5.47%	12.72%	9.24%

图 7－16　固定资产统计分析可视化

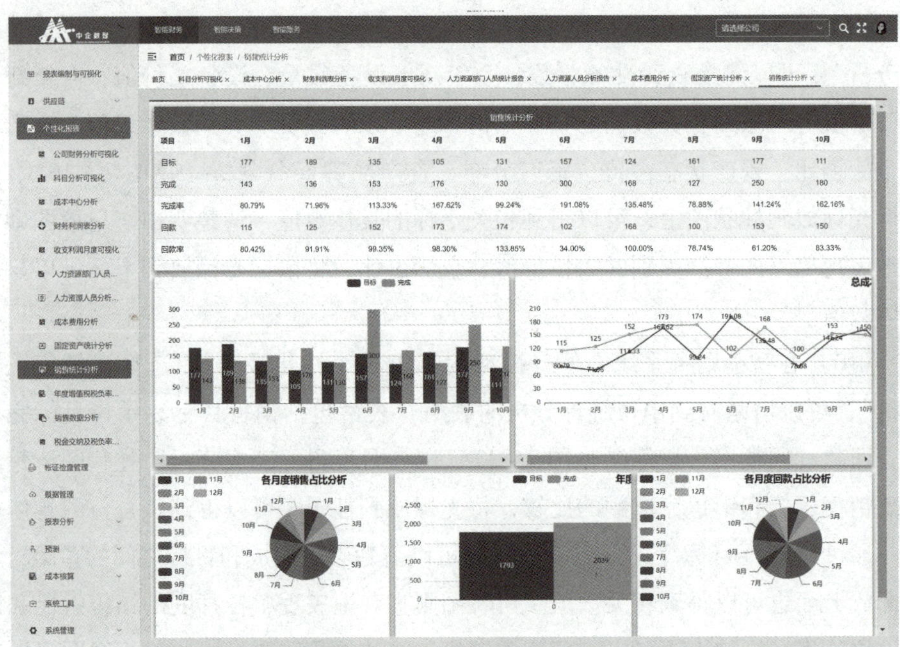

项目	1月	2月	3月	4月	5月	6月	7月	8月	9月	10月
目标	177	189	135	105	131	157	124	161	177	111
完成	143	136	153	176	130	300	168	127	250	180
完成率	80.79%	71.96%	113.33%	167.62%	99.24%	191.08%	135.48%	78.88%	141.24%	162.16%
回款	115	125	152	173	174	102	168	100	153	150
回款率	80.42%	91.91%	99.35%	98.30%	133.85%	34.00%	100.00%	78.74%	61.20%	83.33%

图 7－17　销售统计分析可视化

（11）智能财务系统左侧导航栏内点击“个性化报表”，选择“销售数据分析”，可以看到本期销售总额、销售数量和销售毛利等具体销售情况，并对各产品的收入成本和销量进行对比分析，对单日销售情况进行趋势分析（见图 7－18）。此外，本模块还对销售业务员排名及销售完成任务的情况进行了可视化分析。通过与上市公司数据对接可以对华中、华北等各地区的同行业同产品竞争力进行分析。

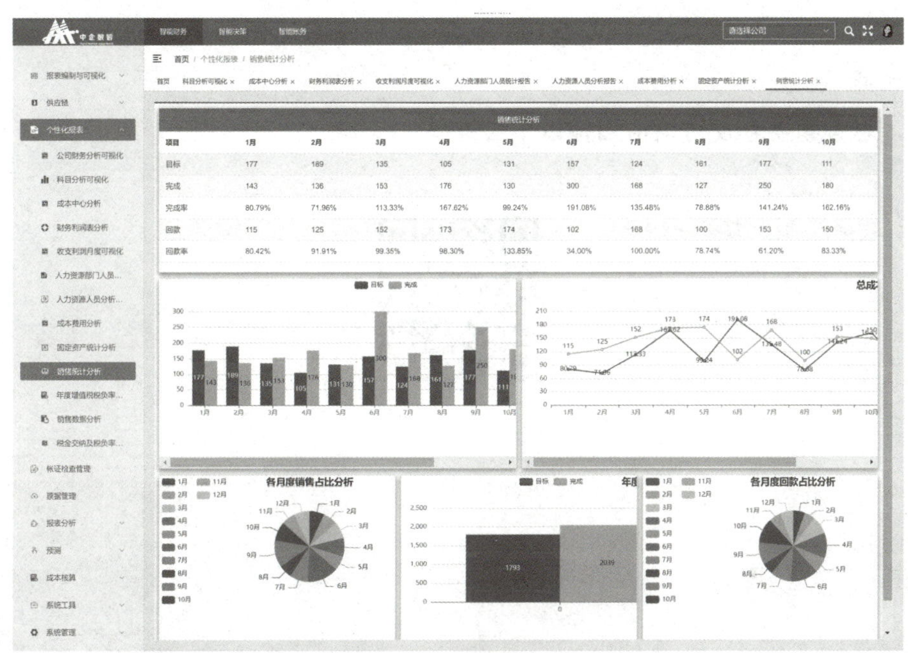

图 7－18　销售数据分析可视化

7.3 本章小结

智能财务报表系统是一个基于多维数据模型的报表系统，提供报表数据采集、报表编制和报表过程管理的全方位服务功能。通过智能财务报表内置的资产负债表、利润表等日常报表样式，可以直接生成和导出传统的财务报表。同时，通过系统的自定义模块里面预先设定的算法和模板，也可以自主设计报表。同时系统的可视化功能将数据通过图表的方式传递出来，能够使管理者更快地理解数据的内容，数据表现形式更加形象生动。学生需要掌握智能财务报表生成报表的相关流程，也要熟练应用报表可视化。

思考题

1. 通过对智能财务系统生成传统报表和自定义报表学习，谈谈该流程是否有可以优化的地方?

2. 可视化报表的编制流程是什么?

3. 智能财务系统中可视化分析内容，你印象最深刻的是哪一点?谈谈你的理解。

思考题要点及讨论请扫描以下二维码:

第8章 智能预算管理

本章重点

1. 学习智能预算管理的架构体系。
2. 了解智能预算管理的运作基础。
3. 了解智能预算管理的实现流程。

智能预算管理的实现需要智能财务系统和其他业务系统密切配合，将经营预算、资本预算和财务预算融合为一体，通过智能化技术解决企业财务和非财务信息获取的难题，以提高预算管理相关信息的准确性、全面性和及时性，从而进一步增强预算管理的价值，真正实现对企业战略的有效支持。浪潮一直以来深耕于数字化产品研发，为企业提供了一系列数字化解决方案，浪潮海岳 GS CLOUD 是浪潮研发的新一代大型企业 ERP 系统，其中，GS 全面预算吸收了国际先进的设计理念和管理思想，可以支持集团企业构建完整的预算管理体系，实现预算目标设立、分解，预算编制、审批、汇总、执行、调整、控制、分析和考核的全过程管理。本章基于浪潮 GS 全面预算，对智能财务系统如何实现智能预算管理进行展开描述。

8.1 智能预算管理架构体系

全面预算管理强调全方位、全过程、全员参与管理，智能财务系统覆盖了全业务的各个流程，一方面保证企业战略目标通过预算真正落地，另一方面对企业运营层进行整体管控，实现企业的集团管控需求。以浪潮 GS 为例，其通过多维建模，搭建了覆盖全业务的预算架构体系，如图 8－1 所示。

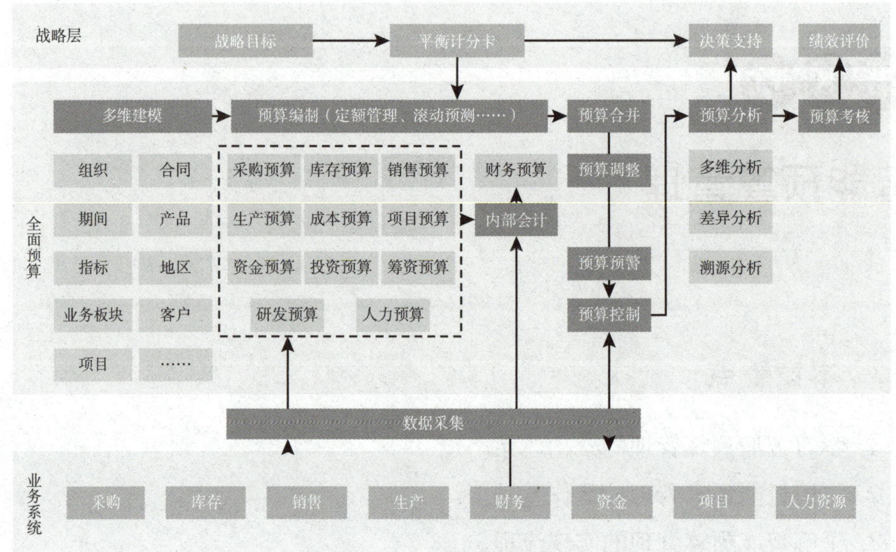

图 8-1　智能预算管理架构

资料来源：浪潮 GS. 全面预算管理解决方案［EB/OL］. 2015-02-03.

1. 业务系统层

通过 API 接口、数据集成工具或直接的数据库连接等方式，建立智能财务系统与各个业务系统之间的连接，智能预算系统可以从业务系统中提取所需的数据，并根据预算需求，可以选择提取特定时间段的历史数据，或者实时获取最新的业务数据。

2. 全面预算层

在全面预算层，系统首先通过进行预算维度抽取、模型搭建、数据关系建立、预算报表样式建立、计算关系及汇总关系建立等初期准备工作，构建一个以企业现状为基础的全面预算管理体系，这个体系包含各项预算维度、完善的预算模型，以及数据之间的紧密联系和准确展示的预算报表样式等。在体系搭建的基础上，系统根据企业的预算编制流程，设置预算编制方案以及具体的预算编制方法，并根据企业的多元化经营和多维管理模式，支持多维预算合并。在编制审批完成后，系统可以根据预算执行情况进行基层单位的预算调整和集团层面预算汇总调整，并对调整前后的数据进行对比分析。在预算执行过程中，系统可以对业务系统进行实时控制及执行数归集，并对预算执行情况进行实时监控，以实现预算管理的事前预警。此外，系统还提供多种分析模式和绩效考核指标，提供更加丰富的预算分析呈现方式，并进行多层级的预算责任中心考核。

3. 决策层

决策层负责企业的战略规划和目标设定，通过制定具体的战略目标和业务计划，为智能预算管理提供指导，确保预算与企业的整体战略保持一致。并且通过系统提供的预算执行情况、预算调整效果和业务绩效，决策层可以利用相应的数据和报告进行决策支持。

8.2 智能预算管理实现流程

全面预算管理包括预算的编制、执行控制、调整分析和考核评价等，智能预算管理基于全面预算管理流程，结合智能化技术的应用，弥补传统预算的不足，提高预算管理的效率。

8.2.1 多维预算建模

智能财务系统根据数据分类和经营活动的分类建立多维度模型，构建预算体系，基于多维度模型进行后续的预算编制、审批、控制和分析等工作，可以实现预算管理的标准化和准确性，为企业决策提供支持。图 8 -2 展示的是多维度模型构建的过程。

（1）采购业务模型。

在采购业务模型中，系统首先要确定采购预算的维度，以便有效管理和分析采购数据。根据采购的不同属性，可以将采购预算划分为时间维度、供应商维度和材料维度。通过按照时间周期（如月度、季度、年度）维度，可以实现对采购活动的周期性掌控和对预算执行情况的跟踪。这有助于及时发现采购偏差和优化预算规划；通过按照供应商进行预算划分，可以实现对不同供应商采购支出的管理和对供应商绩效的评估，有助于优选供应商、降低采购成本和提高采购效率；通过按照材料分类进行预算划分，可以实现对不同物料的采购费用的监控和对采购组合的优化，实现精细化采购管理，确保合理分配资源。

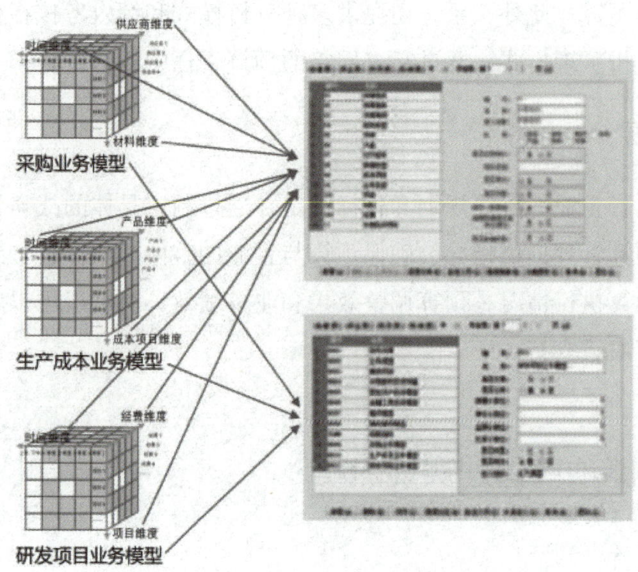

图 8－2　多维度预算建模

此外，系统还可以基于业务特点，对维度和模型进行灵活扩展。根据用户的不同需求，可以添加更多的维度，如项目维度、地区维度等，或者增加更多的指标和度量标准。这样的灵活扩展能够满足不同用户对采购预算管理的个性化需求，帮助用户更好地把握采购业务的全貌，作出更明智的决策。通过多维度模型的构建，智能预算系统可以为企业提供全面、精准的采购预算管理支持，优化采购流程，降低成本，提高效率，为企业带来持续的价值。

（2）生产成本业务模型。

在生产成本业务模型的构建中，系统将生产成本预算划分为时间维度、产品维度和成本项目维度，从而全面覆盖生产成本的重要方面。首先，时间维度允许系统对生产成本在不同时间段内的变化进行跟踪和分析，帮助企业了解成本的季节性和周期性波动，从而更好地规划和调整预算。其次，产品维度允许系统对不同产品或产品组合的成本进行管理和比较，帮助企业识别高成本产品，优化生产结构，提高产品盈利能力。最后，成本项目维度将生产成本按照不同的成本项进行细分，如人工成本、原材料成本、制造费用等，从而更精细地了解成本构成，有针对性地进行成本控制和优化。

在确定维度的基础上，系统采用数据分析和建模技术对生产成本数据进行处理和分析，发现其中的规律和潜在关联，为企业提供准确的生产成本数据支持。

这样的数据分析和建模有助于提高成本预测的准确性和可信度，为决策提供科学依据。

（3）研发项目业务模型。

在研发项目业务模型的构建中，系统将研发项目预算划分为时间维度、经费维度和项目维度。首先，时间维度允许在项目的时间范围内进行预算分配和支出监控，通过将项目按照时间段划分，系统可以更好地跟踪项目进展、资源使用情况以及预算的实际执行情况。其次，经费维度将预算按照不同的经费来源或者预算项目进行划分，使用者可以清晰地了解不同经费来源对项目的支持程度，也可以及时掌握各项经费的使用情况，从而保证预算使用的合理性和透明度。最后，项目维度是对研发项目本身进行分类的方式，不同的项目可能有不同的特点和需求，因此对它们进行单独划分和分析可以更好地理解每个项目的预算需求和实际表现。通过综合运用数据分析和建模技术，系统构建出一个全面且灵活的研发项目业务模型，这个模型能够满足用户的不同需求，帮助企业更好地管理和掌控研发项目的预算和执行情况。

8.2.2　多上多下的预算编制

随着管理的精细化，越来越多的企业选择多上多下的预算编制流程，智能财务系统可以将预算编制细化到每个编制的时间节点、涉及的单位、预算内容，每次编制的数据均可保存，实现预算编制过程的统一管理及编制过程的追溯。图8－3展示的是全面预算中的多上多下预算编制流程。

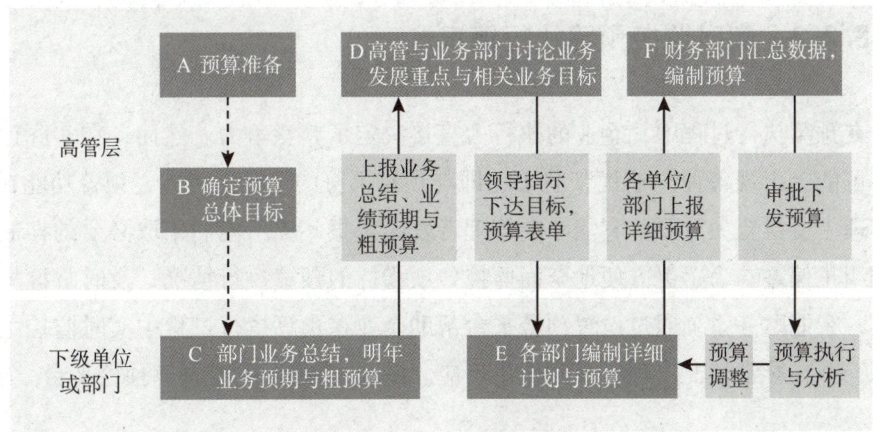

图8－3　多上多下预算编制流程

多上多下的预算编制流程以高管层预算准备为起点。在此过程中，高管层确定预算的总体目标，并对公司的业务展望进行评估。接下来，下级单位或部门根据各自的业务情况，总结部门的业务需求和计划，提出明年的业务预期以及初步的粗略预算。这些业务部门提交的预期和预算将上报给高管层。预算提案上报后，高管层将与各业务部门进行讨论，重点关注业务发展的重点和相关目标。在这个讨论过程中，可能会进行多次沟通和修改，直至达成共识。高管层领导根据讨论结果对目标进行最终的指示和下达。接下来，各业务部门将根据领导下达的目标，编制详细的计划与预算，这些详细计划包括各项业务活动和资源投入的细节。业务部门将编制完成的计划和预算再次上报给高管层进行审核和确认。

在预算数据逐步汇总和预算编制的过程中，财务部门发挥着重要的角色。财务部门负责收集、整理和汇总各个业务部门提交的预算数据，以确保数据的准确性和一致性。在完成预算数据的编制后，财务部门进行最终的预算汇总工作，形成公司整体的预算计划。最后，经过高管层的审批，预算计划正式下发给各个业务部门，这些业务部门根据预算计划进行实际执行，并定期对执行情况进行分析和评估，根据实际执行情况，各业务部门及时对预算进行调整，并编制新的预算计划，以确保预算的有效执行和适应业务的变化。

整个多上多下的预算编制流程是一个动态的过程，需要各个层级之间的密切合作和信息沟通，智能财务系统设定预算编制、审批流程，固化预算管理制度，实现多上多下预算编制流程的灵活管理，并对预算管理中每个环节设置职责权限和数据权限，细化预算管理，以确保公司能够高效运营并实现设定的目标。

8.2.3 实时监控预算执行情况

在预算执行过程中，企业的执行力直接决定了其竞争力。然而，在实际运作中，可能会出现各种“非优”状态，即与预算不符的情况。因此，预警功能在预算管理中变得至关重要，它能够向管理者发出警报，提示他们采取必要的控制措施来纠正偏差。为了更方便地全面监控各项指标的预算执行情况，及时掌握异常信息，智能财务系统通过设置预警平台帮助企业在预算执行过程中实时监控关键指标，并在异常情况出现时及时作出反应。图 8 - 4 所示的是预算预警平台。

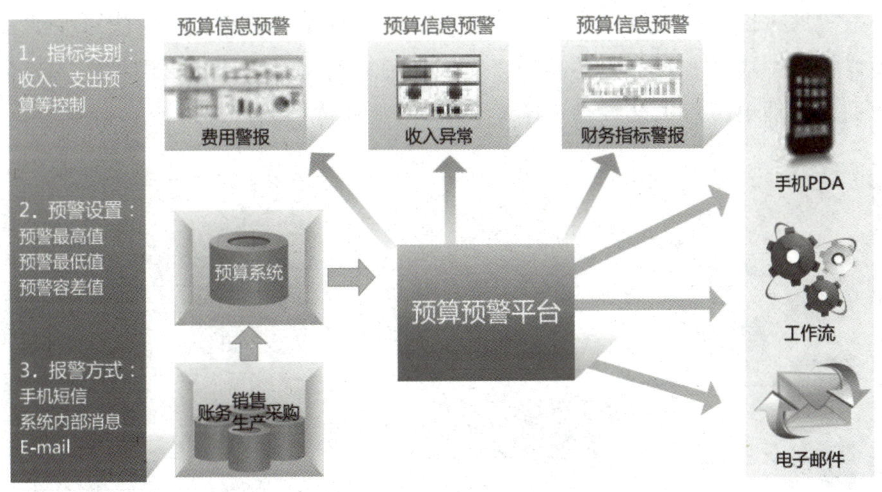

图8-4　预算预警平台

预警平台允许企业自由定义在单位运营过程中需要特别关注的预算指标，并通过自动计算和扫描按定义设定的各种参数来监控这些指标。当某个预算指标超出预设的临界值时，预警平台能够立即采取多种方式，如手机短信、系统内部消息、电子邮件等，向相关人员发送预警信息。预警平台支持按照不同部门和业务进行定期的预警提示，同时可以根据预先设定的规则和周期执行计划任务，并向相关人员发送相关预警信息。这样的灵活性和自动化功能使得预警的管理变得更加高效和及时，帮助管理者更好地掌握业务的动态情况。

预算预警平台的一个重要优势是实时采集来自各部门的实际发生信息，并与预警设置进行匹配。这大大减轻了集团管理者因业务庞大而顾此失彼的担忧，管理者不需要时刻盯着每个细节，预警平台能够在关键时刻提醒他们关注问题并及时做出反应，确保预算的有效执行和业务的稳健运行。

除了实时预警功能，预警平台还提供预警情况的详细分析报告，这使得集团管理者能够更全面地了解风险状况，从而更有针对性地进行预防和决策，提高集团的风险防范能力。

8.2.4　全过程预算控制

规划与控制相辅相成。如果只有规划而没有控制，则规划容易流于形式；如果只有控制而没有规划，则控制没有依据，二者必须前后对应，密不可分。智能财务系统通过提供控制接口和实现业务系统与预算系统的连接，解决了企业集团在预算管理中缺乏有效控制的问题，实现了预算的实时监控和事中控制，为企业的规划和管理提供有力的支持。图 8－5 所示是预算控制过程。

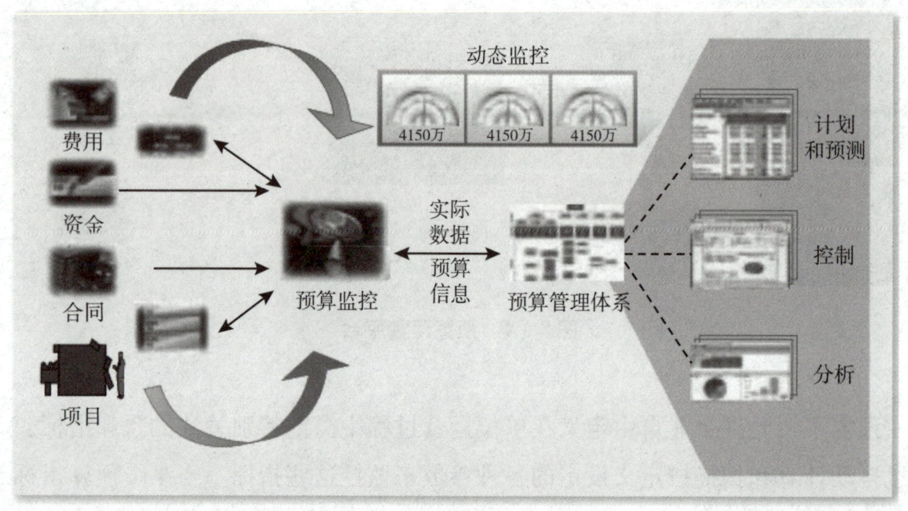

图 8－5　预算控制过程

智能财务系统通过提供控制接口，实现了业务系统与预算系统的紧密连接，系统通过设置多种控制方式，包括当期控制和累计控制，同时提供可刚性控制和柔性提示的选项，使得预算可以更加灵活地适应不同业务需求，并确保预算执行的有效性。

在业务系统进行业务处理时，智能财务系统会自动根据预算设置的预警控制条件，实时检查预算执行情况和已完成情况，并在业务发生时给予相应的提示。这实现了预算的事中控制，使管理者能够在关键时刻及时发现并纠正问题，从而避免预算偏差的扩大。

另外，智能预算系统还具备与集团企业现有的财务、资金、核心业务系统等集成应用的能力。这样一来，预算就能全方位地控制财务、资金、核心业务等方面的情况，为企业降低运营风险提供了有力支持。

智能预算系统还支持对业务处理的申请、审批、发生等各个环节进行控制。这意味着传统的预算控制不再局限于事后审查，而是在业务的事前、事中、事后全过程都得到控制。这种全过程控制让企业能够更加主动地应对业务变化，及时调整预算和资源分配，确保企业运营的稳健性和灵活性。

8.3 本章小结

本章主要讲解内容为智能预算管理的架构与实现。智能预算管理的实现需要智能财务系统和其他业务系统密切配合，解决企业现有难题，提高预算管理相关信息的准确性、全面性和及时性，从而进一步增强预算管理的价值，真正实现对企业战略发展的有效支持。通过本章的学习，学生需要通过对浪潮 GS 全面预算案例的理解，熟练掌握智能预算架构体系与实现流程。

思考题

1. 智能预算管理架构是什么样的？谈谈你的理解。
2. 谈一谈你对智能预算管理实现流程的理解。

思考题要点及讨论请扫描以下二维码：

第9章 智能资金管理

本章重点

1. 了解智能财务系统现金管理操作流程。
2. 掌握智能财务系统资金结算相关内容。
3. 学习智能财务系统下的资金预测模型。

现金流管理是企业的生命线，数字化的资金管控则是促进企业智慧运营的根基，智能财务系统可以提供科学、高效、智能的资金管理体系，企业能够进行更为精准的资金预测、分析及风险管控，对资金动态变化进行全面把控，最终实现高效的资金调配和成本控制。系统预置客户类型、结算类型、款项性质、币种、支付方式、授信账期等指标，从多角度、多口径进行全面资金管理分析，并支持多维度拓展。针对不同业务单元的业务模式和资金特点建立了资金预测模型，建立业务到资金的明晰传导关系，引导资源优化配置。

9.1 现金管理

对企业的现金、银行存款等业务进行全面管理，包括银企直联、银行对账、票据管理，并及时出具相应的资金分析及现金流预测报表，实现了从物流系统（采购、销售）到应收、应付系统再到现金管理的一体化应用。会计人员在该系统根据出纳录入的收支信息，自动生成凭证并传递到总账系统，能够帮助企业及时监控资金周转及余缺情况，随时把握公司的财务脉搏。

9.1.1 银行账户管理：银企直联

银企直联是一种新的网上银行系统与企业内部系统（如财务系统、现金管理系统、ERP 系统）在线直接连接的接入方式。

功能描述

银企直联通过因特网或专线连接方式，实现了银行和企业计算机系统的有机融合和平滑对接。企业通过财务系统的界面就可直接完成对银行账户以及资金的管理和调度，进行信息查询、转账支付等各项业务操作。同时，银企直联可以为企业在财务系统中开发和定制个性化功能提供支持，具有信息同步、高效简便、个性服务和安全可靠的鲜明特色。银企直联能够做到与企业计算机系统的对接，方便地完成企业系统的与银行有关的交易，助力企业实现账户统一管理、资金统一调拨、账务数据实时入库，大大提升企业的资金效率、财务效率。图 9－1 展示的是银企直联服务在 ERP 和资金管理平台的应用。

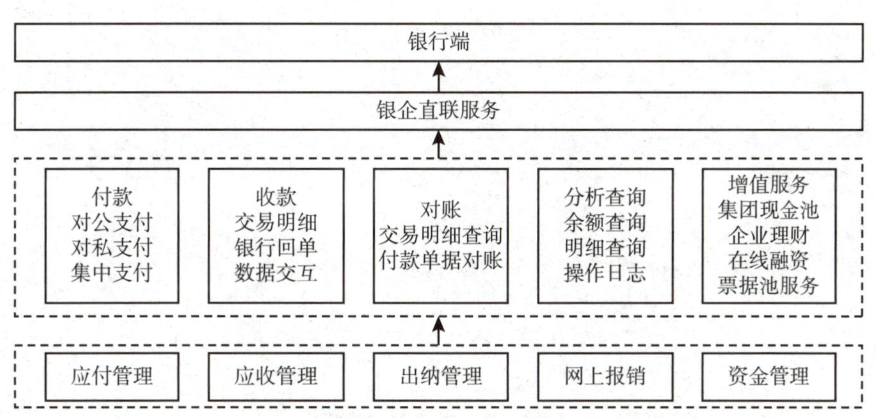

图 9－1 银企直联服务

操作步骤

（1）在“智能账务”系统中的“设置”下拉菜单中选择“银行账户”，点击“新增”，可以添加银行账户，并将银行账户与相关会计科目相关联，如图 9－2 所示。

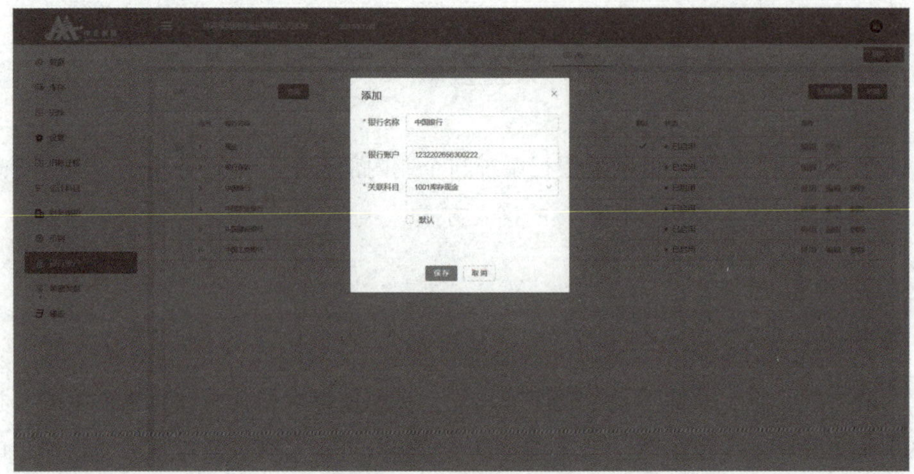

图9－2　新增银行账户

（2）在“银行账户”界面可以查询企业现有账户，单击“编辑”，可以对银行账户相关联的会计科目进行调整，如图9－3所示。

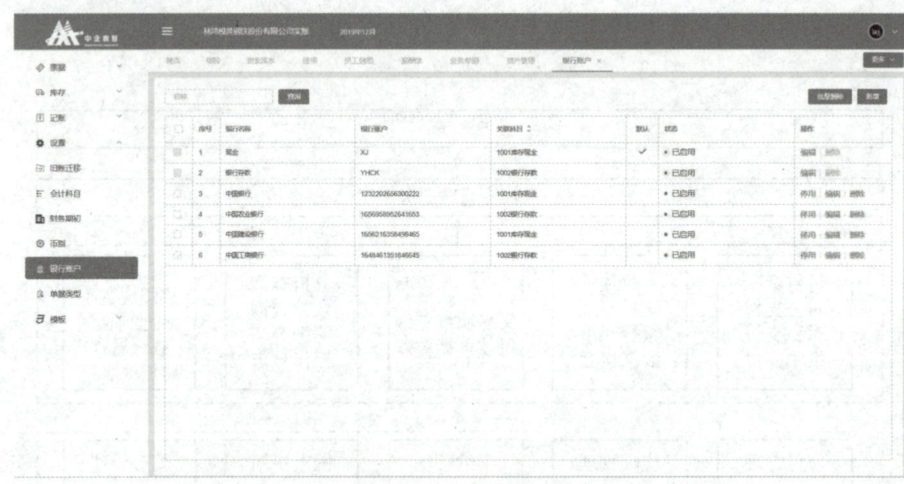

图9－3　银行账户管理

9.1.2　往来对账

往来对账功能的主要目的是验证两个或多个账户之间的交易记录，确保它们在不同账户之间的一致性。智能财务系统可以自动或半自动地对比和核对公司或个人账户之间的交易往来，确保账目的准确性和一致性。往来对账功能能够及时发现未核对的交易或不一致的记录，帮助用户迅速解决潜在的问题。通过及时对账，用户可以及时了解账户的财务状况，并采取必要的措施。

功能描述

智能财务系统的自动核对功能可根据结算方式、结算号和金额等关键信息自动匹配交易记录，节省时间和减少错误。同时，系统支持手工对账，让用户根据实际业务情况进行核对，保证数据准确性。对账后，用户可查看余额调节表和勾对情况，及时发现差异并进行调整。系统还提供未达账项分析，帮助用户找出问题并解决。已勾对的数据可进行核销，避免重复对账。这些功能共同提升了财务管理的效率和水平，为企业和个人提供了可靠的财务管理方案。

操作步骤

（1）在“智能财务”系统下设的“期末结账”下拉菜单中选择“客户对账单”，点击前面的方框勾选，然后点击“对账”，可以自动核对结算方式、结算号、金额等，如图 9－4 和图 9－5 所示。

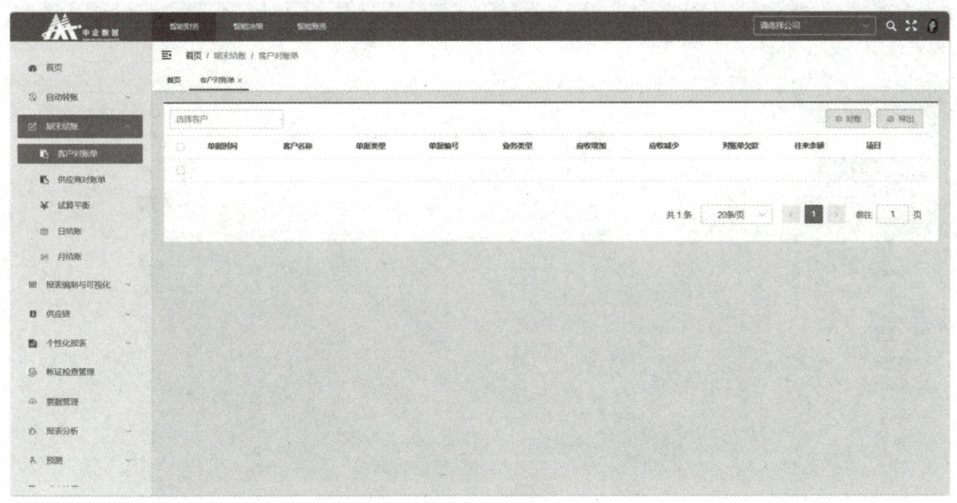

图 9－4　客户对账单

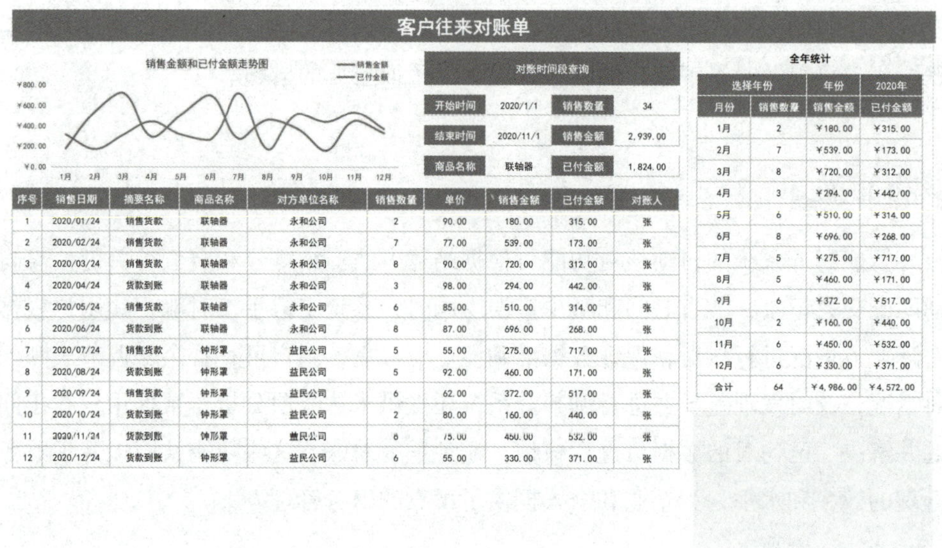

客户往来对账单

对账时间段查询			
开始时间	2020/1/1	销售数量	34
结束时间	2020/11/1	销售金额	2,939.00
商品名称	联轴器	已付金额	1,824.00

序号	销售日期	摘要名称	商品名称	对方单位名称	销售数量	单价	销售金额	已付金额	对账人
1	2020/01/24	销售货款	联轴器	永和公司	2	90.00	180.00	315.00	张
2	2020/02/24	销售货款	联轴器	永和公司	7	77.00	539.00	173.00	张
3	2020/03/24	销售货款	联轴器	永和公司	8	90.00	720.00	312.00	张
4	2020/04/24	货款到账	联轴器	永和公司	3	98.00	294.00	442.00	张
5	2020/05/24	销售货款	联轴器	永和公司	6	85.00	510.00	314.00	张
6	2020/06/24	货款到账	联轴器	永和公司	8	87.00	696.00	268.00	张
7	2020/07/24	销售货款	钟形罩	益民公司	5	55.00	275.00	717.00	张
8	2020/08/24	货款到账	钟形罩	益民公司	5	92.00	460.00	171.00	张
9	2020/09/24	销售货款	钟形罩	益民公司	6	62.00	372.00	517.00	张
10	2020/10/24	货款到账	钟形罩	益民公司	2	80.00	160.00	440.00	张
11	2020/11/24	货款到账	钟形罩	益民公司	6	75.00	450.00	532.00	张
12	2020/12/24	货款到账	钟形罩	益民公司	6	55.00	330.00	371.00	张

全年统计

选择年份		年份	2020年
月份	销售数量	销售金额	已付金额
1月	2	¥180.00	¥315.00
2月	7	¥539.00	¥173.00
3月	8	¥720.00	¥312.00
4月	3	¥294.00	¥442.00
5月	6	¥510.00	¥314.00
6月	8	¥696.00	¥268.00
7月	5	¥275.00	¥717.00
8月	5	¥460.00	¥171.00
9月	6	¥372.00	¥517.00
10月	2	¥160.00	¥440.00
11月	6	¥450.00	¥532.00
12月	6	¥330.00	¥371.00
合计	64	¥4,986.00	¥4,572.00

图 9-5 客户对账单示例

（2）在“智能财务”系统下设的“期末结账”下拉菜单中选择“供应商对账单”，点击前面的方框勾选，然后点击“对账”，可以自动核对结算方式、结算号、金额等，如图 9-6 和图 9-7 所示。

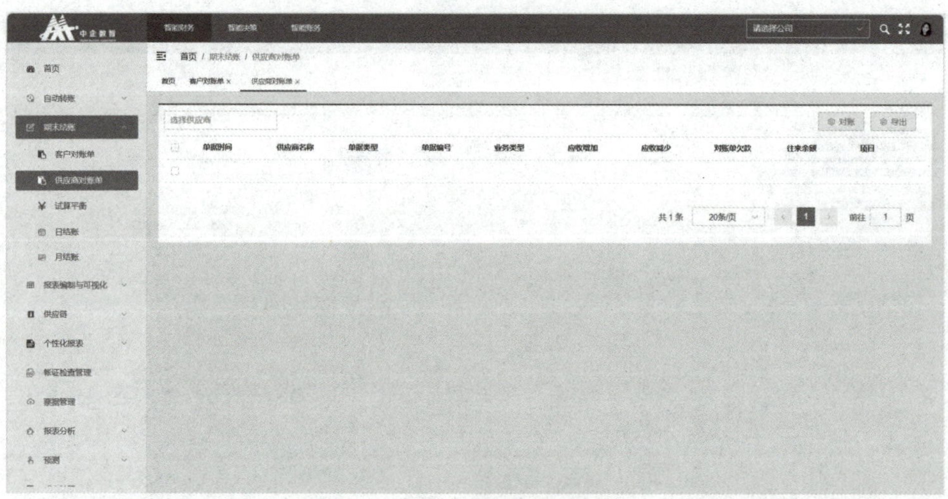

图 9-6 供应商对账单

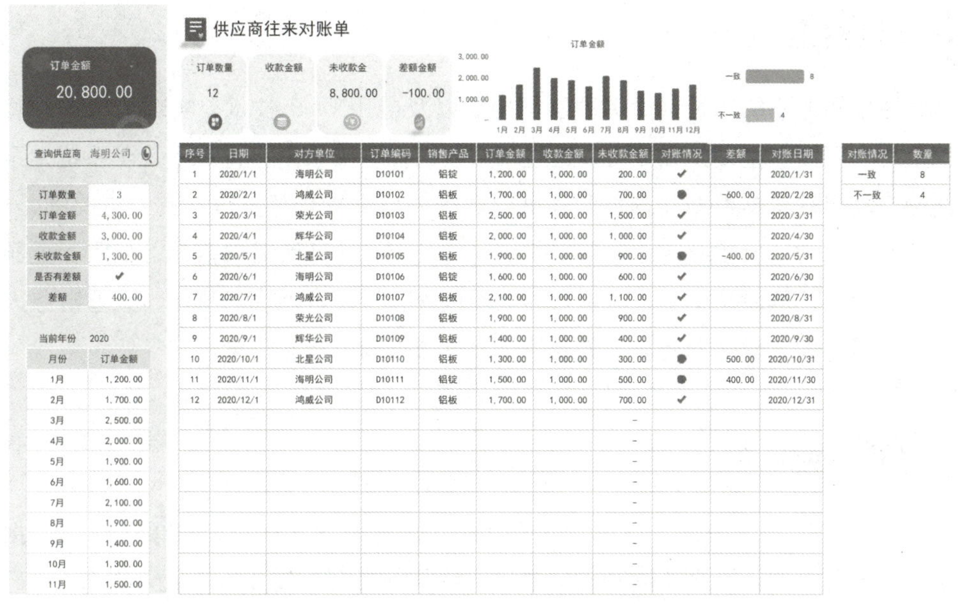

供应商往来对账单

订单金额	
20, 800. 00	
查询供应商	海明公司
订单数量	3
订单金额	4, 300. 00
收款金额	3, 000. 00
未收款金额	1, 300. 00
是否有差额	✔
差额	400. 00

当前年份　2020

月份	订单金额
1月	1, 200. 00
2月	1, 700. 00
3月	2, 500. 00
4月	2, 000. 00
5月	1, 900. 00
6月	1, 600. 00
7月	2, 100. 00
8月	1, 900. 00
9月	1, 400. 00
10月	1, 300. 00
11月	1, 500. 00

订单数量	收款金额	未收款金	差额金额
12		8, 800. 00	-100. 00

序号	日期	对方单位	订单编码	销售产品	订单金额	收款金额	未收款金额	对账情况	差额	对账日期
1	2020/1/1	海明公司	D10101	铝锭	1, 200. 00	1, 000. 00	200. 00	✔		2020/1/31
2	2020/2/1	鸿威公司	D10102	铝板	1, 700. 00	1, 000. 00	700. 00	●	-600. 00	2020/2/28
3	2020/3/1	荣光公司	D10103	铝板	2, 500. 00	1, 000. 00	1, 500. 00	✔		2020/3/31
4	2020/4/1	辉华公司	D10104	铝板	2, 000. 00	1, 000. 00	1, 000. 00	✔		2020/4/30
5	2020/5/1	北星公司	D10105	铝板	1, 900. 00	1, 000. 00	900. 00	●	-400. 00	2020/5/31
6	2020/6/1	海明公司	D10106	铝锭	1, 600. 00	1, 000. 00	600. 00	✔		2020/6/30
7	2020/7/1	鸿威公司	D10107	铝板	2, 100. 00	1, 000. 00	1, 100. 00	✔		2020/7/31
8	2020/8/1	荣光公司	D10108	铝板	1, 900. 00	1, 000. 00	900. 00	✔		2020/8/31
9	2020/9/1	辉华公司	D10109	铝板	1, 400. 00	1, 000. 00	400. 00	✔		2020/9/30
10	2020/10/1	北星公司	D10110	铝板	1, 300. 00	1, 000. 00	300. 00	●	500. 00	2020/10/31
11	2020/11/1	海明公司	D10111	铝锭	1, 500. 00	1, 000. 00	500. 00	●	400. 00	2020/11/30
12	2020/12/1	鸿威公司	D10112	铝板	1, 700. 00	1, 000. 00	700. 00	✔		2020/12/31
							-			
							-			
							-			
							-			
							-			
							-			
							-			
							-			
							-			

对账情况	数量
一致	8
不一致	4

图 9－7　供应商对账单示例

9.1.3　票据管理

智能账务系统的票据管理功能是一个重要的模块，它涵盖了对各类空白票据，如支票、商业汇票等的全生命周期管理。系统提供了便捷的方式来购置、领用、报销和作废空白票据，确保票据的安全和准确性。与总账、应付管理、现金管理等模块的集成应用，使得空白票据的使用与其他财务流程紧密关联，数据一致性得到保障。这一功能提高了财务数据的准确性和操作的便捷性，为企业带来更高效和可靠的财务管理体验，同时有效防范了票据管理的风险。图 9－8 是整个票据管理的流程。

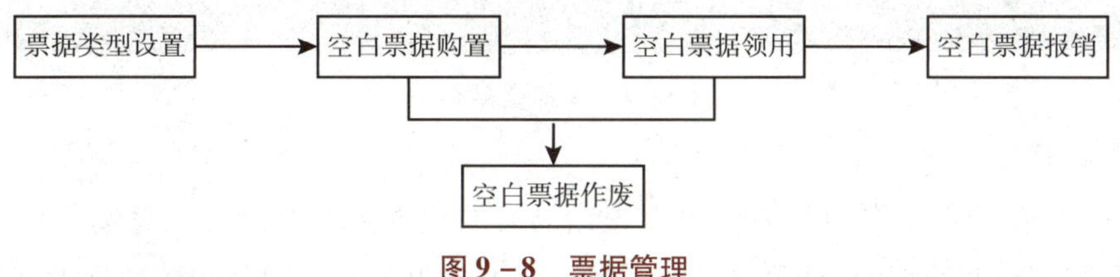

图 9－8　票据管理

功能描述

智能账务系统通过预设多种票据类型以及应用 OCR 技术，实现了票据的智能上传、存储和整理。用户可以通过拍照或扫描纸质票据，将其上传至系统，系统会自动识别票据类型并按日期和供应商等信息进行分类整理。更为重要的是，系统能够自动生成相应的业务单据凭证，自动填充凭证所需的数据，如收支金额和科目分类，从而减少了手动录入的烦琐过程和错误可能性。这样，企业财务人员可以节省大量时间和精力，更专注于财务数据的分析和决策。

操作步骤

（1）在“智能账务”系统中，用户可以通过“设置”下拉菜单选择“票据类型”功能，灵活管理不同种类的票据。系统将票据类型分为“收入类型”“产品类型”“费用类型”“收款类型”“付款类型”“其他类型”六大类。用户可以轻松添加票据，并与相应的会计科目进行关联，如图 9－9 所示。

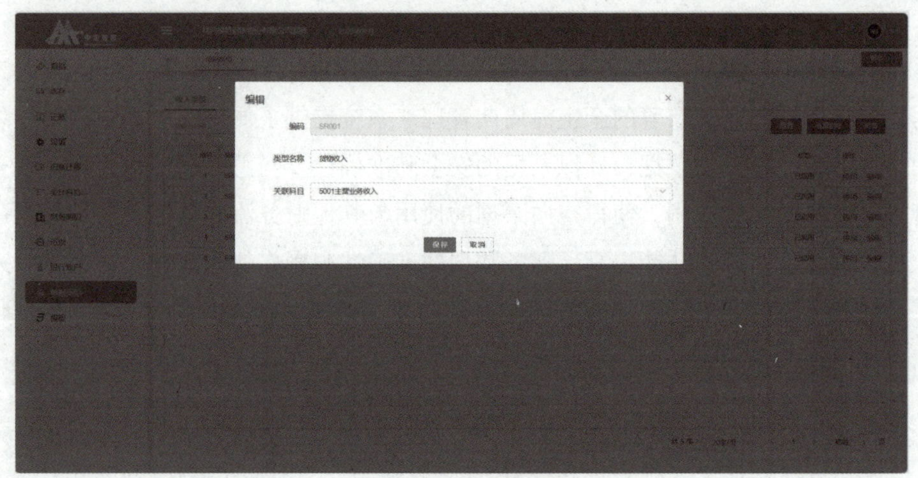

图 9－9　添加票据类型

（2）在“票据类型”界面可以查询已有的票据类型，点击“编辑”可以对类型名称及相关联的会计科目进行调整，点击“停用”可以停用该票据类型，如图 9－10 所示。

图 9－10　票据类型管理

（3）在“智能账务”系统中的“票据”下拉菜单选择“票据上传”，点击“新增”，可以上传原始票据图片，如图 9－11 所示。

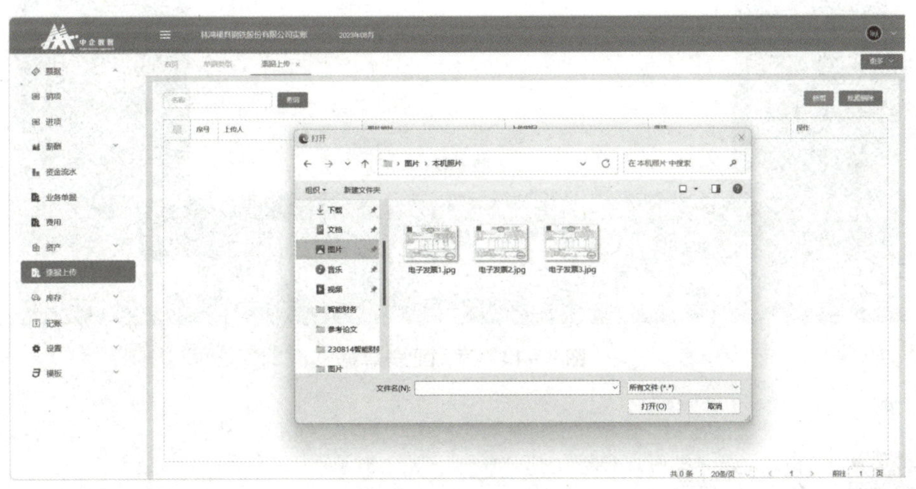

图 9－11　票据上传

（4）在“票据”下拉菜单选择“业务单据”，点击“新增”，可以添加销售、收款、付款、采购和其他业务的单据，点击“保存并新增”可以生成相关的单据信息，点击“生成凭证”，可以自动生成该笔业务的凭证，如图 9－12 和图 9－13 所示。

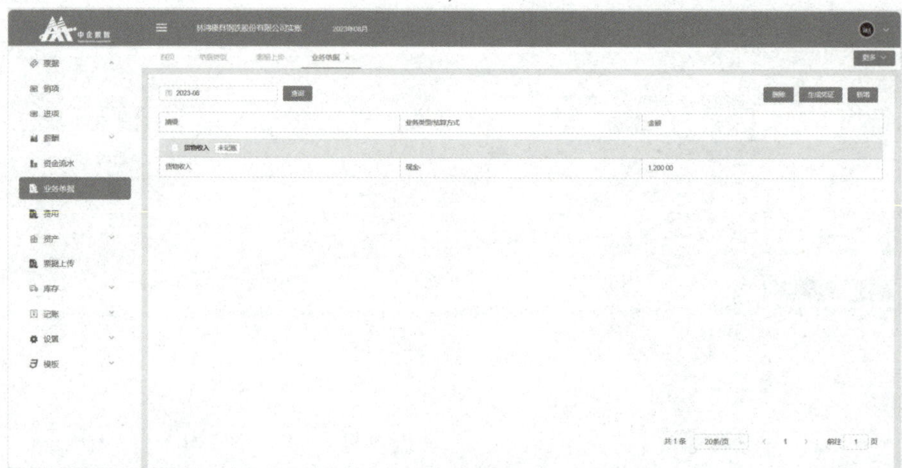

图 9－12 新增业务单据及生成凭证

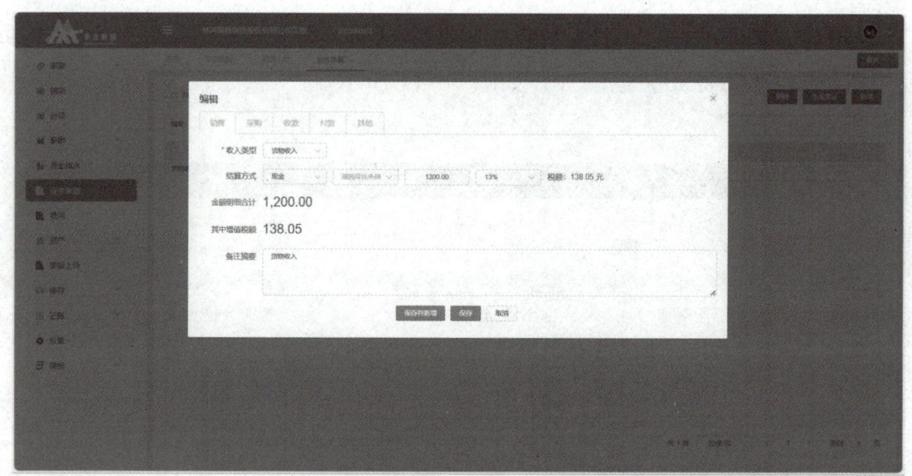

图 9－13 添加业务单据

9.2 资金结算

智能财务系统的资金结算功能使企业能够自动或半自动地完成各类财务交易的结算。它支持跨平台结算，保障资金安全，实现即时支付和收款，提供多种支付方式，并记录详细的交易历史。这一功能优化了企业的现金流管理，提高了财务运营效率，为企业提供可靠的财务管理支持。通过智能财务系统的资金结算，企业能更高效地处理资金，确保资金流动的准确和安全，推动企业的持续稳健发展。

9.2.1 智能财务系统资金结算特点

智能财务系统以资金集中管理为特点，具有信息可视化、数据智能化和流程标准化等特点，可以提高资金的使用效率，加强资金业务管理。

1. 信息可视化

智能财务系统具有显著的信息可视化特征，通过账户管理，可以扫描集团全部的账户信息；通过余额归集，可以查阅全部资金存量；通过资金支付平台，能够从供应商、银行、支付类型等多维度进行信息分析；通过预算数据，可以掌握资金计划执行情况；通过债务数据，可以安排还款计划；通过利率及市场数据，可以实时完成外汇分析等。越来越多的企业通过先进的信息技术，建设自己的资金管理平台，通过资金信息可视化可以监控资金风险，完善资金管理维度。

2. 数据智能化

智能财务系统具有智能化特征，主要体现在操作和数据两个方面。在操作方面，企业进行资金管理的目的之一是提升支付效率，而支付功能也是智能财务系统资金管理的基础和核心。在智能财务系统中，企业与银行通过与银行的银企互联，实现操作自助化，大幅度提升了资金支付效率。在数据方面，所有资金交易数据在资金管理系统中汇集，借助资金管理平台，企业可以完成对供应商、币种、国家、银行等维度的资金数据分析，完成外汇风险、信用风险数据分析，形成资金的大数据中心。

3. 流程标准化

在账户管理、支付管理、收款管理等流程标准、统一的情况下，通过智能财务系统的推广，对公司资金集中管理业务用软件系统的方式将整个公司的资金管理内容及流程固化下来，从而达到规范资金业务的流程和标准、加强对资金业务过程管理、集中对全公司的资金业务进行监控分析的目的。

9.2.2 智能财务资金结算流程

资金结算首先要满足日常收付款业务诉求，包括付款、转账、收款等，规范收付款流程，提高款项收付的效率，智能财务系统还与银行端口对接，通过线上付款和电子回单完成付款业务，如图 9－14 所示。日常收付款业务的资金结算流程如下：

（1）所有付款需进行溯源，包括差旅报销单、费用报销单、借款单和对公报销单，不允许出纳直接手工新增付款；

（2）通过银企直联进行付款、同名转账，存在银行代扣业务；

（3）对于收款入账信息不完整的款项，需各部门业务人员进行收款认领，补充业务信息；

（4）收付款款单可以直接关联“交易明细”“电子回单”“总账凭证”。

资金结算还需满足期末查账对账及结账的要求，智能财务系统支持由收、付款单生成收、付款凭证，凭证可以自动登记总账和日记账，并进行对账。相关的期末处理流程如下：

（1）期末出纳收款单、付款单、同名转账单直接生成凭证，提升凭证自动化率；

（2）采用凭证登账模式，总账凭证复核后自动登记日记账，最后通过“银行对账单”及“银行日记账”进行对账；

（3）出具“现金盘点表”及“银行余额调节表”；

（4）结账后不允许修改以前期间的数据。

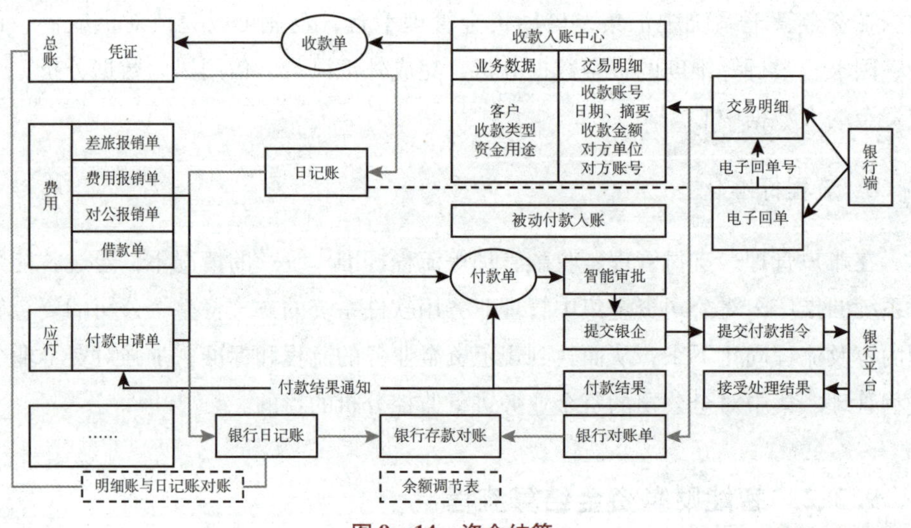

图 9－14　资金结算

9.2.3　智能财务系统资金结算操作示例

收付款业务处理是资金结算管理的关键，主要包括收付处理、智能收付、收款认领和结账前处理等过程。本章节基于“金蝶”业财银资一体化的智能资金结算解决办法①，介绍智能财务系统下资金结算中收付款业务的相关操作，以加深对智能资金结算的理解。

（1）付款业务处理。

以费用付款为例，智能财务系统汇集费用报销单，业务人员可以及时了解付款情况，单据报销申请审批通过后，可以通过系统消息通知出纳准予付款，如图 9－15 所示。

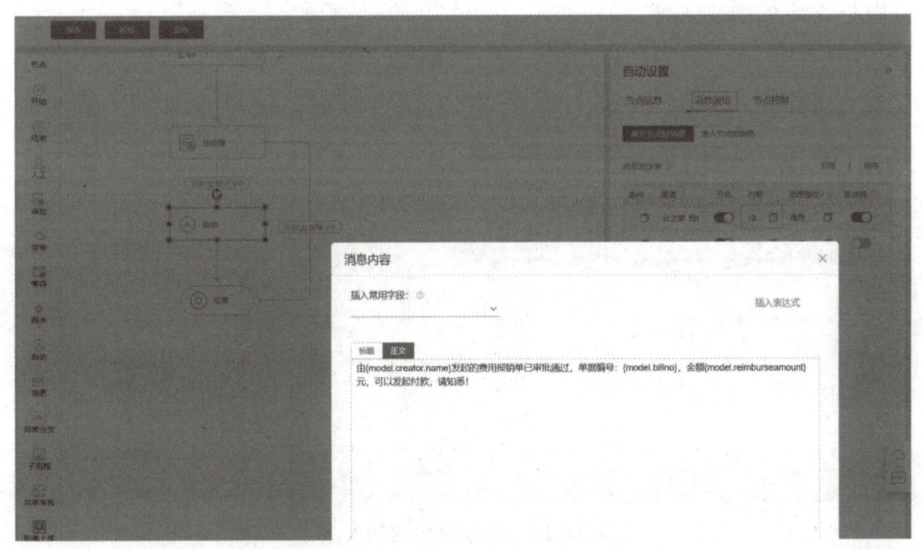

图 9－15　消息通知配置

报销单审批过后，系统还会自动生成“付款处理单”，付款成功后，费用报销单的状态会由“等待付款”转为“已付款”，如图 9－16 所示。

① 赵语国．企业业财银资一体化的资金结算应用实践［EB/OL］．金蝶云社区，2023－06－01.

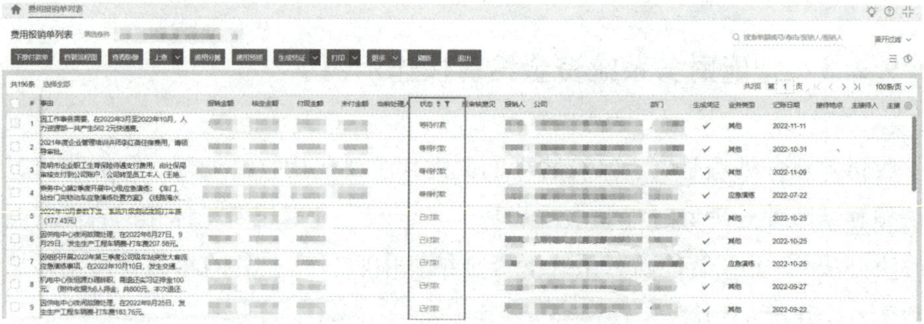

图 9－16 “费用报销单”单据状态

（2）收款业务处理。

收款业务可分为两个主要部分。第一部分是出纳可以了解所有收款信息的情况，这种情况下可以直接通过“交易明细”生成收款单，如图 9－17 所示。收款单可以直接根据规则入账。

图 9－17 收款单按规则入账

另一部分是对于收款入账信息不完整的款项，需各部门业务人员进行收款认领，补充业务信息，出纳可以通过“指定用户组”“指定业务单元和角色”“指定用户”的方式发送认领通知，业务人员认领后出纳再进行入账，如图 9－18 所示。

（3）结账前业务处理。

结账前，系统根据汇集整理的收付款单据直接生成凭证，并且系统还可以统一归档收付款单、交易明细、电子回单及凭证信息，以便后期存档和业务人员查询，实现单据联查，具体效果如图 9－19 所示。

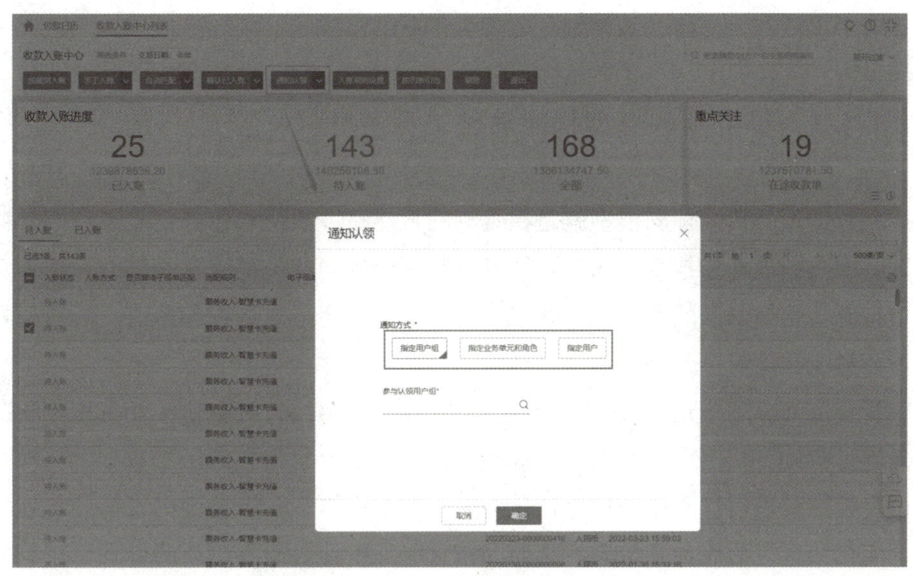

图 9-18　信息不完整款项通知认领

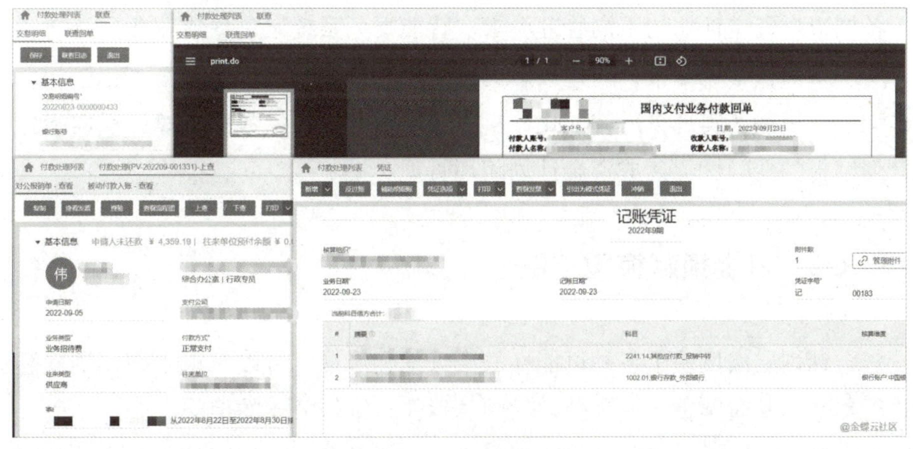

图 9-19　单据联查效果

9.3 资金预测

资金预测依托于系统所拥有的大量数据和优秀的大数据分析能力，实现资金预测、监控和管理等一系列功能。系统能够根据历史数据和市场行情等因素进行预测，以预测资金量和变化趋势，并通过实时监测系统做到及时调整以满足企业业务需求，从而在进一步提高银行管理效率、降低风险水平的同时，为银行在日常运营中提供有力支持，为精细化管理提供坚实基础。

9.3.1 资金预测模型构建思路

大数据下的资金预测模型就是在现有的智能财务系统和业务信息系统的基础上，将大数据理念和技术、人工智能算法与资金预测的关键因素相结合，将业务的信息流转化为财务的数据流，并与智能财务系统的历史数据相整合，通过机器学习，形成智能资金预测模型。

资金预测模型构建的整体思路可以分为四步：第一，对企业涉及资金收支的业务进行解读，找出影响收支的关键因素；第二，收集相关的历史数据，将涉及关键因素的对手信息和业务信息转化为财务数据；第三，将关键因素与转化后的数据流相结合，形成预测结果；第四，结合财务指标对预测结果的合理性进行修正，并不断完善模型。

资金预测的关键是要搭建多层级、多维度的资金计划管理体系，以满足自上而下各层级对资金计划的不同管理诉求。智能财务系统通过集成业务系统自动取数，实现事前自动化编报；通过灵活的计划控制策略，实现事中精细化管控；通过多维分析模型，实现事后智能化分析，为绩效考核提供数据支撑并反向指导资金计划编报的准确性，达成资金计划闭环管理。

9.3.2 资金预测模型示例

资金计划层次反映了各种可能性的未来现金流量，可以对未来中短期现金流量进行预测，及时预警，保证公司的顺利运作，维护公司的信誉。

如图 9－20 所示，竖条形代表现金流入，斜条形代表现金流出。资金计划层次大致上可以分为①现金和银行存款，②应收账款到期预测，③应付账款到期预测，④销售合同收款预测，⑤采购合同付款预测。②～⑤的预测集成自各业务和财务部门，都是根据合同的付款条款由系统自动推算的。

资金预测可以按天或周进行，图中横轴代表预测的时限，纵轴代表了资金余额。只考虑第①层，我们得到的是目前的现金头寸（cash position），图 9－20 中以实线箭头表示。增加已经确认的应收和应付的到期等因素，我们就得到了第一种资金预测，图 9－20 中以点状虚线箭头表示。再把销售合同和采购合同考虑进去我们又可以获得第二种资金预测，图 9－20 中以划线虚线箭头表示。其中资金预测二比资金预测一考虑了更多的因素，更适合决策支持。但是随着不确定因素的增加，资金预测二的可变性也相应增加。图9－20中根据资金预测二，该企业将在第四周出现资金缺口，资金管理部门应早作安排，防止因无法兑付到期债务而产生的损失。

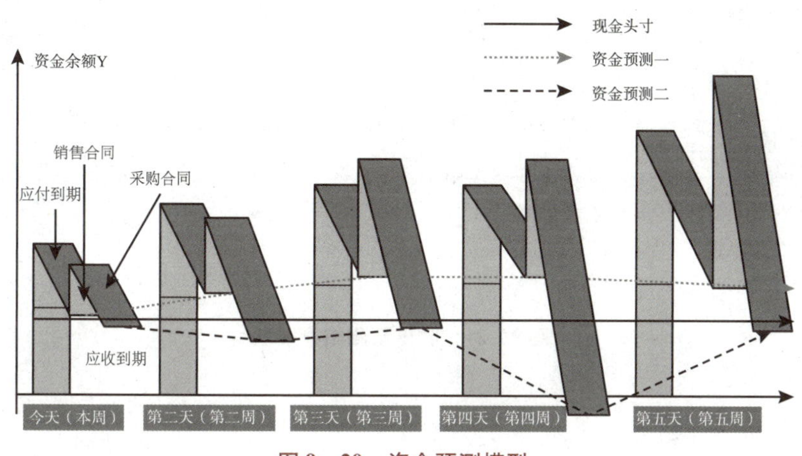

图9－20　资金预测模型

9.3.3　智能财务系统资金预测示例

智能财务系统的资金预测利用人工智能和数据分析技术来预测企业或个人未来一段时间内的资金情况，并根据资金预测结果制定资金计划，以帮助企业更好地规划和管理资金。收支预测是资金预测过程中的核心部分，本章节具体介绍智能财务系统中的收支预测及资金计划的相关操作。

（1）收支预测。

在智能财务系统中，收支预测提供了对资金流动的基本框架，它是资金预测的基础。通过收支预测，系统可以更好地了解企业或个人的财务状况，包括每个时间段内的预期收入和支出金额，以及收支的时间分配。这些信息对于资金的合理分配和资金规划至关重要。并且通过将收支预测与其他财务指标结合，系统可以更全面地分析资金流动的情况，提供更精准的资金预测结果。

除了在日常财务管理中的应用，资金预测在制定长期战略和决策时也非常有价值。通过对未来资金流动的预测，企业或个人财务可以更好地规划未来的投资计划、融资方案、成本控制措施等，以支持企业的可持续发展和个人的财务目标。图9－21展现了智能财务系统进行收支预测的结果。

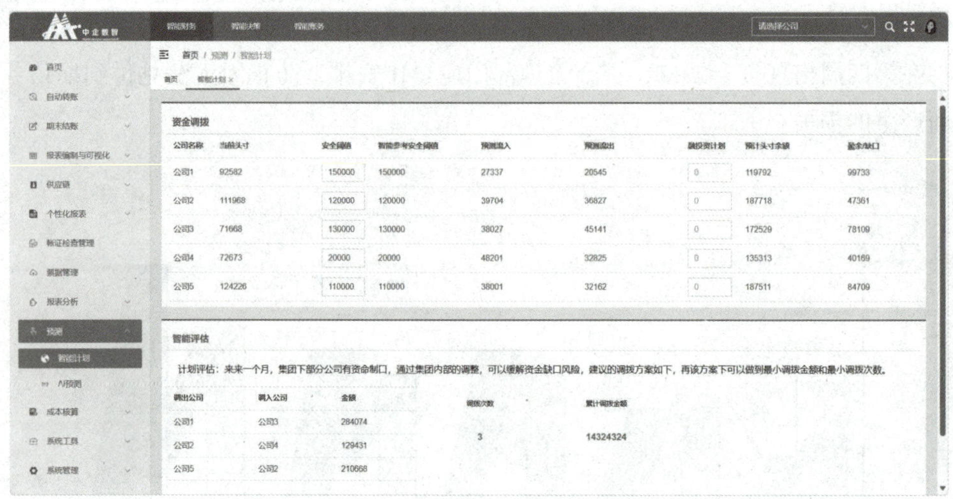

图 9－21 收支预测结果展示

（2）资金计划。

资金计划是财务管理中的重要环节，通过资金计划，可以实现财务目标，避免资金短缺或浪费，提高决策效率，支持融资和借贷，应对突发情况，以及优化资源利用。这个计划为管理层提供了重要信息，帮助作出明智的财务决策，并增加融资机构的信心。同时，它还为企业规划未来的资金使用和配置，确保财务稳健发展，促进长期财务规划的实现。

智能财务系统在资金预测的基础上进行资金计划，利用预测数据和数据分析帮助企业或个人制定更科学和有效的资金规划方案。首先，通过资金预测，系统能够预测未来的收入和支出情况，系统根据设定的财务目标和预测结果，制定资金预算，明确可用资金分配和分配方向。其次，智能财务系统优化资金分配，确保资金得到最优化利用，同时规划投资。最后，系统会监控资金使用情况，随时调整计划，确保资金计划的有效性和灵活性。这种基于数据和智能分析的资金计划有助于实现财务目标，提高财务管理效率，为持续发展和壮大提供有力支持。图 9－22 展示了智能财务系统所制定的资金计划以及对计划评估的结果。

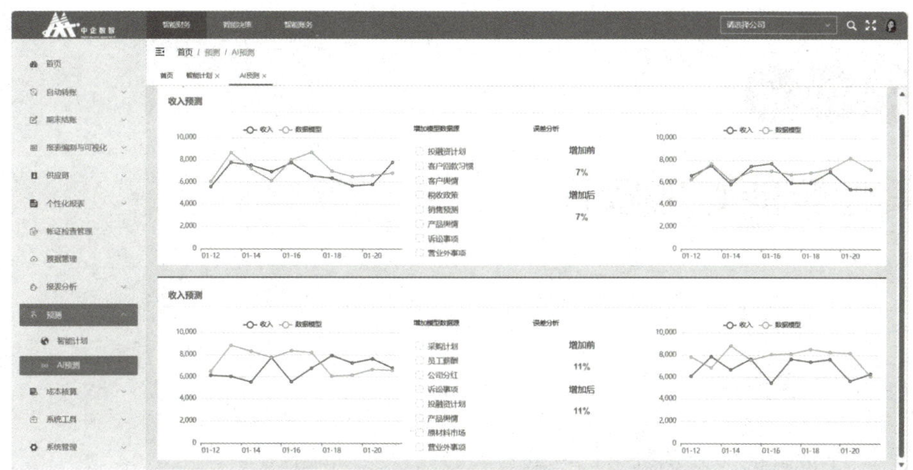

图 9－22　资金计划制定及评估结果展示

9.4 本章小结

智能财务系统可以提供科学、高效、智能的资金管理体系，帮助企业提高资金预测、分析及风险管控的准确性，实现高效的资金调配和成本控制。本章为智能财务系统资金管理相关操作的实操篇章，主要从现金管理、资金结算、资金预测出发，详细讲解运用该系统的相关操作步骤。通过该章学习，学生需要熟练掌握资金管理的相关内容并应用于实践。

思考题

1. 如何利用智能财务系统进行现金管理？
2. 智能财务系统资金结算特点有哪些？
3. 资金预测模型构建思路是怎样的？

思考题要点及讨论请扫描以下二维码：

第10章 其他智能财务管理

本章重点

1. 掌握智能财务系统下供应链管理的具体实现流程。
2. 掌握智能财务系统下研发管理相关内容。
3. 掌握出口退税智能管理。

智能财务系统基于财务共享理念和业财融合理念，将业务部门和其他业务部门整合于一体，实现跨部门协同，对于供应链管理、研发投入管理和出口退税管理等需要多部门共同协作的财务管理活动具有重要意义。本章通过对智能财务系统下供应链管理的具体实现流程，以及研发投入管理和出口退税的实现机理进行介绍，拓展智能财务系统在企业中的应用。

10.1 供应链管理

供应链管理是涵盖供产销全链条一体化的管理模式，通过信息网络、组织网络，实现生产及销售的有效链接和物流、信息流、资金流的合理流动，最终把产品以合理的价格，把合适的产品，及时送到消费者手上。供应链管理下可以细分为存货管理、供应商管理、客户管理、采购管理、入库管理、生产管理、销售管理、出库管理和库存管理。

10.1.1 存货管理

智能财务系统在对存货进行分类管理方面提供了强有力的支持。通过对存货的合理分类，企业可以更好地掌握存货情况，实时监控库存水平和存货结构提高。这种分类管理提高了企业对存货的敏感度和管理能力，有助于优化库存运营，提高资金使用效率，并为企业持续发展提供有力支撑。

功能描述

智能财务系统对存货进行合理分类，以不同的方式进行管理，并通过建立存货档案，记录存货的名称、品牌、型号、规格和计量单位等信息，为存货管理提供了基础数据。同时，建立存货清单，明确原材料和产品之间的关联关系，以便跟踪和了解产品的组成和生产过程，实现对存货的全面管理和监控。

操作步骤

（1）“供应链管理”项目下的“存货管理”功能提供了便捷的存货分类和状态管理工具。用户通过点击“存货管理”下拉按钮，选择“存货分类”，可以查看已有的存货分类列表和当前存货的状态（见图 10－1）。另外，点击“新增”按钮还可以便捷地添加新的存货分类，满足企业的特定需求（见图 10－2）。

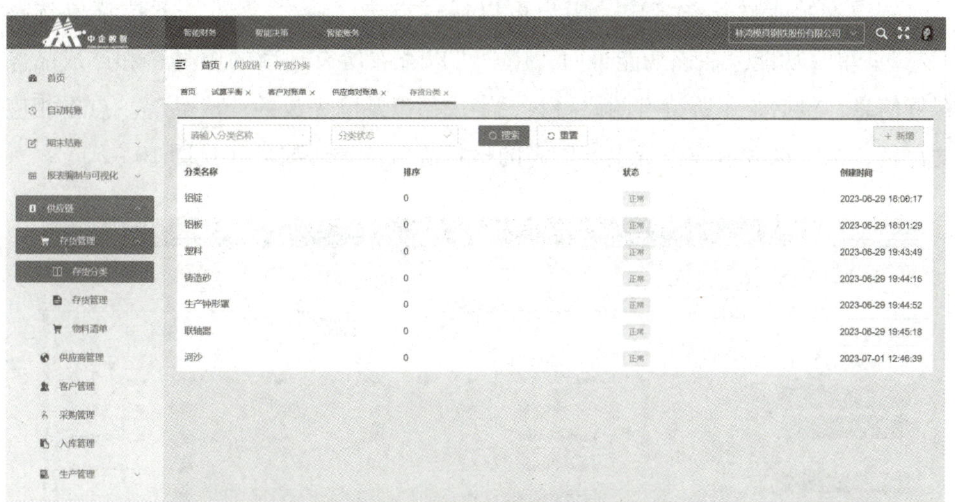

图 10－1　存货分类

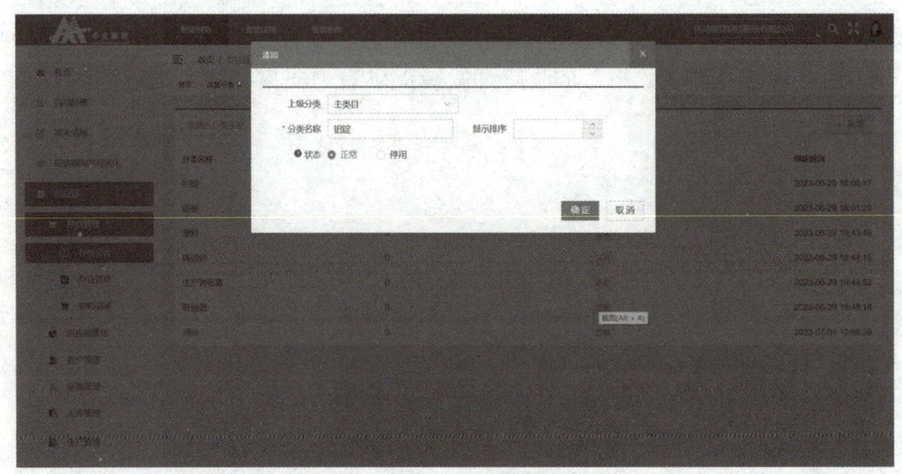

图 10－2 新增存货分类

(2) 在智能财务系统中，用户可以通过点击“存货管理”下拉菜单选择“存货管理”功能。在该功能页面，用户可以进行存货的细致管理（见图 10－3）。当用户需要新增具体的存货名称时，只需简单地单击“新增”按钮。这样，用户可以在存货分类下方便地录入新的存货信息，包括存货的名称、品牌、型号、规格和计量单位等（见图 10－4）。

(3) 在智能财务系统中，用户可以通过点击“存货管理”下拉菜单选择“物料清单”功能。在该功能页面，用户可以查看所有现存的原材料和产成品等存货信息，包括企业所持有的原材料、半成品以及已完成的产成品等。点击相应的存货，系统将显示该存货生产所需的材料清单及具体数量（见图 10－5）。

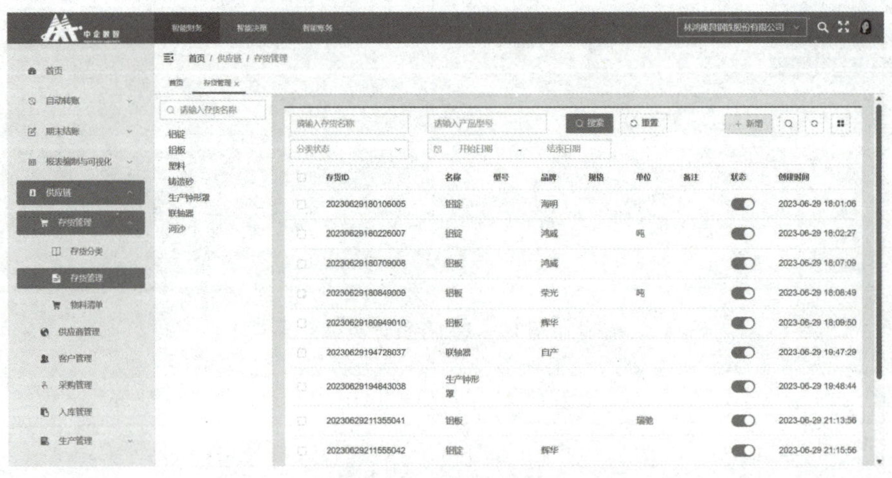

图 10－3 存货管理

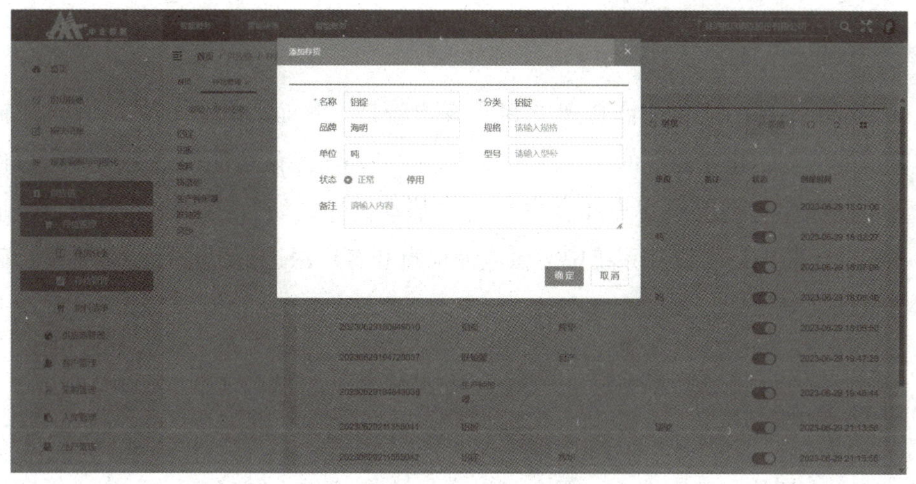

图 10－4　新增存货

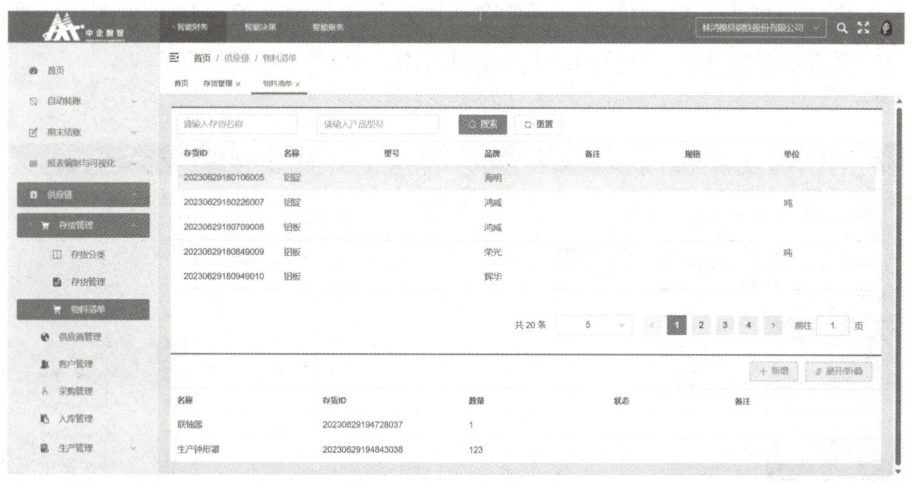

图 10－5　物料清单

10.1.2　供应商及客户管理

智能财务系统能够有效地归集和整理供应商与客户相关的信息。通过将供应商信息集中管理，企业可以更便捷地查找和联系供应商，优化采购流程，并在谈判采购条件时具备更全面的数据支持。通过对客户信息的有效管理，企业可以更好地了解客户需求、偏好和消费习惯，从而优化销售策略和提高客户满意度。

功能描述

在智能系统的“供应商管理”和“客户管理”界面，用户可以录入供应商和客户的信息，建立相应的供应商和客户的财务档案。该功能使得用户可以方便地记录并保存与供应商商户和客户相关的基本信息，如名称、联系方式、地址等。同时，用户还可以在系统中对供应商信息和客户跟进情况进行实时更新，确保信息的准确性和时效性。

操作步骤

（1）在智能财务系统中，用户可以通过选择“供应链管理”下的“供应商管理”功能，查看已有的供应商信息。在该财务功能界面上，系统会列出当前已录入的供应商列表，包括供应商的名称、联系方式、地址等信息（见图 10－6）。当用户需要添加新的供应商信息时，只需点击“新增”按钮即可。

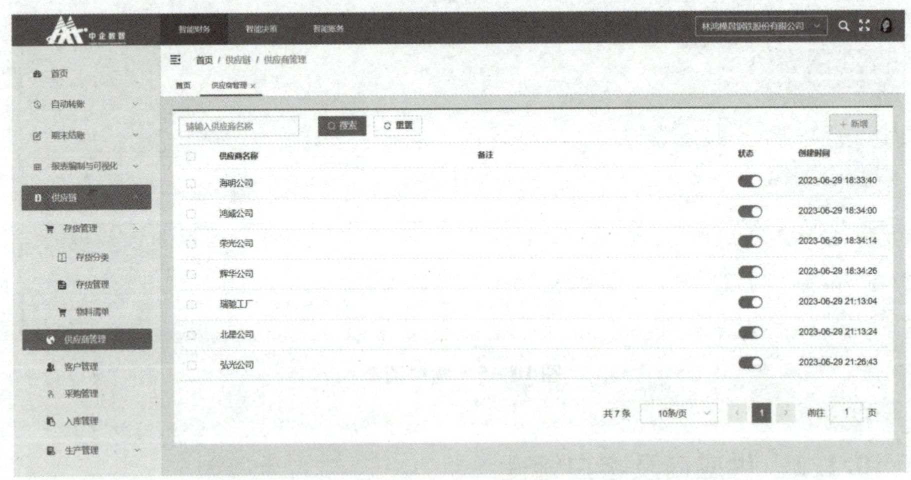

图 10－6 供应商管理

（2）在智能财务系统中，用户可以通过选择“供应链管理”下的“客户管理”功能，查看已有的客户信息。在该功能界面上，系统会显示当前已录入的客户列表，包括客户的名称、联系方式、地址等重要信息（见图 10－7）。除了查看现有客户信息外，当用户需要添加新的客户信息时，只需点击“新增”按钮即可。

图 10－7　客户管理

10.1.3　采购管理

智能财务系统可以采集并整合采购单信息，该功能为企业的成本核算和入库管理提供了极大的便利性和准确性。当企业的供应链中产生各种采购活动时，每个采购都会形成相应的采购单，智能系统能够自动采集这些采购单的信息，并准确统计每个采购项目的成本。

功能描述

智能财务系统的“采购管理”为企业提供了便捷和高效的采购单管理功能。通过该功能，用户可以方便地归集和整理各个部门或个人提交的采购单，系统还智能地为每个采购单生成独特的单据号，确保数据的唯一性和准确性。同时，相关人员可以轻松查看采购单的详细信息，如采购时间、数量、所属供应商等，为决策提供重要数据支持。

操作步骤

在智能财务系统“供应链管理”下的“采购管理”页面，用户可以查看已有的采购单信息。该功能界面将订单当前已录入的所有采购单，包括采购的日期、供应量商业信息、采购项目等关键内容，使用户能够及时地了解企业的采购活动情况（见图 10-8）。除了查看已有的采购单信息外，当用户需要添加新的采购单时，只需点击“新增”按钮即可（见图 10-9）。

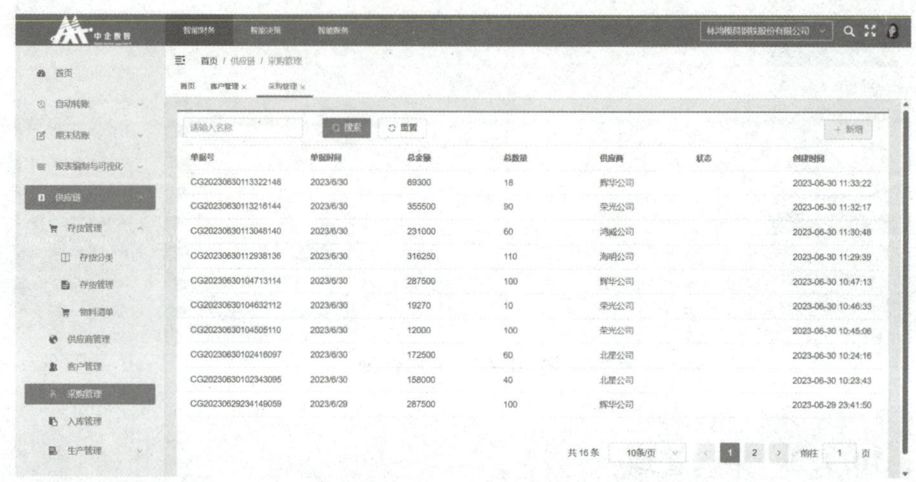

图 10-8 采购管理

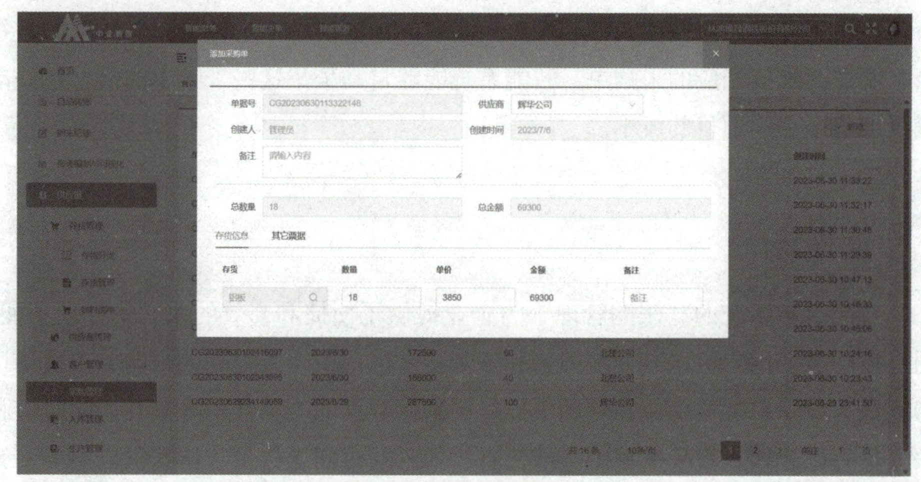

图 10-9 新增采购单

10.1.4 入库管理

在智能财务系统的支持下，入库管理的自动化和数字化程度得到显著提升。采用智能扫描或 OCR 技术，货物清单可以快速准确地录入财务系统，避免传统手工录入的错误和时间浪费。系统还能够实时更新库存数据，让企业随时了解库存水平和变化情况，从而更好地进行库存规划和调配。

功能描述

智能财务系统的“入库管理”功能可以统计和记录原材料和成品的入库信息，为企业的物流运作提供高效便捷的财务支持。该功能界面允许用户准确追踪原材料和成品的入库过程，确保材料和产品能够及时入库，为生产和销售提供持续的支持。

操作步骤

在智能财务系统的“供应链管理”下选择“入库管理”功能，用户可以查询特定原材料或产成品的入库时间和数量，通过输入相关查询条件，例如，原料或成品的名称、批次或供应商等，系统将根据条件筛选并显示相应的入库记录，包括入库时间和数量等关键信息，方便用户了解每个批量补货的到货情况（见图 10－10）。如果企业需要将新的原材料或成品入库，只需点击“新增”按钮，并选择对应的仓库，即可完成入库操作（见图 10－11）。

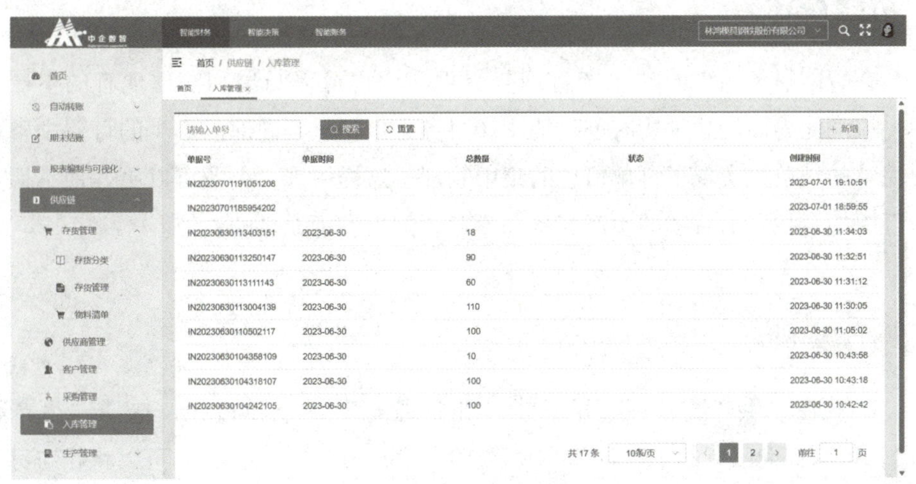

图 10－10　入库管理

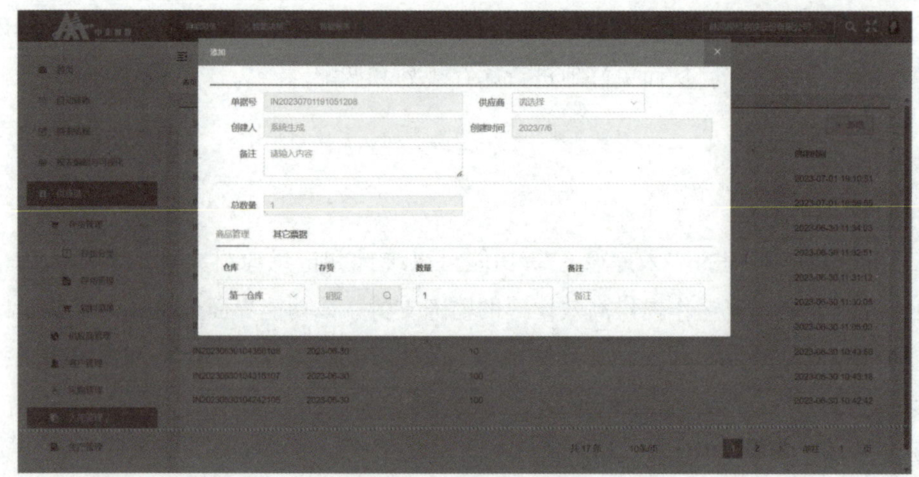

图 10－11　添加入库信息

10.1.5　生产管理

生产管理是企业生产运营的核心环节，通过智能财务系统帮助企业建立生产计划和排程，并根据生产计划自动生成物料需求计划，企业可以更加高效地规划、监控和控制生产活动，实现生产过程的优化和成本控制。

功能描述

在智能财务系统的“生产管理”界面，用户可以归集和管理现有的生产订单。该功能界面汇总了所有创建的生产财务订单，从不同部门产生的订单中整理出完整的清单，实现了订单信息的集中管理。这样一来，企业可以更好地掌握生产订单的全貌，为后续的生产安排和库存调配提供了充足的支持。

操作步骤

（1）在“供应链管理”下点击“生产管理”的下拉按钮，选择“生产订单”，可以查询已有的生产订单（见图 10－12），点击“新增”，可以将相应订单信息导入到系统中，相应的订单信息会同步到“生产领料”和“生产入库”界面（见图 10－13）。“物料清单”界面与存货管理中的“物料清单”同步。

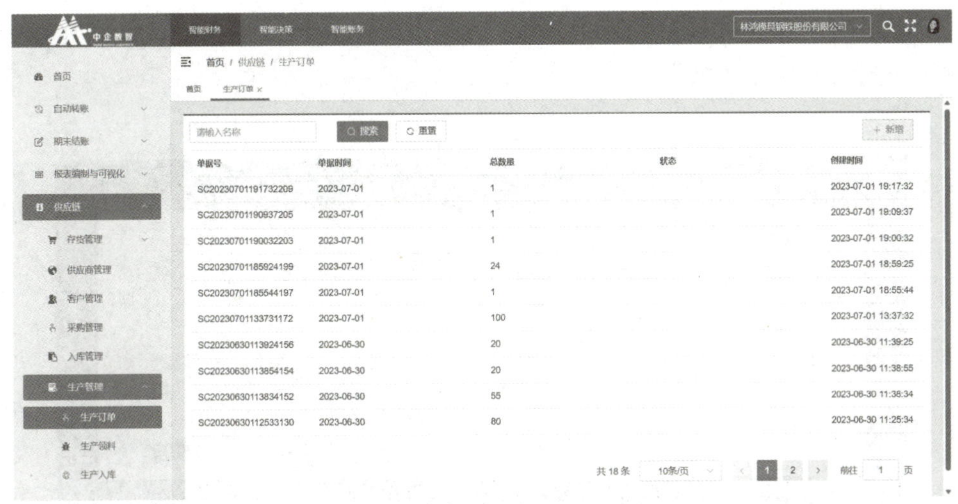

图 10 - 12　生产订单信息

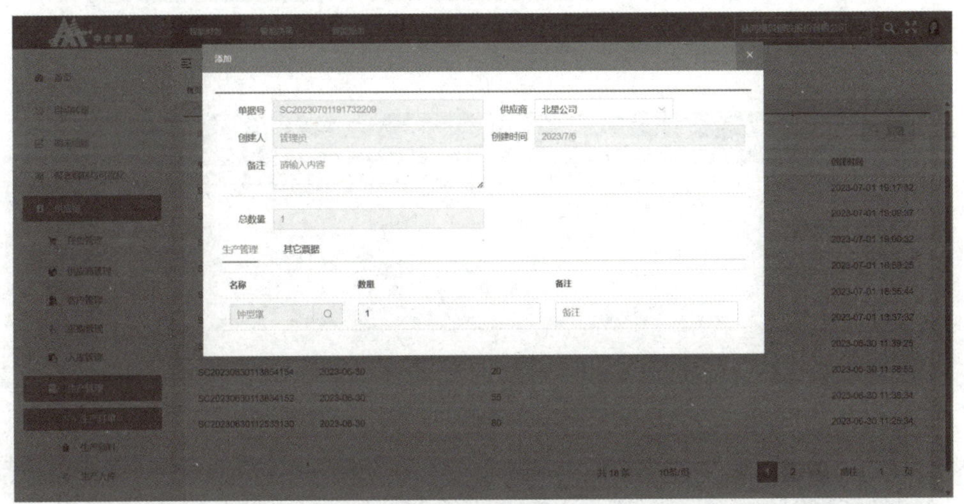

图 10 - 13　添加生产订单

（2）在智能财务系统的“生产管理”下拉菜单中，用户可以选择“生产领料”功能，进入领料管理界面。在该功能界面上，用户可以选择生产领料，并填写相应的领料数量（见图 10 - 14）。在填写领货数量后，系统会实时查询并展示与该生产订单的重要信息。

（3）在智能财务系统的“生产管理”下拉菜单中，用户可以选择“生产入库”功能，进入生产库存入库管理界面。在该功能界面上，用户可以选择特定的生产订单，只需输入实际的入库数量，即可完成入库操作（见图 10 - 15）。在填写入库数量后，系统会自动查询并展示与该生产相关的重要信息，包括所属仓库、仓库库存数量等数据。

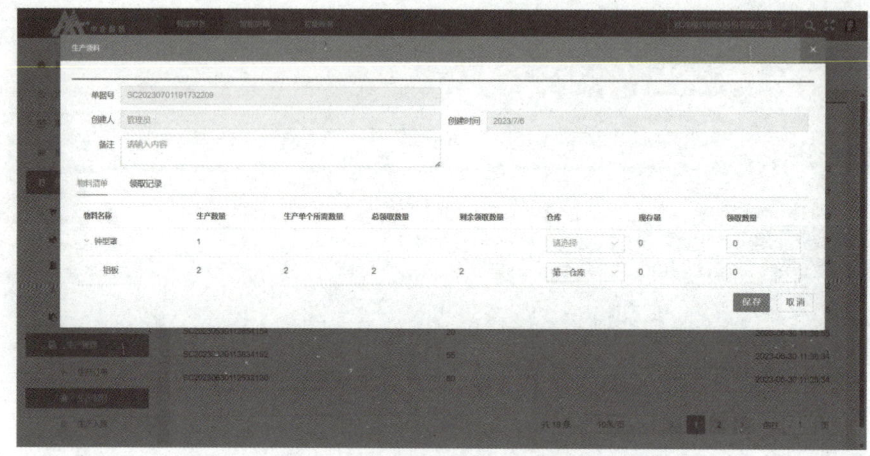

图 10 - 14　填写生产领料数量

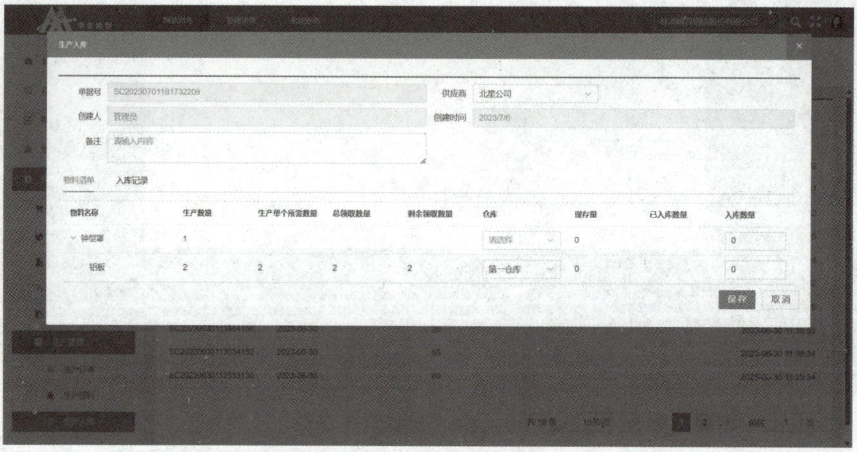

图 10 - 15　填写生产入库数量

10.1.6　销售及出库管理

销售及出库管理是企业财务和供应链管理中的重要环节，智能财务系统可以帮助企业集中管理销售订单，从订单生成到订单关闭，全程跟踪订单状态，并实时更新库存，企业可以更加高效地处理销售订单、出库操作和财务核算，实现销售过程的顺畅和财务数据的准确记录。

功能描述

在“销售管理”界面可以统计已经向客户销售的存货信息，对相关销售业务的金额和数量等进行统一管理。在“出库管理”界面可以统计已经出库的存货信息，方便存货及时出库。通过销售及出库管理可以及时更新存货的在库信息，调整生产安排。

操作步骤

（1）在智能财务系统“供应链管理”下的“销售管理”功能，用户可以查询销售信息。该功能界面汇总了所有已完成的销售记录，包括销售的存货种类、销售金额、数量等关键信息。除了查询已完成的销售记录外，当企业新增销售交易时，用户可以点击“新增”按钮，并录入向客户实际销售的存货信息（见图 10－16）。

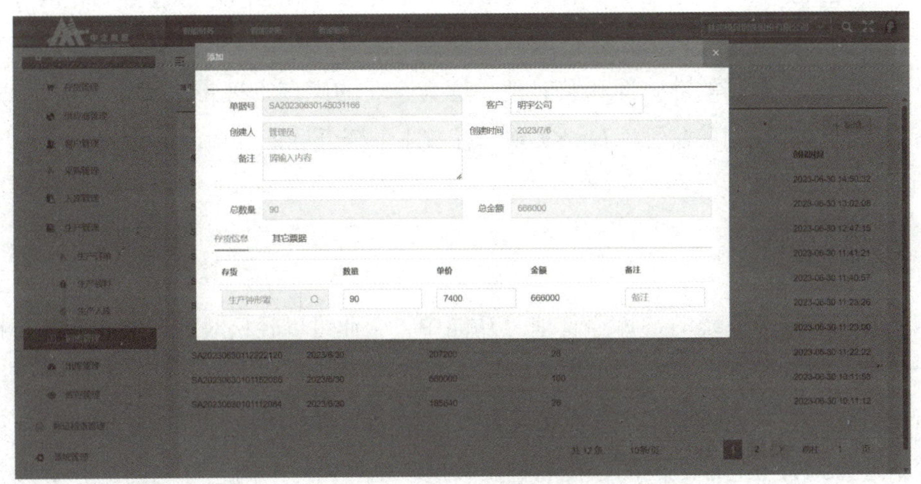

图 10－16　新增销售信息

（2）在智能系统的“供应链管理”下选择“出库管理”功能，用户只需点击“新增”按钮，即可进入出库信息录入页面（见图 10－17）。在该页面上，用户可以填写出库货的相关信息，包括存货种类、出库金额以及出库数量等关键数据。同时，系统会自动更新相关的库存和财务数据，确保出库信息与供应链中其他环节的数据保持一致。

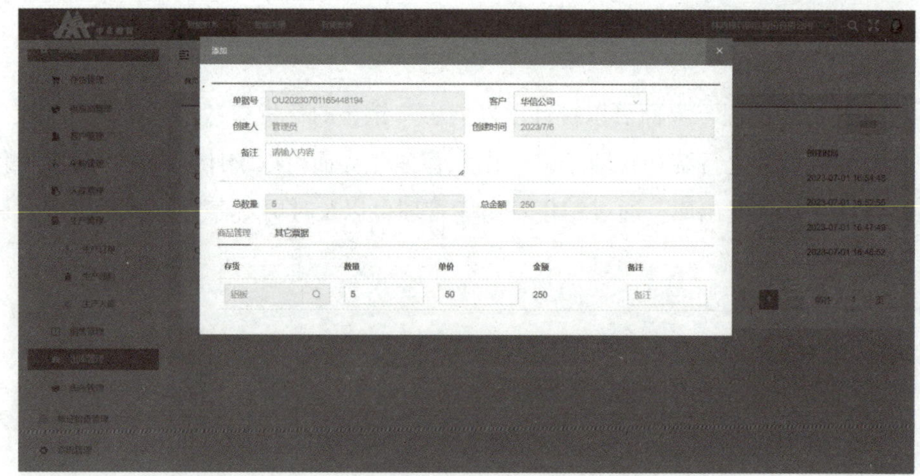

图 10－17 新增出库信息

10.1.7 库存管理

智能财务系统为企业提供了实时跟踪库存情况的功能，并通过自动化的方式持续更新库存数据。无论是进行入库还是出库操作，系统都可以快速调整库存数量，确保库存数据的准确性和及时性。这为企业的库存管理带来了全新的优势，有效帮助企业控制和监管库存，实现库存成本的降低和库存风险的缓解。

功能描述

在智能财务系统的“库存管理”功能中，企业可以轻松对现有的仓库进行批量管理，实现仓库状态和信息的及时更新。通过该功能，企业可以对不同仓库进行统一管理，从而全面了解仓库情况并及时做出调整。用户可以通过智能财务系统快速查询特定仓库之间的存货品种及数量，也可以对不同仓库之间的存货进行比较和分析。这样，相关人员能够及时了解仓库状况，做出科学决策，优化存货的管理和运营。

操作步骤

（1）在智能系统的“供应链管理”下点击“库存管理”的下拉按钮，用户可以选择“仓库管理”功能，进入仓库管理界面（见图 10－18）。在该功能界面上，用户可以方便地查看历史的仓库信息，并且可以根据需要进行新增仓库的操作。如果企业需要增加新的仓库，只需点击“新增”按钮，即可进入仓库信息录入页面。

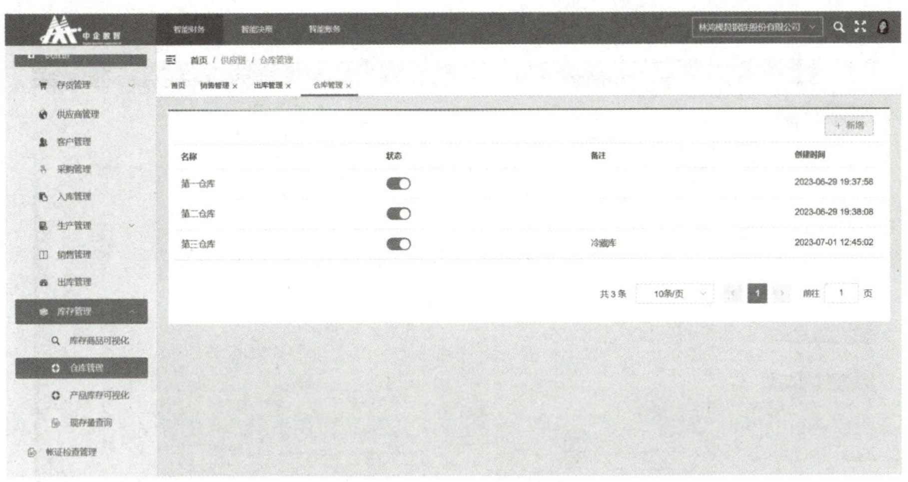

图 10 – 18　仓库管理

（2）在智能系统的“库存管理”下拉菜单中，用户可以选择“现存量查询”功能，进入现存数量查询界面（见图 10 – 19）。用户可以查看各个仓库下的存货情况，包括存货种类、存货数量等关键信息。

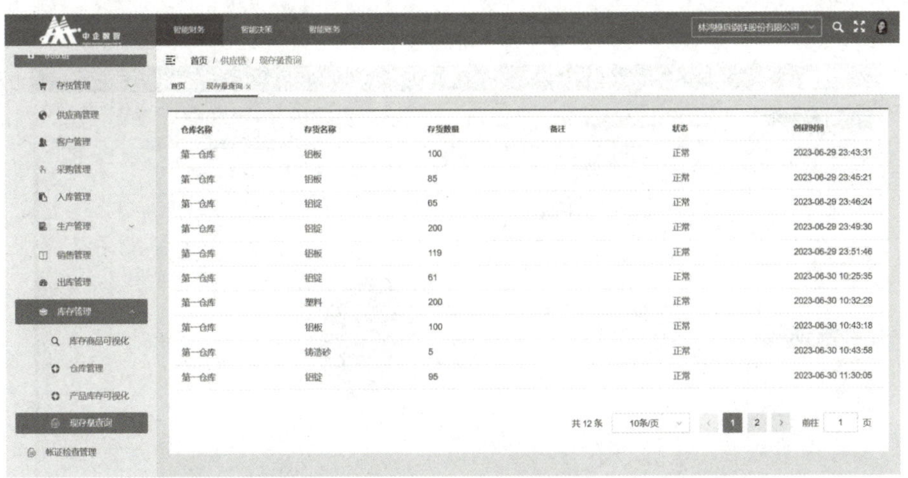

图 10 – 19　现存量查询

(3) 在智能财务系统的“库存管理”下拉菜单中，用户可以选择“产品库存可视化”功能，进入产品库存可视化界面，该界面通过图表和图形直观地展示产品库存的数量和变化趋势，用户可以查看产品库存的数量和趋势变化，以及导出可视化图以供进一步分析和报告使用（见图10-20）。

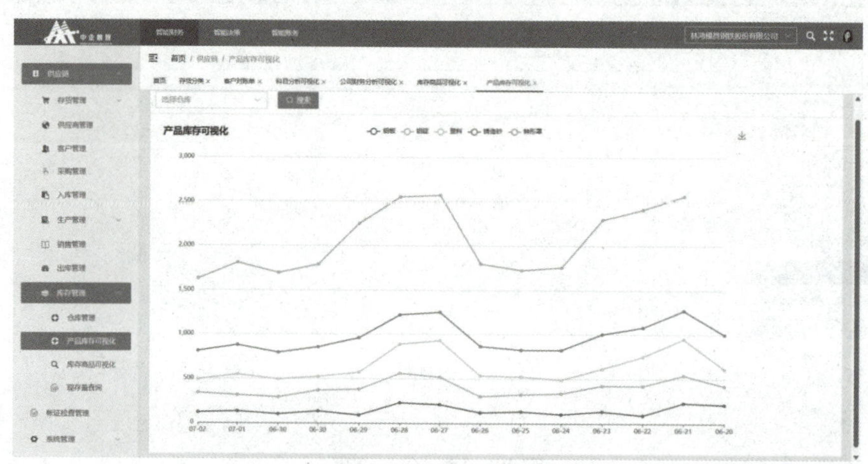

图10-20 产品库存可视化

(4) 在智能财务系统的“库存管理”下拉菜单中，用户可以选择“库存商品可视化”功能，进入库存商品可视化界面，该界面通过图表和图形直观地展示库存商品的数量和变化趋势，用户可以查看库存商品的数量和趋势变化，以及导出可视化图以供进一步分析和报告使用（见图10-21）。

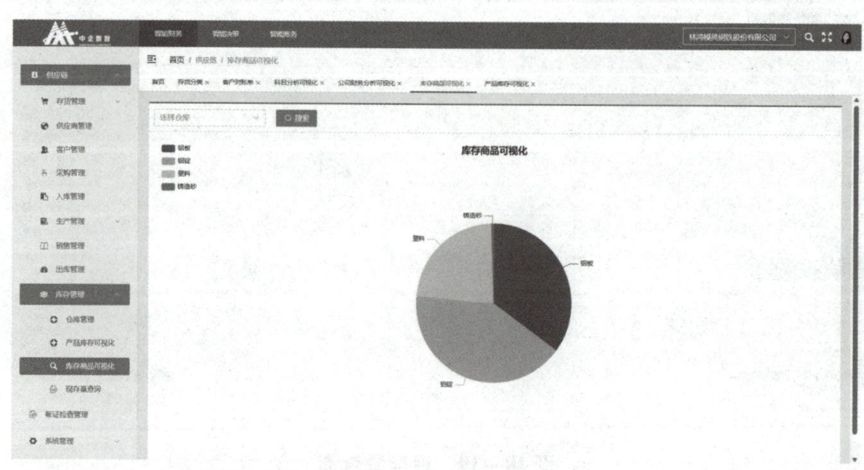

图10-21 库存商品可视化

10.2 研发投入管理

对研发投入活动进行全面的跟踪和分析，能够保证企业在技术研发和创新方面的投入得到合理规划和有效利用，这有助于推动新产品、新技术和新服务的开发，增强企业的竞争和市场地位。智能财务系统可以从经费设定到费用追踪，再到进度管理和绩效评估对研发投入进行全面高效管理和控制，帮助企业充分利用研发资源，提升研发项目的成功率和价值，从而为企业的创新和发展打下坚实的基础。

10.2.1 研发投入费用

研发投入费用是指公司在产品、技术、材料、工艺、标准的研究开发过程中发生的各项费用，包括以下几点：

（1）人员人工：从事研究开发活动人员的工资薪金；

（2）直接投入：为实施研究开发项目而购买的原材料等相关支出；

（3）折旧费用与长期待摊费用：包括为进行研究开发活动而购置的仪器和设备以及研究开发项目在用建筑物的折旧费用，包括研发设施改建、改装、装修和修理过程中发生的长期待摊费用；

（4）设计费用：为新产品和新工艺的构思、开发和制造，进行工序、技术规范操作特性方面的设计等发生的费用；

（5）装备调试费：主要包括工装准备过程中研究开发活动所发生的费用；

（6）无形资产摊销：因研究开发活动需要购入的专有技术（包括专利、非专利发明、许可证、专有技术设计和计算方法等）所发生的费用摊销；

（7）委托外部研究开发费用：是指企业委托境内其他企业、大学、研究机构、转制院所、技术专业服务机构和境外机构进行研究开发活动所发生的费用；

（8）其他费用：为研究开发活动所发生的其他费用，如办公费、通信费、专利申请维护费、高新科技研发保险费等。

10.2.2 研发部门职责

研发部门负责研发项目立项，并依据其他业务部门提供的相关资料确定研发计划，以便财务部门制定研发投入费用计划，研发部门根据计划进行研发投入。

（1）研发部根据市场需求和技术储备计划，具体负责项目立项工作，并形成“研发，明确项目名称、目标、内容、日项目立项文件”及“研发项目可行性研究报告”安排等。

（2）由研发部、财务部共同负责项目研发费用预算，按项目出具项目研发费用预算明细表。财务部门根据当年项目研发计划，按研发项目分别编制研发费用预算，年终由财务部、研发部门联合作项目决算，确定各项目费用支出总额。预算获得批准后，研发部门根据项目的科研特性具体负责控制研发费用的实际支出，超预算支出的须事前履行追加预算审批，将批件转交财务部。

（3）研发费用报销列支时，除遵循公司相关费用报销规定外，报销单据必须列明项目名称，由项目负责人在报销单据上签字后方可到财务报销，如为多个项目共同发生的费用，应在报销单据上注明公共费用。

（4）研究开发活动所需的材料、模具等统一由研发部门（或项目小组）开具领料单，交试制部门领料进行小试和中试，材料费分别在领料单上注明“用于项目研发”分别计入相应的研发项目。

（5）研发过程中的检验费及联合攻关或委托其他单位进行科研试制的费用，报销单据必须列明项目名称，应由项目负责人审核签字，经有关领导审批后方可到财务报销。

（6）项目完成后，由研发部负责组织对项目的评审，评审通过后，出具研究开发项目的效用情况说明、研究成果报告等。

10.2.3 研发投入管理流程

研发投入管理需要财务部门、研发部门和其他业务部门共同参与，研发部门首先根据相关部门提供的相关资料对研发项目进行立项，并制定相应的研发计划，交由财务总监审批和总经理审核，通过后由财务部门确定研发经费的构成，并根据相关部门提交的单据制定研发预算和研发费用使用计划，计划交由财务总监审批和总经理审核，通过后由财务部门进行研发费用使用监督、审计和考核以及费用计划的变更。费用计划变更审批通过后由研发部门执行相应计划，相关部门配合计划的执行。

研发投入管理如图 10－22 所示。

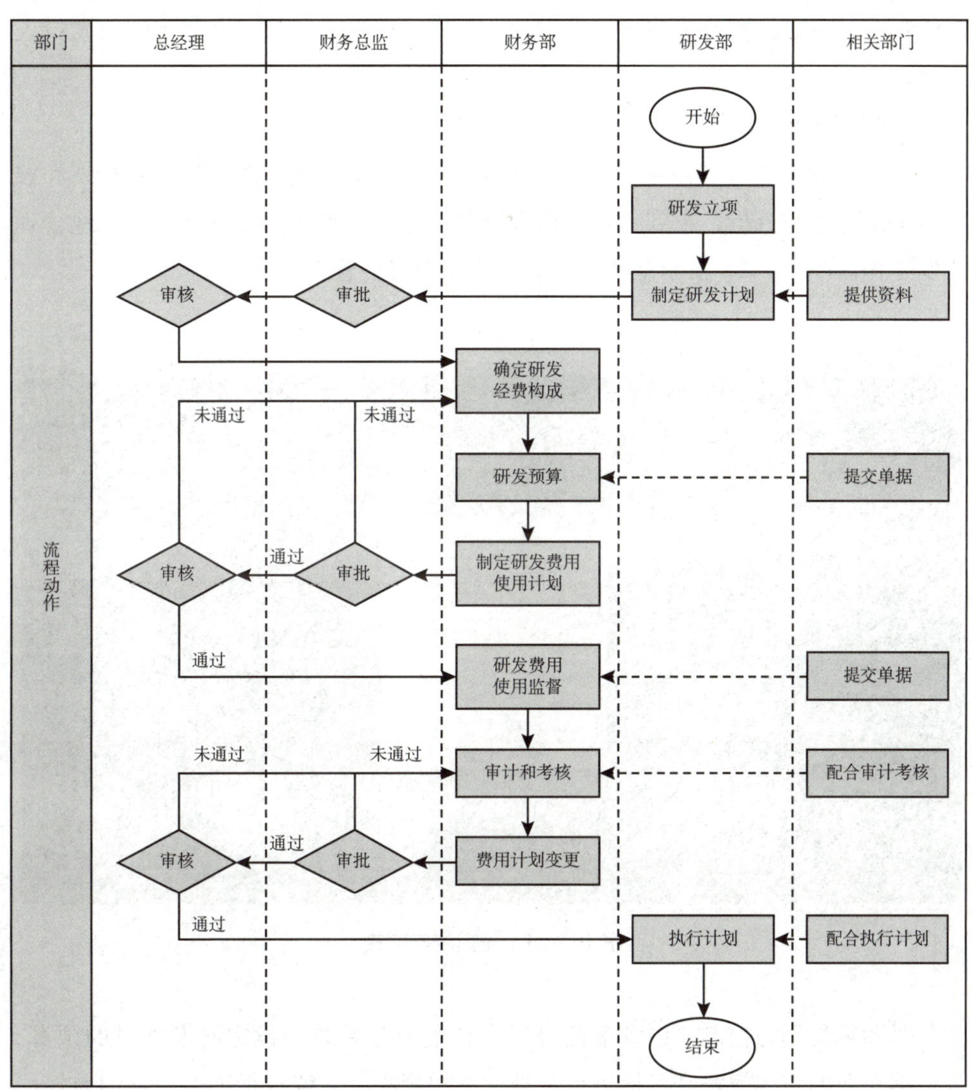

图 10－22　研发投入管理

10. 2. 4　研发投入管理操作示例

智能财务系统可以实现财务部门、研发部门和其他业务部门的协同。财务部门与研发部门协调进行预算设定与控制，并对费用进行追踪与分析，绩效与评估报告；研发部门计划具体研发活动并执行相应的研发预算，资源的使用要向财务部门申请；其他业务部门可以向研发部门提供相关资源支持，如人力、技术和设备等，并与研发部门密切合作，共同明确研发项目的需求业务和目标。通过跨部门协同，实现研发资源管理、研发过程监控以及研发资源使用全过程的研发投入管理。

（1）研发资源管理。

智能财务系统为财务部门提供了全面的研发资源管理功能，从预算规划和控制到费用追踪与分析，再到绩效评估和资源优化，财务部门可以更加高效地管理研发工作。图 10－23 所示是智能财务系统无形资产管理的界面。

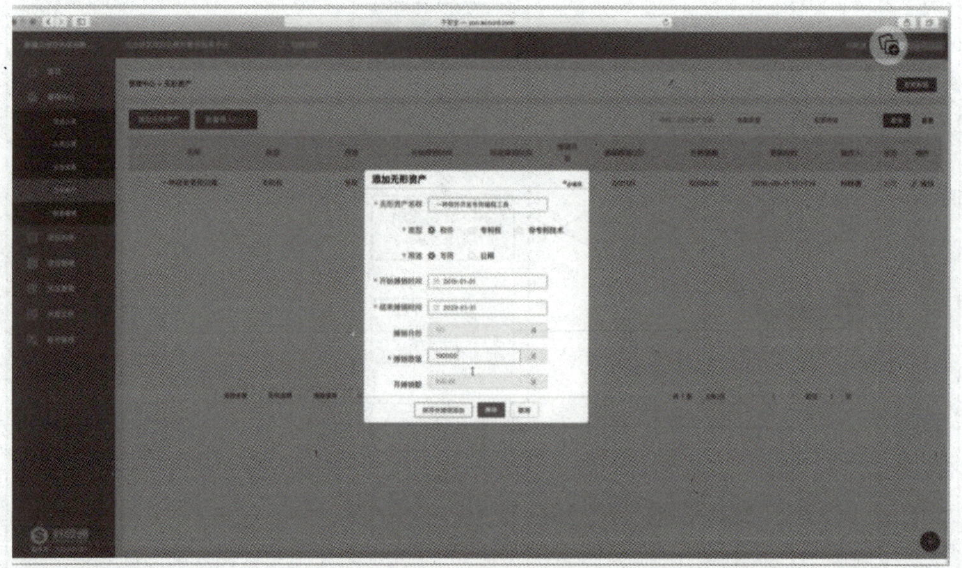

图 10－23　无形资产管理

①预算规划与控制。财务部门可以在智能财务系统中设定研发项目的预算，并根据企业的整体战略和目标进行合理的资源规划。系统将帮助财务部门监控研发预算的执行情况，实时追踪费用使用情况，及时预警和控制超出预算的情况。

②费用追踪与分析。在智能财务系统中，财务部门可以准确记录研发项目的费用，包括人工成本、材料采购、设备投入等各项费用。系统可以根据不同项目或阶段进行费用分析，帮助财务部门了解每个研发项目的具体费用结构和支出情况。

③绩效与评估报告。财务部门可以利用智能财务系统设定研发项目的绩效评估指标，通过对项目的绩效进行量化评估，帮助企业评估研发活动的成果和贡献。系统还可以生成相应的财务报告，为决策者提供科学依据。

④资源调配与优化。智能财务系统提供实时数据和分析，财务部门可以根据研发项目的情况，合理调配和优化资源分配，确保有限的资源得到充分利用，提高整体研发效率和成果。

（2）研发过程监控。

智能财务系统为研发部门提供了全面的研发项目监控功能，从细节管理和资源优化到费用控制与分析，再到绩效评估和管理，研发部门可以通过系统实时了解项目情况，有效管理研发过程，保障项目的顺利推进和成功实施。系统的数据整合和分析功能让研发团队能够更加科学地决策，提高研发项目的成功率和价值。图 10－24 所示是智能财务系统中项目研发进度管理的界面。

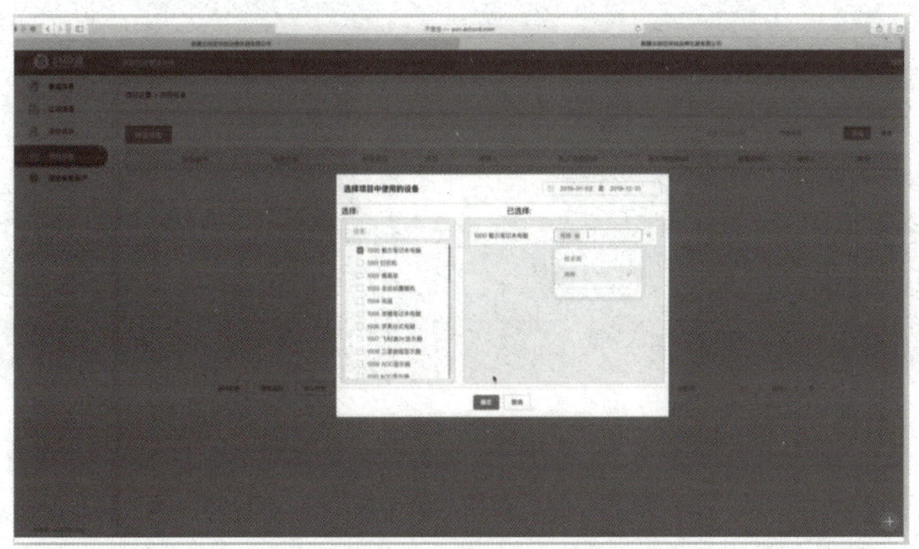

图 10－24　研发进度管理

①细节管理与跟踪。研发部门可以在智能财务系统中设定研发项目的阶段性目标，并实时跟踪项目的进展情况。系统将提供项目细节的可视化展示，让研发团队清晰了解项目的当前状态并完成预期时间。

②资源管理与优化。智能财务系统为研发部门提供资源管理功能，包括人力资源、技术支持和设备投入等。研发部门可以根据项目需要，合理调整配置资源，优化资源分配，确保项目顺利进行。

③费用控制与分析：研发部门可以利用智能财务系统跟踪项目的费用使用情况，包括人员薪酬、材料采购、设备投入等。系统将提供费用分析功能，帮助研发部门了解项目的具体费用结构，确保控制费用在预算范围内。

（3）研发资源使用。

智能财务系统为研发部门提供全面的研发资源使用管理功能，通过预算申请到资源调配与管理，再到费用统计和进度跟踪，研发部门系统可以高效地管理和使用研发资源，实现项目的顺利推进和成功实施。图 10－25 所示是智能财务系统资源使用情况记录界面。

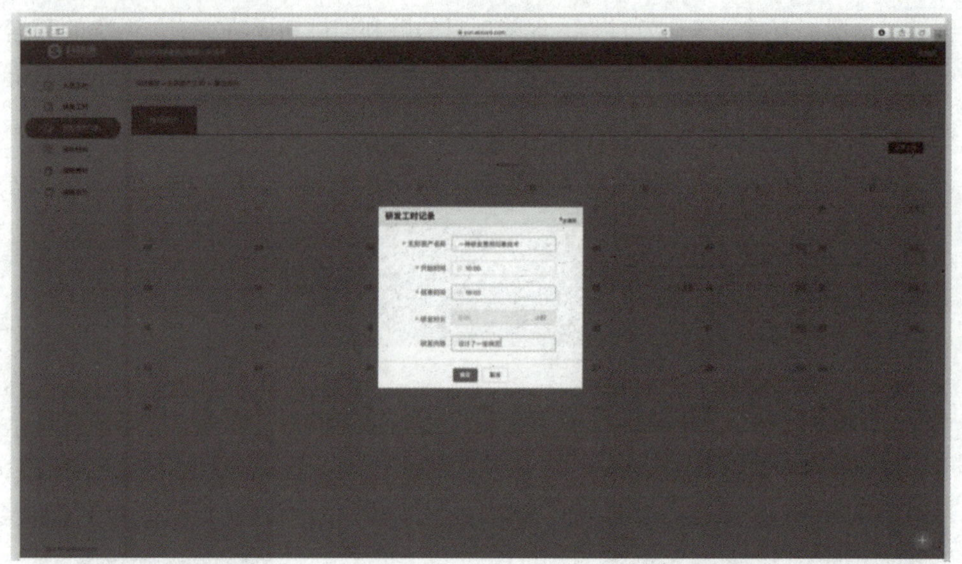

图 10－25　资源使用情况

①预算申请与预算。研发部门可以通过智能财务系统向部门提交研发资源的预算申请。财务部门根据企业的情况和战略规划进行财务预算，确保研发资源的合理分配和使用。

②资源调配与管理。智能财务系统提供了资源管理功能，研发部门可以根据项目需要，合理调配人力资源、技术支持和设备投入等资源，确保资源得到最优化利用。

③费用支出与统计。研发部门在进行研发活动时，可以通过智能财务系统记录和核算各项费用支出，包括人员补贴、材料采购、设备租赁等。系统将自动归集相关数据，实现实际费用的准确核算。

10.3 出口退税管理

出口退税政策目的在于给予出口企业税收优惠以增加出口商品的市场竞争力，但在实务中“两单一票”的处理还存在着资料获取滞后、申报数据耗时较长且准确率不高等问题。除此之外，由于目前仍需手工清分退税发票，并对出口报关单和相关附件进行逐一匹配，大型企业还面临着工作繁重、效率低下的问题，当品名、单位等不一致以及换汇成本超出合理范围等问题出现时，手工调整和修正的工作拖慢了出口退税的进度。通过出口退税智能管理，实现无纸化退税，智能财务系统与出口退税系统对接，极大地提高了出口退税业务办理的效率。

10.3.1 智能出口退税单证管理

基于智能财务系统的出口退税不仅可以实现无纸化管理，还可以通过智能配单、免填申报等功能节省出口退税办理的时间。系统还对各类单据实行数字化管理，与税务局端口对接，快速实现资料上传和数据传输。图 10 – 26 所示是智能财务系统进项发票归集的界面。

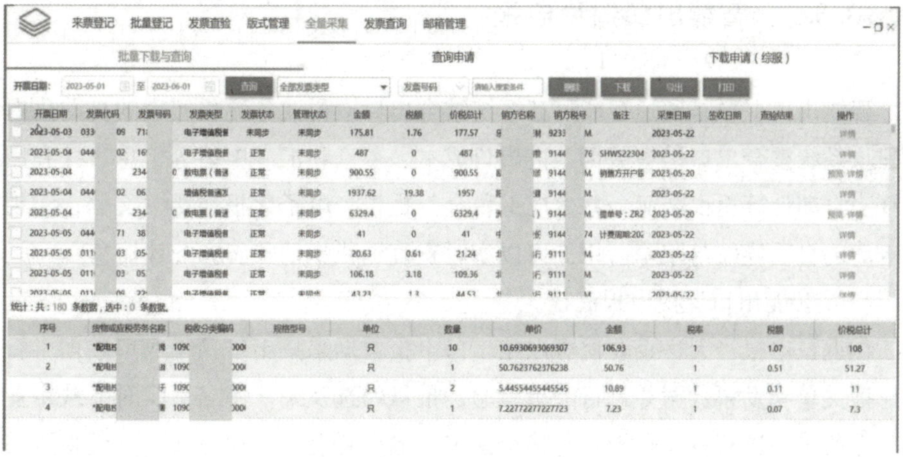

来票登记　批量登记　发票查验　版式管理　全量采集　发票查询　邮箱管理

批量下载与查询　查询申请　下载申请（综服）

开票日期：2023-05-01 至 2023-06-01　查询　全部发票类型　发票号码　请输入搜索条件　删除　下载　导出　打印

开票日期	发票代码	发票号码	发票类型	发票状态	管理状态	金额	税额	价税总计	销方名称	销方税号	备注	采集日期	签收日期	查验结果	操作
2023-05-03	033 09	71	电子增值税普	未同步	未同步	175.81	1.76	177.57		9233 M		2023-05-22			详情
2023-05-04	044 02	16	电子增值税普	正常	未同步	487	0	487		9144 76	SHWS22304	2023-05-22			详情
2023-05-04		234 0	数电票（普通	正常	未同步	900.55	0	900.55		9144 M	销售方开户银	2023-05-20			预览 详情
2023-05-04	044 02	06	增值税普通发	正常	未同步	1937.62	19.38	1957		9144 M		2023-05-22			详情
2023-05-04		234 0	数电票（普通	正常	未同步	6329.4	0	6329.4		9144 M	提单号：ZR2	2023-05-20			预览 详情
2023-05-05	044 71	38	电子增值税普	正常	未同步	41	0	41		9144 74	计费周期:202	2023-05-22			详情
2023-05-05	011 03	05	电子增值税普	正常	未同步	20.63	0.61	21.24		9111 M		2023-05-22			详情
2023-05-05	011 03	05	电子增值税普	正常	未同步	106.18	3.18	109.36		9111 M		2023-05-22			详情

统计：共：180 条数据，选中：0 条数据。

序号	货物或应税劳务名称	税收分类编码	规格型号	单位	数量	单价	金额	税率	税额	价税总计
1	*配电	1090 000		只	10	10.6930693069307	106.93	1	1.07	108
2	*配电	1090 000		只	1	50.7623762376238	50.76	1	0.51	51.27
3	*配电	1090 000		只	2	5.44554455445545	10.89	1	0.11	11
4	*配电	1090 000		只	1	7.22772277227723	7.23	1	0.07	7.3

图 10 – 26　进项发票归集

（1）智能生成申报资料。正式退税申报并下载申报表后，系统可智能化生成数字化的报关单、进项发票、出口发票图片，按所属期自动成册，可一键电子化归档。

（2）智能单证备案，直接将日常归集的备案单证电子化关联归档，也可在申报后十五日内，完成所属期备案单证电子化留存。单证备案化繁为简，无须纸制装订，可生成数据包网上传税务局，也可成册打印成纸质资料上报税务局。

（3）智能电票管理。提供电/纸发票相关的开具、存储、签章、查验、下载等服务，为企业提供多种全新开票方式，实现更便捷、更智能的发票开具及管理体验。

（4）自动录入报关单数据。系统自动录入或预录入报关单数据，快开出口发票，避免人工录入差错，并自动关联到所属期归档设好参数自动生成备注项内容，自动换成 FOB 价格人民币金额开票，确认出口收入更规范。

（5）数据打包上传。系统可按要求标准化制作生成，可按年度，按季度、按所属期，按关单号灵活生成数据包，上传到税务局系统。

（6）数据存储。企业可实时加密存储全部进、销项发票数据、退税申报数据和出口报关数据，设置条件调取应用，为企业搭建了智能化数据库，永久性安全管理。

（7）资料存储。电子档案室功能可自定义资料类别，加密存储业务资料，企业全部业务资料建档保存更便捷化规范化。

10.3.2 智能出口退税申报

智能出口退税是通过智能财务系统结合出口退税业务流程实现的自动化退税流程。系统整合出口销售数据、进出口成本、税率和汇率申请等信息，并利用智能算法自动计算退税金额，并生成退税金额报告，电子化报送相关文档，实现退税申请的自动导航与跟踪。用户可以实时查询退税申请状态和统计信息。

（1）智能出口退税申报流程。

在退税申报当天，企业便可以用出口申报数据采集出口预录入单数据，智能匹配报关单和发票数据并进行配单检验、批量勾选及确认签名；实时下载企业已结关报关单并进行打印存档；对接全国出口退税系统，实现免录入一键报送；数据查询不受纸质发票邮寄影响，随时都能在智能税务模块查询、浏览全票面数据。

图 10－27 为出口退税管理流程。

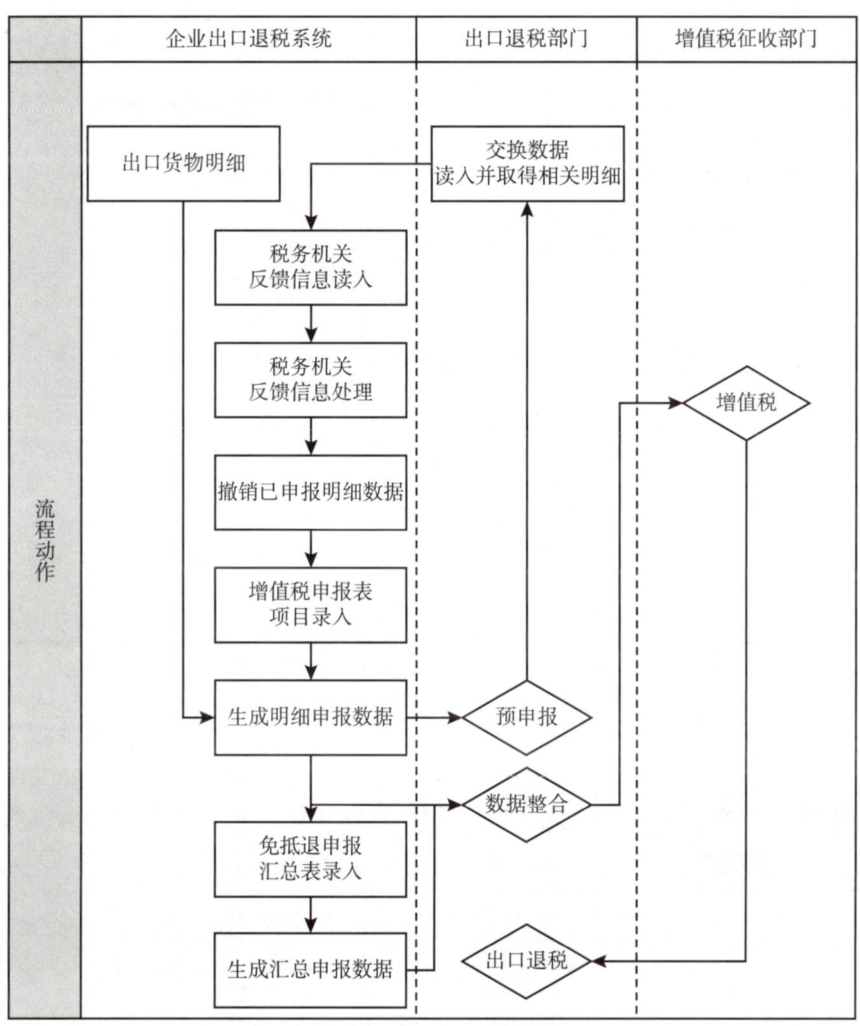

图 10－27　出口退税管理

（2）智能出口退税操作示例。

智能财务系统可以录入出口发票数据并整合，进行退税计算、退税申请、电子化报送、退税导航以及退税支付等流程，并进行实时查询与统计。系统通过自动化功能，帮助企业高效落地管理退税流程，提高退税申请的成功率，节省时间和资源，同时确保数据安全和合规性。智能系统的集成和自动化财务优势为企业提供了可靠的出口退税服务。图 10－28 和图 10－29 所示是智能财务系统出口退税操作界面示例。

图 10－28　出口退税工作台

资料来源：擎天全税通数电票管理云平台软件［EB/OL］. 出口退税服务平台，2023－06－01.

抵扣勾选 退税勾选 缴款书勾选 统计确认 退税确认 扫描勾选 比对勾选 微信勾选 抵扣进项税额结构明细 统计导出 协同勾选

未勾选 29 份 163689.15 元（税额） 当前状态：未知

已勾选 0 份 0 元（税额）

批量勾选 抵扣勾选

发票代码	发票号码	开票日期	销方名称	金额	税率	税额	有效税额	发票状态	勾选状态	勾选时间	签名状态	签名时间	抵扣
4400223130		2023-03-09	阳江市阳东区瑞成包装材料有限公司	589.2	0.13	76.6	76.6	正常	否				
4400224130		2023-03-15	东莞市鹏辰模型科技有限公司	1362.83	0.13	177.17	177.17	正常	否				
4400224130		2023-03-15	东莞市鹏辰模型科技有限公司	2035.4	0.13	264.6	264.6	正常	否				
	2344 980	2023-03-24	阳江市美键五金制造有限公司	1769.91	0.13	230.09	230.09	正常	否				
	2344 638	2023-03-24	阳江市美键五金制造有限公司	597.7	0.13	77.7	77.7	正常	否				
	2344 404	2023-03-24	阳江市美键五金制造有限公司	1031.15	0.13	134.05	134.05	正常	否				
3100222130		2023-03-24	上海璐城五金制品有限公司	1221.24	0.13	158.76	158.76	正常	否				
	2344 471	2023-03-27	阳江市金恒达化妆工具有限公司	14159.29	0.13	1840.71	1840.71	正常	否				
	2344 517	2023-03-31	广东超强电子科技有限公司	25663.72	0.13	3336.28	3336.28	正常	否				
	2344 981	2023-04-04	阳江市阳东区君和工贸有限公司	5645.28	0.06	338.72	338.72	正常	否				
	2344 428	2023-04-06	东莞市金固包装制品有限公司	4453.58	0.13	578.97	578.97	正常	否				

图 10－29　出口退税勾选

①数据录入与集成。在智能财务系统中，需要录入涉及出口退税的相关数据，包括出口销售数据、进口和出口成本、增长率、汇率等信息。这些数据可以通过自动化接口或手动录入系统。

②退税计算。智能财务系统利用内置的算法和规则，根据录入的数据和退税政策，自动计算出口退税金额。系统会实现退税政策的限制和要求，保证计算的准确性和合规性。

③退税申请。系统根据计算的退税金额，自动生成退税申请报告，并填写必要的退税申请表和相关文档。这些文档可以根据企业的需求进行定制。

④电子化报送。智能财务系统可以实现电子化报送退税申请和相关文档。系统可以连接到相关政府部门或退税平台，实现在线报送退税申请。

⑤退税审批。退税申请提交后，相关政府部门或退税平台进行审批。智能财务系统可以跟踪申请的审批进度，并提供实时的审批状态和结果。

⑥退税支付。退税申请一经批准，智能财务系统可以记录退税支付的相关信息，包括退税金额和支付日期等。

10.4 本章小结

本章为实操篇最后一章，讲解了智能财务系统下供应链管理实现流程以及研发投入管理和出口退税智能管理的实现机理。通过这一章的学习，学生可以充分认识到智能财务系统将业务部门和其他业务部门整合为一体，实现多部门共同合作。学生需要掌握如何通过智能财务系统实现供应链管理，也需要梳理清楚研发管理和出口退税智能管理的内部机理。

思考题

1. 供应链管理分为哪几个部分？在智能财务系统中是如何进行操作的？
2. 如果你是企业负责人，如何将智能财务系统应用于研发投入管理中去？
3. 智能出口退税的优点有哪些？

思考题要点及讨论请扫描以下二维码：

参考文献

[1] [美] 阿米尔·侯赛因著．赛迪研究院专家组，译．终极智能：感知机器与人工智能的未来 [M]. 北京：中信出版社，2018：1－300.

[2] 柏思萍．财务共享应用 [M]. 北京：中国财政经济出版社，2020：3.

[3] 蔡子凡，蔚海燕．人工智能生成内容（AIGC）的演进历程及其图书馆智慧服务应用场景 [J]. 图书馆杂志，2023，42（4）：34－43，135－136.

[4] 陈虎，孙彦丛，郭奕，等．财务机器人 [J]. 财务与会计，2019（16）：58.

[5] 程平，李宛霖．RPA 财务机器人在企业中的应用与展望 [J]. 财务与会计，2022.

[6] 达观数据．智能 RPA 实战 [M]. 北京：机械工业出版社，2020：70－97.

[7] 方国伟．企业云计算：原理、架构与实践指南 [M]. 北京：清华大学出版社，2020：14－30.

[8] 高长元，罗莉苹．基于多 Agent 技术的财务预测系统研究 [J]. 科技与管理，2008（2）：61－63.

[9] 韩万渠，韩一，柴琳琳．算法权力及其适应性协同规制：基于信息支配权的分析 [J]. 中国行政管理，2022（1）.

[10] 黄小平，刘叶云．绿色农产品市场中的“柠檬效应”及应对策略 [J]. 农业现代化研究，2006（6）：467－469.

[11] 贾小强，郝宇晓，卢闯．财务共享的智能化升级——业财税一体化的深度融合 [M]. 北京：人民邮电出版社，2020.

[12] 蒋鲁宁．机器学习，深度学习与网络安全技术 [J]. 中国信息安全，2016，5（5）：92－94.

[13] 赵语国．企业业财银资一体化的资金结算应用实践 [EB/OL]. 金蝶云社区，2023－06－01.

[14] 刘勤，张鄂豫．建设“价值型”司库体系，成就世界一流企业

[EB/OL]. 2022 - 11 - 30.

[15] 金源，刘丽丽，陶怡华. 新技术驱动下的智慧司库研究 [J]. 财会通讯，2023 (5)：135 - 142.

[16] [英] 凯伦·杨，马丁·洛奇著. 林少伟，唐林垚，译. 驯服算法：数字歧视与算法规制 [M]. 上海：上海人民出版社，2020.

[17] [美] 拉塞尔，诺文著. 姜哲，等译. 人工智能——一种现代方法：第2版 [M]. 北京：人民邮电出版社，2010.

[18] 浪潮GS. 全面预算管理解决方案 [EB/OL]. 浪潮信息技术网，2015 - 02 - 20.

[19] 雷万云. 云 + AI + 5G 驱动的数字化转型实践之道 [M]. 北京：清华大学出版社，2020：30 - 44.

[20] 李功奎，应瑞瑶. "柠檬市场"制度安排——一个关于农产品质量安全保障的分析框架 [J]. 农业技术经济，2004 (3)：15 - 20.

[21] 李岩，李帅. 供应链可视化概述 [J]. 东方企业文化，2013 (2)：171.

[22] 梁荣华，史济建. 人工智能在财务决策支持系统中的应用 [J]. 计算机工程与应用，2001 (8)：118 - 121.

[23] 林子雨. 大数据技术原理与技术 [M]. 北京：人民邮电出版社，2015：34 - 37.

[24] 刘豆山，王义华. 成本会计 [M]. 武汉：华中科技大学出版社，2012：296 - 298.

[25] 刘梅玲，黄虎，李文生，等. 智能财务建设之业务流程设计 [J]. 会计之友，2020，(14)：142 - 148.

[26] 刘鹏. 云计算（第三版）[M]. 北京：电子工业出版社，2015：12 - 32.

[27] 刘勤，杨寅. 改革开放40年的中国会计信息化：回顾与展望 [J]. 会计研究，2019，376 (2)：26 - 34.

[28] [美] 罗伯特·塞奇威克，凯尔文·韦恩著. 谢路云，译. 算法（第四版）[M]. 北京：人民邮电出版社，2012.

[29] 2017年国务院发布《新一代人工智能发展规划》关于印发新一代人工智能发展规划的通知 [EB/OL]. 2017 - 07 - 24.

[30] [美] 佩德罗·多明戈斯著. 黄芳萍，译. 终极算法：机器学习和人工智能如何重塑世界 [M]. 北京：中信出版社，2016：1 - 100.

[31] 人工智能简明知识读本编写组. 人工智能简明知识读本 [M]. 北京：新

华出版社，2017.

[32] 沙林彬. 基于商业智能的销售财务报表系统 [D]. 苏州：苏州大学，2018.

[33] 深圳国泰安教育技术股份有限公司大数据事业部群. 大数据导论—关键技术与行业应用实践 [M]. 北京：清华大学出版社，2015：4-8，90-96.

[34] 史雁军. 数字化客户管理：数据智能时代如何洞察、连接、转化和赢得价值客户 [M]. 北京：清华大学出版社，2018：1-254.

[35] 苏华，多边平台的相关市场界定与反垄断执法发展 [J]. 价格理论与实践，2013 (8)：29-31.

[36] 孙蕾. 云计算下企业全面预算管理信息化构建探讨 [J]. 财会通讯，2022 (2)：172-176.

[37] 王莉，宋兴祖，陈志宝. 大数据与人工智能研究 [M]. 北京：中国纺织出版社，2019：33-35.

[38] 王思. 智能化时代新闻媒体特点与生产模式创新 [J]. 学习与实践，2019 (1).

[39] 王兴山. 数字化转型中的财务共享 [M]. 北京：电子工业出版社，2020：86-88.

[40] 王兴山，薛军利，钟如玉. 企业数字化转型中的智慧司库建设探析 [J]. 中国管理会计，2023 (1)：69-77.

[41] 王言. RPA：流程自动化引领数字劳动力革命 [M]. 北京：机械工业出版社，2020：150-200.

[42] 王言. RPA：流程自动化引领数字劳动力革命 [M]. 北京：机械工业出版社，2020：218-221.

[43] [英] 维克托·迈尔-舍恩伯格，肯尼思·库克耶著. 盛杨燕，周涛，译. 大数据时代 [M]. 浙江：浙江人民出版社，2016.

[44] [美] 温克特·斯里尼瓦森著. 官鑫，刘畅，刘婷婷，译. 大数据实战：构建智能化企业 [M]. 北京：人民邮电出版社，2018：46-97.

[45] 吴睿. 知识图谱与认知智能 [M]. 北京：电子工业出版社，2022：19-20.

[46] 肖仰华. 从知识图谱到认知智能 [J]. 中国计算机学会通讯，2021，17 (3)：60-61.

[47] 杨帆. 面向财务管理的预测决策分析系统 [J]. 计算机应用研究，1994 (5)：50-51，55.

[48] 杨姝. 关于财务共享服务研究的文献综述 [J]. 财会研究，2020 (8)：

46 – 49.

［49］［美］约翰·霍兰德著．张江，译．自然与人工系统中的适应［M］．北京：高等教育出版社，2008.

［50］张玉明．共享经济学［M］．北京：科学出版社，2017.

［51］中国信通院．人工智能生成内容（AIGC）白皮书（2022年）［R/OL］．2022 – 09 – 02.

［52］中国信通院．人工智能治理白皮书［R/OL］．2020 – 09 – 28.

［53］中国信通院．中国数字经济发展研究报告（2023年）［EB/OL］．2023 – 04.

［54］中国移动财务部．打造具有中国移动特色的数智化司库管理体系［J］．新理财，2023（9）：36 – 38.

［55］中兴新云．司库管理白皮书［R/OL］．2022 – 10 – 31.

［56］Ashtiani M N，Raahemi B. Intelligent Fraud Detection in Financial Statements Using Machine Learning and Data Mining：A Systematic Literature Review［J］．IEEE Access，2021，10：72504 – 72525.

［57］Hayes – Roth B . Agents on Stage：Advancing the State of the Art of AI Extended Abstract for an Invited Talk［J］．2012.

［58］Raphael B. The Thinking Computer：Mind Inside Matter［M］．W. H. Freeman & Co，1976.